全国高等职业教育规划教材

U0660265

大学生演讲与口才

苏文渤　　主 编

中央广播电视大学出版社

北　　京

图书在版编目（CIP）数据

大学生演讲与口才/苏文渤主编. 一北京：中央广播电视
大学出版社，2011.9
全国高等职业教育规划教材
ISBN 978-7-304-05232-4

Ⅰ. ①大… Ⅱ. ①苏… Ⅲ. ①演讲学－高等学校－教材
② 口才学－高等职业教育－教材 Ⅳ. ①H019

中国版本图书馆 CIP 数据核字（2011）第 176833 号

全国高等职业教育规划教材
大学生演讲与口才
苏文渤　主编

出版·发行：**中央广播电视大学出版社**
电话：营销中心:010-66490011　　总编室:010-68182524
网址：http://www.crtvup.com.cn
地址：北京市海淀区西四环中路 45 号
邮编：100039
经销：新华书店北京发行所

策划编辑:苏　醒　　　　　　　**责任编辑**:吕　剑
印刷:北京密云胶印厂　　　　　**印数**:1001～3000
版本:2011 年 9 月第 1 版　　　2015 年 7 月第 2 次印刷
开本:787×1092　　1/16　　　**印张**:14.75　　**字数**:280 千字

书号:ISBN 978-7-304-05232-4
定价:28.00 元

前　言

　　随着改革的深入、经济的发展以及社会竞争的日趋激烈，各行各业需要的劳动者和经营管理者不仅数量日益增多，而且质量也日益提高。这种有利的社会因素既为职业教育带来了良好的发展机遇，同时也对职业教育提出了新的挑战。

　　在这样的社会形势下，高职高专学校应该培养灵活应变、全面发展的学生。社会上不少用人单位现在已将良好的口语表达能力作为招聘和选拔人才的重要标准之一。如今，良好的口语表达能力已成为推销自己的重要手段，对人的社会地位、经济地位有着直接的影响。

　　在丰富多彩的社会生活中，人们要交流，要沟通，要宣传，要说服，总是离不开演讲和口才，大到一次会议的讲话，一项工程典礼的致辞，一种立场观点的辩论与阐述；小到一场就职演说，一种个人理想的表白，一番振奋人心的鼓舞与激励，都要将演讲口才的艺术展示给大众。中国古代有"一言可以兴邦，一言可以丧邦"，"一人之辩，重于九鼎之宝；三寸之舌，强于百万之师"等说法，这些充分说明了演讲与口才的重要性。因此，我国把提高学生的演讲能力当做实施素质教育的一条有效途径。

　　《演讲与口才》是高等职业教育各专业通用的一门基础技能训练课。它从职业教育的培养目标出发，重在培养学生的实用口语表达能力，以适应将来工作、生活的实际需要，是一门可以提高高职高专学生综合职业素质的实用能力训练课程。

　　本书以培养学生的语言表达技能为主要目标，在综合介绍演讲与口才理论知识的基础上，选取典型实例进行评析，并给学生以语言表达上的指导。

　　本书内容安排上讲练结合，突出口语表达指导，切实提高学生的综合素质。全书共分为十章，具体内容包括：演讲基本知识、演讲前的准备、演讲的开场白、情绪的感染、用道理说服人、控场及应变的方法、演讲的结束、特定场合的演讲、口才概述、实用口才技巧。各章节内容在编写时，注重理论知识与实践技能的结合，配以精练、新颖的实例。

本书既可作为高职高专院校演讲与口才课程的教学用书，也可作为演讲爱好者的参考用书。

在本书的编写过程中，编者广泛参阅了国内外的相关著作和研究成果，在此对这些著作者表示衷心的感谢。

由于时间仓促，书中难免存在纰漏，希望老师和同学们多提宝贵意见，敬请各位同仁和专家批评指正。

编　者

目 录

第一章　演讲基本知识

第一节　演讲概念

演讲活动是一种源远流长的社会现象，始终伴随着人类文明的发展而发展。古今中外，越是历史发展的重要关头，越是社会激烈变革之时，演讲的特殊功能就表现得越突出。在西方，"舌头、金钱、电脑"已成为优秀人才的三大战略武器。在我国，随着改革开放的不断深入，以及物质文明建设和精神文明建设的飞速发展，演讲活动蓬勃兴起，各种类型的演讲活动广泛开展，研究和传播演讲学日益受到人们的重视。

一、演讲的含义

演讲又叫讲演、演说。演讲是一种对众人有计划、有目的、有主题，系统的、直接的、带有艺术性的社会实践活动。演讲亦可被视为"扩大的"沟通。演讲是演与讲的有机结合。它是一种在特定的时空环境中，演讲者凭借有声语言和相应的体态语言，郑重系统地发表见解和主张，从而达到感召听众、说服听众、教育听众的艺术化语言交际形式。

二、演讲的本质

演讲是人类的一种社会实践活动，必须具备演讲者（主体）、听众（客体）、沟通主客体的信息，以及主客体同处一起的时境（时间、环境）四个条件，缺一不可。但是仅仅具备这四个条件，不足以揭示演讲的本质属性。因为，任何一种带有艺术性的活动，都有其自己独特的物质传达手段，形成自己特殊的规律，揭示自身活动的本质特点。演讲活动自然也不例外，演讲者要想发表自己的意见，陈述自己的观点和主张，从而达到影响、说服、感染他人的目的，就必须通过与其内容相一致的传达手段。演讲的传达手段主要有：有声语言、体态语言和主体形象。

（一）有声语言

有声语言是由语言和声音两种要素构成的，是在演讲活动中传递信息、表达思想最主要的媒介和物质表达手段，它是演讲者思想感情的载体。有声语言以流动的方式，表达演讲者的思想、感情，将其传达给听众，从而产生说服力、感召力，使听众受到教育和鼓舞。

我们对有声语言的要求是：吐字清楚、准确，声音洪亮、圆润、甜美，语气、语调、声音和节奏富于变化，要注意形式美和声音美。有声语言具有时间艺术的某些特点，是听众听觉的接受对象和欣赏对象。

（二）体态语言

体态语言就是演讲者的姿态、动作、身姿、手势、表情等。它是流动着的形体动作，辅助有声语言承载演讲者的思想和感情，传达给听众的视觉器官，使听众产生与听觉同步的效应，加强了有声语言的表达效果。

演讲是流动的，这就要求它准确、鲜明地表达出演讲者的思想和感情，且要有表现力和说服力。这样，才能在具备"能感受形式美的眼睛"的听众心里引发美感，并使人得到启示。它具有空间艺术的某些特点，是听众视觉的接受对象和欣赏对象。体态语言虽然增强了有声语言的感染力和表现力，弥补了有声语言的不足，但如果离开了有声语言，它就没有直接地、独立地表达思想情感的意义了。

演讲中的有声语言和体态语言既不同于其他现实生活中的有声语言和体态语言，因为它们都带有一定的艺术性；也不同于舞台艺术中的有声语言和体态语言，因为它们不是纯艺术。

（三）主体形象

演讲者主体形象的美与丑、好与差，不仅直接影响着演讲者思想、感情的表达，而且也直接影响着听众的情绪和美感享受。因此，演讲者在讲究自然美的基础上，举止和着装要有一定的艺术美。而这种艺术美，是以演讲者本人为依托的现实的艺术美，它不同于舞台的性格化和表演化的艺术美。演讲者穿着应朴素、得体，举止应大方、优雅。这样有利于其思想感情的表达和取得演讲的良好效果。

三、演讲的特点

（一）现实性

演讲属于现实公众活动范畴，不属于艺术活动范畴，它是演讲者通过对社会现实的判断和评价，直接向广大听众公开陈述自己主张的现实活动。朱镕基曾做过一次精彩的演讲，他在《中国不缺资金缺人才》中说，目前中国并不缺钱，国家的外汇储备，今年可以达到 2000 亿美元。中国目前缺什么？缺的是人才，包括科技的人才、经营的人才、管理的人才。朱镕基谈到了这些年来中国人才流失的情况。他说："中国有许多人才去了美国，这不是我朱镕基把他们送出去的，是他们自己跑出去的。现在，他们在美国学到了本领，有了稳定的工作和生活条件。今天的中国，有了发展的机遇。现在经济的竞争，说到底，是人才的竞争。"朱镕基为此呼吁："希望海外的华人同胞、国外的学子，以及一切有才能的人才，能回到祖国来！"这时，他屏住呼吸，突然在台上大声呼喊："请你们回到中国来！"台下的观众沉静了几秒钟，然后便爆发出雷鸣般的掌声和欢呼声。

这次演讲之所以获得成功，完全是因为演讲者说出了当时社会现实最需要说出的话。演讲的这种现实性，是艺术所不具有的。艺术是通过艺术形象间接反映现实生活的，它不直接提出也不直接解决现实问题。

（二）艺术性

这里的艺术性是指现实活动的艺术。为了达到启迪心智、感人肺腑的目的，演讲需要借助一些艺术表现手段创造艺术感染力。演讲的艺术性在于它具有文学特征、朗诵艺术色彩和富有感召力的体态语言，形成了统一的整体感和协调感，即演讲中的各种因素（语言、声音、表演、形象、时间、环境）形成一种相互依存、相互协调的美感。同时，演讲还具备戏剧、曲艺、舞蹈、雕塑等艺术门类的某些特点，并将其与演讲融为一体，形成具有独立特征的演讲活动。

（三）鼓动性

演讲活动一向被喻为是演讲者进行宣传教育、政治斗争的有力武器，人们通过演讲来宣传真理、统一思想、赢得支持，从而引导他人的行为。所以说，没有鼓动性，就不称其为演讲。其原因如下：

（1）一切正直的人们都有追求真、善、美的渴望，演讲者传播了真、善、美，自然会引起共鸣，激励和鼓舞听众。

（2）演讲者能用激情感染并影响听众。

（3）演讲者的形象、语言、情感、体态以及演讲词的结构、节奏、情节等均能抓住听众的心。

（4）演讲的直观性使其能与听众直接交流，极易感染和打动听众。

鼓动性是演讲的主要特征，也是演讲取得成功的力量所在。可以说，鼓动性是演讲成功与否的一个标志。没有鼓动性的演讲，就不是成功的演讲，甚至不能称做演讲。约翰·肯尼迪在美国加州大学伯克利分校《你属于哪个三分之一？》的演讲中谈道："俾斯麦公爵说得更为具体。他说，德国大学生中有三分之一勤奋过度，难成大器；三分之一放浪形骸，自暴自弃；剩下的三分之一将统治德国。我不知道在座诸位属于哪个三分之一，但我相信，今天我面对的是一群认识到他们对公共利益负有责任的有志青年，你们将成为本州乃至我们这个国家未来的领导人。"

这段演讲具有极大的鼓动性。帕特瑞克·亨利的《在弗吉尼亚州会议上的演说》、戴高乐的《告法国人民书》、斯大林的《广播演说》、罗斯福的《一个遗臭万年的日子》等都是鼓动性很强的演讲。

（四）广泛性

从演讲者来看，不论什么阶层、什么行业、什么身份、什么性别和年龄层次的人，都有可能成为演讲者。中外演讲史上，发表过演讲的，有政治家、军事家、经济学家、文学家、艺术家、医学家、科学家，有工人、农民、军人、教师等。例如，鲁迅是文学家，也是演讲家。闻一多是诗人、学者，也是演讲家。美国的林肯总统、英国的丘吉尔首相，同时他们又都是杰出的演讲家。演讲是一种工具，任何人都可以利用演讲这一工具来传授知识、交流思想、表达感情。

当今时代，演讲早已广泛深入人类社会生活的方方面面，朋友聚会要演讲，宣传活动要演讲，欢庆纪念要演讲，求职面试要演讲，竞选职务、论文答辩、文化沙龙等都需要演讲。可以说，演讲已经成为一种群众性、大众化的社会实践活动，已经成为人们生活乃至生命的一部分。

（五）针对性

演讲是一种社会实践活动，它面对的听众也是社会的成员。因此，演讲应具有社会现实的针对性，要与时俱进。演讲者的观点来源于对现实社会生活的归纳和提炼，只有这样，演讲才有说服力、感召力，才能引人深思、发人深省。台湾著名节目主持人曹启泰在同济大学演讲时对大学生们说，要学会乐观，就是要肯定已经发生的事情。不是一定要达到什么具体的目的，而是让自己比前一天活得更好，活得更快乐，即使是仅仅让昨天吃不上午饭的自己今天可以吃上午饭。并且坚持自己的想法，在别人看来在浪费时间的你，其实很清楚自己在做什么，自己要的是什么。态度决定一切！让曾经和你交往过的很多人，都不会后悔。用了不起的心情对自己，用了不起的眼光看自己。

他的演讲之所以获得空前的效果，就是因为他抓住了当代大学生的心理。

（六）直观性

直观性指的是演讲者与听众现场直接交流、零距离接触，加上生动的口语表达，感染和打动听众，引起听众与演讲者的心灵共鸣。演讲现场是一个彼此互为直观的时空环境，这一特征要求演讲者必须全力追求演讲的现场直观性效果，最低要求是，使你讲的内容能让人家听得到、听得清，你的态势、动作能让人家看得到、看得清。提高现场表达能力、积累现场表达经验，对提高演讲水平尤为重要。

第二节　演讲的分类

演讲一般可以从其功能、形式、内容三个角度进行分类。

一、按功能划分

从功能上划分，演讲可分为五种类型。

（一）"使人知"演讲

这是一种以传达信息、阐明事理为主要功能的演讲。如美学家朱光潜的演讲《谈作文》，讲了作文前的准备、文章体裁、构思、选材等，使听众明白了作文的基本知识。它的特点是知识性强，语言准确。

（二）"使人信"演讲

这种演讲的主要目的是使人信赖、相信。它从"使人知"演讲发展而来。如恽代英的演讲《怎样才是好人》，不仅告知人们哪些人不是好人，也提出了三条衡量好人的标准，通过一系列的道理论述，改变了人们以往对衡量好人标准的旧观念。它的特点是观点独到、正确，论据翔实、确凿，论证合理、严密。

（三）"使人激"演讲

这种演讲意在使听众激动起来，让人欢呼、雀跃。如美国黑人运动领袖马丁·路德·金的《在林肯纪念堂前的演说》，用他的几个"梦想"激发广大黑人听众的自尊感、自强感，激励他们为"生而平等"奋斗。

（四）"使人动"演讲

这比"使人激"演讲进了一步，它可使听众产生一种欲与演讲者一起行动的想法。它的特点是鼓动性强，多以号召、呼吁式的语言结尾。法国前总统戴高乐在"二战"期间的英国伦敦发表演讲《告法国人民书》，号召法国人民行动起来，投身到反法西斯的行列。

（五）"使人乐"演讲

这是一种以活跃气氛、调节情绪、使人快乐为主要功能的演讲，多以幽默、笑话或调侃为材料，一般常出现在喜庆的场合。这种演讲的事例很多，人们大都能听到。它的特点是材料幽默，语言诙谐。

二、按形式划分

从表达形式上划分，演讲可分为三种类型。

（一）命题演讲

命题演讲指由别人拟定题目或演讲范围，演讲者经过准备后所作的演讲。它包含两种形式：全命题演讲和半命题演讲。全命题演讲的题目一般是由演讲组织部门来确定的。如某单位举办"让雷锋精神在岗位上闪光"的主题演讲，为了让演讲者各有侧重，分别拟了《把爱送到每个顾客的心坎上》、《练好本领，为民服务》、《从一点一滴做起》三个题目，要求演讲者根据题目组织材料，准备演讲。半命题演讲指演讲者根据演讲活动组织单位限定的范围，自己拟定题目进行的演讲。1986 年，中央电视台和《演讲与口才》杂志社联合举办的"全国十城市青少年演讲邀请赛"命题演讲即是以"四有教育"为范围，具体题目自拟。命题演讲的特点是：主题鲜明、针对性强、内容固定、结构完整。

（二）即兴演讲

即兴演讲是指演讲者在事先无准备的情况下，就眼前场面、情境、事物、人物，临时起兴发表的演讲。如婚礼祝词、欢迎致辞、丧事悼念、聚会演讲等。它的特点是：有感而发、时境感强、篇幅短小。它要求演讲者要紧扣主题、抓住由头、迅速组合、言简意赅地发表演讲。

（三）论辩演讲

论辩演讲指由两方或两方以上的人因对某个问题产生不同意见而展开的面对面的语言交锋。其目的是坚持真理、批驳谬误、明辨是非。比如，我们生活中常见的法庭论辩、外交论辩、赛场论辩，以及每个人都曾经历过的生活论辩等。它的特点是：针锋相对、反应及时、应对巧妙、语言简洁。论辩演讲比命题演讲、即兴演讲更难一些，要求演讲者必须具备正确的思想、高尚的品质、严密的逻辑性和较强的应变性。

三、按内容划分

从内容上划分，演讲大致可分为五种类型。

（一）政治演讲

凡是为了一定的政治目的，出于某种政治动机，就某个政治问题以及与政治有关的问题而发表的演讲均属此类。它包括外交演讲、军事演讲、政府工作报告、政治宣传等。

（二）生活演讲

生活演讲指演讲者就社会生活中存在的各种问题、风俗、现象而作的演讲。它表达了演讲者对这些问题的看法。这种演讲涵盖的内容非常广泛，如亲情友谊、吊贺、迎送、答谢等。

（三）学术演讲

学术演讲指演讲者就某些系统、专门的知识和学问而发表的演讲。一般指学校和其他场合的专题讲座、学术报告、学术发言、学术评论。它必须具有内容的科学性、论证的严密性和语言的准确性三大要素。这是学术演讲与其他类型演讲的一大区别。

（四）法庭演讲

法庭演讲指公诉人、辩护人、诉讼代理人在法庭上所作的演讲。法庭演讲有其突出特征：公正性和针对性。

（五）宗教演讲

宗教演讲指一切与宗教仪式、宗教宣传有关的演讲。它主要包括布道演讲和一些宗教会议演讲。这种演讲在我国的影响不大，听演讲和作演讲的人都不多。

另外，演讲从风格上可分为激昂型演讲、深沉型演讲、严谨型演讲、活泼型演讲等；从目的上可分为说服型演讲、鼓动型演讲、传授型演讲、娱乐型演讲等；从场所上可分为街头演讲、战地演讲、集会演讲、课堂演讲、法庭演讲、电视演讲等。总之，依据不同的标准，站在不同的角度，可以把演讲分为不同的类别。

由于演讲的内容、形式、功能复杂多样，以上对演讲的分类不可能做到绝对的划一和标准。这里介绍的几种基本类型，旨在为演讲爱好者提供一些参考。

第三节　演讲的作用

演讲是一种武器，运用它可以捍卫自己，取得竞争优势；演讲是一条途径，通过它可以培养能力，增强勇气；演讲是一种智慧，应用它可以使人机智果敢，幽默诙谐。通过演讲，人们可以得到理性上的启迪、知识上的丰富、思想上的教育、情感上的愉悦。演讲具有如此巨大的魅力，学好演讲，人们将会有希望像古希腊哲学家、演讲家苏格拉底说的那样，成为"最有才干的人，最能指导别人的人，见解最深刻的人"。

一、启迪作用

　　演讲重在说理，重在阐发带有某种真理性的道理，以及对听众产生启迪作用。演讲的作用首要的就是真理的启迪作用，没有真理启迪作用的演讲就不能在听众的心里留下理性的积淀，不能对听众构成任何影响，也就没有什么社会作用可谈。真理的启迪是多方面的，如政治真理、科学真理、人生真理以及各种社会真理。真理的启迪作用，具有教育作用，它可以使人认识社会现实和历史状况，辨别客观事物的美与丑、真与假、善与恶，可以帮助人们扶正祛邪，用真理取代谬误，从而使听众的性情得到陶冶、思想得到净化、行为得到规范。历史上许多成功的演讲无不具有这种作用。

　　阿里巴巴董事会主席兼首席执行官马云第一次和雅虎的朋友们面对面交流时说："世界上很多非常聪明并且受过高等教育的人无法成功，就是因为他们从小就受到了错误的教育，他们养成了勤劳的恶习。很多人都记得爱迪生说的那句话吧——'天才就是99%的汗水加上1%的灵感'，并且被这句话误导了一生。勤勤恳恳地奋斗，最终却碌碌无为。很多人可能认为我是在胡说八道，事实胜于雄辩。懒得爬楼，于是他们发明了电梯；懒得走路，于是他们制造出汽车、火车和飞机。我以上所举的例子，只是想说明一个问题，这个世界实际上是靠懒人来支撑的。世界如此精彩都是靠懒人所赐。现在你应该知道你不成功的主要原因了吧！懒不是傻懒，如果你想少干，就要想出懒的方法。要懒出风格，懒出境界。"

　　这个演讲的目的就是要促使我们做事的时候能做到事半功倍，能够一分耕耘、十分收获。可见，优秀的演讲可以启人心智，把人类社会推向理想境界。

二、激发作用

　　成功的演讲不仅能以理服人，还能以情动人。列宁曾指出："没有人的情感，就从来没有也不可能有人对真理的追求。"我们经常说的"动之以情，晓之以理"、"感人心者莫先乎情"、"通情才能达理"等，都是强调情感对于听众接受思想的重要性。演讲者在表达理性的内容时，是饱含着情感的。比如人们对某一事物的看法，既有理性认识，又有情感体验，表达时也是带着情感的；而情感又必然通过声音、语调、姿势、动作、表情等方面直观地表现出来，近距离地感染听众、激发听众，使听众无法平静，或激动欢呼，或愤愤不平，或热泪盈眶，或沉痛哀叹。

微软中国研究院院长李开复在《成功就是做最好的自己》中说:"很多人认为自信就是成功。一个学生总得第一名,他就有了自信;一个员工总是被提升,他也有了自信。但这只是一元化的成功和一元化的自信。真正的成功应是多元化的。成功可能是你创造了新的财富或技术,可能是你为他人带来了快乐,可能是你在工作岗位上得到了别人的信任,也可能是你找到了回归自我、与世无争的生活方式。每个人的成功都是独一无二的,成功就是做最好的自己。聪明人一试角色不合适,赶紧放弃,重回自我。充满幻想的人,妄图以抛弃自己原来的角色为代价,换取超值的收成,结果入不敷出。一个人一生中有很多角色,真正适合的却只有一种,就是做自己。"

他的演讲真挚感人,深深打动了在场的每一位听众。没有情感激发力的演讲,往往就是冷冰冰的说教,使听众无动于衷,失去了可接受性,因而不会产生更大的社会作用。这种演讲就像朱光潜所说的,"纯然客观,不动情感,不动声色,不表现说话人,仿佛也不理睬听众的那么一种风格",即所谓"零度风格"(Zero Style)。"零度风格"的演讲无法与听众建立起情感联系,无法产生情感的激发作用,也就不能以情感人,而不能以情感人的演讲也就很难实现以理服人。所以,情感的激发作用是成功的演讲所必有的作用之一。

三、感染作用

演讲是一种实用艺术,这种艺术能在现场对听众产生直观性的艺术感染力,使听众在精神上产生一种愉悦、激动和满足感。因此,我们常说,听某人的演讲真是一种艺术享受。

演讲者在演讲时,总是用正确的道德情感来感染和影响听众,从而培养听众的情感,诸如爱国主义情感、国际主义情感、集体主义情感、革命英雄主义情感等。例如,2001 年在申奥陈述报告中杨澜那充满感染力的发言:

主席先生,女士们,先生们,下午好,在向各位介绍我们的文化安排之前,我想先告诉大家,你们 2008 年将在北京度过愉快的时光!我相信在座的许多人都曾为李安的奥斯卡获奖影片《卧虎藏龙》所吸引,这仅仅是我们文化的一小部分,还有众多的文化宝藏等待着你们去挖掘。北京是一座充满活力的现代都市,三千年的历史文化与都市的繁荣相呼应,除了紫禁城、天坛和万里长城这几个标志性的建筑,北京拥有无数的戏院、博物馆,各种各样的餐厅和歌舞场所,这一切的一切都会令您感到惊奇和高兴。

这段话已被选入了小学教材。由此可见，演讲对听众情感的感染、影响作用之大，魅力之无穷。

四、导发作用

真理的启迪、情感的激发、艺术的感染，会形成一种合力，对听众产生影响，最终导发听众产生符合演讲目的的行动。这是演讲的终极目标，也是演讲优越于任何欣赏艺术之所在，如陈胜起义的演讲就是这样。据《史记·陈涉世家》记载，公元 209 年，陈胜在"谪戍渔阳"途中过大泽乡（今安徽宿县西南），他召集同伴们发表演讲：

公等遇雨，皆已失期，失期当斩。籍弟令毋斩，而戍死者固十六七。且壮士不死即已，死即举大名耳。王侯将相宁有种乎？（意为：诸位遇上了大雨，都已经误了朝廷规定的期限，误期就会杀头。就算朝廷不杀我们，但是戍守边疆的人十个里头肯定有六七个死去。再说，好汉不死便罢，要死就要取得大名声，那些王侯将相难道是天生的贵种吗？）

这篇演讲，讲明事理、晓以利害、大义凛然，具有强烈而巨大的号召力，立即得到了同行 900 名戍卒的积极响应，从而掀起了中国历史上第一次声势浩大的农民起义，导致了横征暴敛的秦王朝的覆灭。

一般来说，越是成功的演讲，它的导发作用越大、越持久，它不只作用于一代人，而是几代人。它不仅在一定区域内产生影响，还会超越民族和国家的界限，作用于全人类。如马克思、恩格斯、列宁、斯大林等人的演讲，都具有这种导发作用。

演讲的启迪作用、激发作用、感染作用和导发作用是统一体现在一次具体的演讲之中的，我们不能单就某一方面作孤立的分析。这四个方面是相互关联、相互制约的。真理的启迪需要情感激发的辅助。两者作用的实现，又离不开艺术的感染力。而没有行动的导发作用，其他各种作用就不能最终落实到听众的社会实践中。但如果没有真理的启迪、情感的激发、艺术的感染作用，行动的导发作用也不能单独实现。

第二章 演讲前的准备

第一节 确立主题

叶圣陶曾说:"一场演说必须是一件独立的东西……用口说也好,用笔写文章也好,总得对准中心用工夫,总得说成功或者写成功一件独立的东西。不然,人家就会并不清楚你在说什么、写什么,因而你的目的就难达到。"撰写演讲稿,首先要考虑的核心问题是如何确立演讲的主题,也就是准备告诉听众一个什么思想观点,表达一种什么思想感情。主题的选择是否恰当,有无价值,能否给听众留下深刻的印象,不仅决定演讲思想性的强弱,制约演讲材料的取舍,影响表达方式和艺术角度,而且直接关系到演讲的成败。

一、主题的要求

演讲主题要求鲜明、集中、新颖、深刻。

(一)鲜明

这是指演讲不仅要让听众知道你在说什么问题,更重要的是要主题鲜明,让听众知道演讲者的立场、观点、态度。切忌似是而非、模棱两可,虽讲得天花乱坠,但听众听完后一头雾水,不得要领。

(二)集中

这是指主题不要过于分散,一次演讲最好选择一点或一个方面。主题越集中,越能把自己的观点讲得明白,留给听众的印象就越深刻。如果内容面面俱到,则很难把问题讲清楚。

(三)新颖

这是指演讲见解独特、角度别致、题材新鲜,给人以耳目一新之感。尤其是在演讲比赛中，主办单位多会对内容给予一定的限制，比如歌颂党、歌颂祖国、振兴中华、爱岗敬业、孝顺父母等。在统一的命题范围内，要特别考虑表达的内容、引用的材料以及角度与视野的新颖。只有新颖，才会对听众有吸引力。

（四）深刻

这是指演讲者的见解能揭示事物的本质，能使听众获得思想启迪，甚至让人有醍醐灌顶、畅快淋漓之感，而不是人云亦云、老套重复，停留在表层认识上。

二、主题的确立

主题是演讲的灵魂，只有主题确立了，接下来才能收集相关材料、安排结构、拟定讲稿。因此，在我们准备做一次演讲之前，首先就要考虑我们要讲些什么、要传达给听众些什么，把想告诉给听众、传达给听众的中心意思确立后，演讲的主题也就形成了。确立演讲主题大体需要考虑以下几种情况。

（一）有感而发的演讲

这类演讲大多是演讲者针对社会上的某种现象或某种事物、人物有感而发所作的演讲，因此，这类演讲的主题往往是演讲者在感性材料的基础上提炼形成的。

（二）根据已给出的范围确定主题

这类演讲主题的确立，需要演讲者依据所给出的主题范围大量查阅资料并结合自己的亲身感受，最后确定演讲的主题。

（三）选取有意义的主题

只有对听众有意义的主题，对听众有价值的主题，才是受听众欢迎的主题。那么，什么样的主题才是有意义的呢？

1. 选择现实生活中急需回答、听众又急需解答的问题

我们演讲是给别人听的，无论是哪一种演讲，最终目的都是要教育听众、感染听众，所以我们在选择主题时就要针对这一目的，我们要帮助听众解决他们心中的疑惑，对他们关心的问题作出解答。

2. 选择自己有独到见解、有把握讲好的主题

人们都喜欢听那些具有独到见解的话，而不愿听那些别人讲了好多遍的老调，这是因为人们都希望从他人的话里听到一些自己不知道的事情，懂得一些自己不曾懂的道理，希望能有"听君一席话，胜读十年书"的收获，而不愿白白浪费时间去听那些自己早就知道、早就明白的事情、道理，这就需要演讲者一定要选择自己比较熟悉的有独到见解的、有把握讲好的主题。

3. 选择的主题一定要积极、正确

演讲的目的是宣扬真、善、美，所以我们在选择演讲主题时就一定要考虑它的积极性、正确性、科学性，应当坚决杜绝那些颓废、消极甚至反动的思想在广大听众中传播。

4. 选择的主题要符合听众的心理

演讲是给人听的，要让人愿意听，听得进去，我们在选择演讲主题的时候就不能不考虑听众的心理需求。要想选择符合听众心理的演讲主题，我们就要学会观察生活，寻找人们关心的热点，了解听众、熟悉听众，因人而异地去选择演讲的主题，真正做到我们讲的就是听众想要听的，只有如此，演讲才能真正实现它的目的。

5. 选择主题要单一

选择单一的主题进行演讲，有利于演讲者将问题说透、说得充分，而且我们的演讲时间是有限的，这就从客观上要求我们的主题不能太多，篇幅不能太长。如果演讲的主题太多，就不容易将问题讲清楚，所以一定要选择单一的演讲主题，千万不能贪多求全。

第二节　收集材料

通过合理选用、加工材料，才能表达出演讲主题，为听众所理解。演讲是否吸引人，是否感动人，能否达到演讲目的，材料所起的作用是十分重要的。换言之，材料选用的好坏直接影响主题的表达。

一、获取材料的途径

获取材料的途径有两条：一是直接材料，二是间接材料。

（一）直接材料

直接材料指演讲者在日常生活中直接感知的材料，即演讲者亲身经历或见闻的，对开头、结果、背景都一清二楚。这种材料最生动、最具生命力。例如，英雄模范代表先进事迹演讲，其中的感人故事绝大多数是演讲者在和英雄模范的日常交流中直接获得的。

（二）间接材料

间接材料指演讲者从报纸、书籍、文献、广播、电视等传播媒体中获得的材料，包括理论、数据、事迹等。这种材料虽然比较容易获得，但需要作者以敏锐的洞察力进行分析，从中发掘新意，进行提炼。间接材料是演讲稿中更广泛的材料来源，可以弥补直接材料的不足，是获取演讲材料的一条捷径。

二、选择材料的原则

选择材料的主要是遵循以下四条原则。

（一）最能表现主题的材料

选用材料时，必须考虑材料能否有力地支持主题或为主题服务，否则材料再生动、再感人，也不能选用到演讲中来。能够有力地支持主题、为主题服务的材料，包括使演讲者受感动的材料、被演讲者实践证明了的材料、听众感兴趣的材料、具有说服力的数据材料、已成共识的结论性观点等。

（二）具有针对性的材料

针对性包含两个方面的意思：

一方面，要针对不同类型的演讲选择材料。比如，说理性演讲应更注意说明问题，使用的材料就一定要真实、严谨、逻辑性强、有说服力；而抒情性演讲则要求具体、生动、具有感染力。

另一方面，要针对听众的实际情况选取材料，做到因人而异。比如，关于就业问题的演讲，用于大学生的材料就不一定适合于下岗工人，因为这两个群体在年龄、经历、心态、家庭状况、文化层次、就业要求上都有很大的不同。

（三）选择真实的材料

演讲与文艺作品不同，它是一个"真实的社会活动过程"，要求材料必须真实、准确、可靠，不能"道听途说、合理虚构"，因为只有真实的材料才最具有说服力，才能使听众产生共鸣，受到深刻的教育。倘若臆造和虚构材料，演讲的意义就会完全消失，听众也会有被愚弄的感觉。这里要避免两个毛病：一是在写先进人物的模范事迹的材料里，随意夸大、拔高人物的思想境界，会给人虚假或言过其实的感觉；二是在某些细节或数据上，事先缺乏严格的检查和核对，会导致张冠李戴、以讹传讹。

（四）选择新鲜有趣的材料

与一般文艺作品一样，演讲稿也要避免人云亦云。尤其是命题演讲，如果演讲使用的材料陈旧，或与前面的演讲使用的材料雷同，会让听众感到乏味，失去新鲜感。新鲜有趣的材料，其中包含一定的反常性，既在意料之外，却又在情理之中。这样的材料能吸引听众，也能深化主题。

第三节　良好的形象

演讲者的形象是演讲者的思想、道德、情操、学识及个性在外表的体现，对演讲具有重要的意义，直接影响演讲效果。

一、演讲着装要求

有一年，尼克松与肯尼迪竞选总统。就当时的政治影响来说，尼克松成功的可能性远远地超过肯尼迪，可是，投票结果却是肯尼迪胜利了。其中一个重要原因就是肯尼迪穿着得体，看起来精神饱满、气宇轩昂，树立了良好形象；而尼克松由于患病刚愈，面容憔悴、精神不振，打扮时衣服宽大，难具魅力。

这充分说明了演讲者打扮的作用。

演讲者千种模样，万般风采。比如，精神矍铄的老学者，英姿勃发的人民战士，口若悬河的法庭律师，热情奔放的公关小姐。演讲者的职业不同，年龄有别，表现出来的举止修养也不一样，不过无论是谁，演讲前均要进行一番用心的打扮。打扮切忌千人一面、千篇一律，要根据自己的身体形态、个性爱好、年龄职业、风韵涵养以及演讲主题、演讲结构，做到得体、大方、匀称、和谐、新颖。通过打扮告诉听众：这就是我，这才是我。有些演讲者对演讲的内容考虑细致，对演讲的技巧运用得心应手，但对打扮似乎不太在意。蓬头垢面的样子会使听众一下子就会联想到演讲者是没有演讲经验的甚至是生活拖沓懒散的人，对其演讲则会嗤之以鼻。

有些演讲者打扮又过于华丽、过于时髦，花哨俗气，唯恐人们不注意他，甚至不顾年龄、性格特征一味地追求一种过头的"美化"，叫人不能接受。

演讲是一门综合艺术，既要求演讲者有美的声音、美的激情、美的结构，也要求有美的仪表。刚才所说的那种演讲者哪怕有两排伶牙俐齿、三寸不烂之舌，口吐莲花、舌绽春蕾，也不能吸引听众。因为他一走上讲台就会在听众心目中形成很不好的印象，听众就会很自然地把演讲者归入"优秀、一般、差劲"中的最后一个档次，并且在心理上形成与此相对应的反应：拒绝配合。

因此，演讲者在演讲前一定要认真琢磨如何把自己打扮得更好。最基本的着装要求可借用新中国成立前南开学校的校训来衡量：面必净，发必理，衣必整，纽必结。头容正，肩容平，胸容宽，背容直。气象勿傲勿暴勿怠，颜色宜和宜静宜庄。

二、演讲服饰的配色方法

不同的色彩能使人们产生不同的联想和心理感受。在现实生活中，服饰色彩的选择一般是由人自身的性格气质、生活经历、经济基础、爱好兴趣决定的，没有必要刻意地要求和规定。但演讲者要根据演讲的内容、演讲的环境、演讲的时空等诸多因素来进行衣着、饰物的颜色搭配。

首先要了解颜色本身的含义。

白色是纯真、洁净的象征，也能给人以恐怖、神圣的感觉；

黑色是严肃、悲哀的象征，也能给人以文雅、庄重的感觉；

紫色是高贵、威严的象征，也能给人以恬静、新鲜的感觉；

红色是热情、喜庆的象征，也能给人以焦躁、危险的感觉；

蓝色是智慧、宁静的象征，也能给人以寒冷、冷淡的感觉。

演讲时不宜以单色调打扮，而应在单一基色调基础上求得变化。配色不要太杂，一般不超过三种颜色，另外不要用同比例搭配。服装配色的方法有：亲近色调和法与对比色调和法。

亲近色调和法，即将颜色相似但深浅浓淡不同的颜色组合在一起，这是一种常用的比较安全的配色方法。比如，深蓝色与浅蓝色、黄色与橙黄色、水蓝色与烟灰色等。

对比色调和法，即以一色衬托另一色，互相陪衬，相映成趣。例如，黄色配紫色、樱桃色配天蓝色、黄绿色配红紫色。

常用的理想配色是：

绿色配黄色，中灰配褐色；

红色配淡褐，深红配浅蓝色；

深蓝配灰色，土红配天蓝色；

棕色配橄榄色，宝蓝配鲜绿色；

炭灰配浅灰色，粉红配亮绿色；

金黄配朱红色，玫瑰配深红色；

栗色配绿色，橙色配淡紫色；

黄色配棕色，淡蓝配浅紫色；

草绿配猩红色，紫色配橙黄色；

海蓝配朱砂色，宝蓝配鲜绿色；

中棕配中蓝色，酒红配黄红色；

原色组合（红色、黄色、蓝色）；

黑白相间（黑、白两色被称为"救命色"，几乎可与任何颜色相配）。

另外，还要强调的一点是，演讲者的衣物配色要考虑到演讲场地的灯光颜色。在灯光下，所有的颜色都会带上若干黄色色调。黄色看起来几乎变为白色，橙黄色变黄色，浅蓝色变绿色，深蓝色变黑色，紫罗兰变红色，鲜绿色变得暗淡。所以，如果演讲是在晚间进行，选择衣物时最好要在灯光下进行配色。

三、演讲时选择合适的鞋

在演讲者的穿着中，什么对自身的情绪影响最大？衣服、裙子、裤子、帽子都不是。心理学家哈默生曾做过研究认为，鞋子对情绪的影响最大。穿一双陈旧的软底的鞋子会让演讲者感到精神委靡，加深沮丧的情绪。而当你换上一双擦得油黑发亮的皮鞋，迈着大步，雄赳赳、气昂昂上台演讲时，你将会信心百倍。

选择鞋子不宜只追求式样的摩登新潮，鞋子要适合自己的脚形与体形。另外，演讲者还要考虑到整体的协调与演讲内容的限制。

脚形大的演讲者不宜穿白色的鞋子，白色有一种膨胀感，灯光一照更是显眼。身材矮小形的女性不宜穿很高的高跟鞋。细高跟凉鞋以白色为最好，白色与夏天服饰最易搭配。

演讲时以穿皮鞋最为常见，无论是男士穿西装、夹克，还是女士穿裙子、休闲装都可穿皮鞋。演讲者穿皮鞋上场显得端庄、高雅、大方。穿皮鞋要注意与衣着颜色相配，要保证皮鞋的亮泽。除了女士有些特制的皮鞋外，最好不要穿钉有铁掌的皮鞋，以免上场时有刺激声而影响听众的情绪。女士选用皮鞋跟不要太高，因为太高不利于运气发声。

选用鞋子时还要注意袜子的搭配。穿裙子宜穿长筒裤袜或连衣裙袜并穿皮鞋，裤袜的色泽一般选用与肤色相同或稍淡一些的。

第四节　克服紧张心理

演讲时产生怯场、紧张的心理，是任何演讲者都有过的体验。世上没有一位成功的演讲者在演讲时是一点都不紧张的，只是他们善于把紧张的程度控制在最小的范围之内。初上讲台的人，怯场更是不可避免的。面对听众，他们常常精神紧张、手足无措、四肢冰冷、头冒虚汗、语无伦次，甚至头脑中一片空白，无法继续讲话。总之，就是言语表达失控。

20世纪80年代，美国曾进行过"你最害怕的是什么？"的一次测验。测验的结果竟然是"死亡"屈居第二，而"当众演讲"赫然名列榜首。可见，演讲在大多数人的心目中是一件多么可怕的事。

一、克服紧张心理的三大关键

克服紧张心理首先要掌握以下三个关键。

（一）建立自信

自信是演讲者必备的心理素质。

许多人害怕当众演讲，却又希望自己能在公众面前侃侃而谈，这就要克服胆怯情绪，建立自信。自信是演讲者演讲的动力，建立自信心的过程就是与怯场心理作斗争的过程。

爱默生说："恐惧较之世上任何事物更能击溃人类。"这话说得很对。正因为如此，卡耐基认为消除恐惧与自卑感、建立自信是人们掌握演讲和谈判技巧的最好方法之一。而在这个过程中，卡耐基认为，有意识地在公共场合练习说话是一种很好的方法，它不仅可以克服人们的不安情绪，而且有助于人们树立勇气和自信。

每位成功的演讲家都有他或她自己克服恐惧的小诀窍。温斯顿·丘吉尔喜欢假装把每位听众都当成裸体的，富兰克林·罗斯福则会假设所有的人袜子上全都有破洞。

保持自信的最佳方式就是积极思考。用积极的和正面的念头把你的大脑填满，对自己不断重复带有正面暗示色彩的类似呼吁的句子："我不仅泰然自若，充分做好了准备，同时也沉着冷静，自信，令人信服，能够主控会场。"

冲破恐惧屏障的关键在于：

（1）承认内心的恐惧，并且了解产生恐惧的源头。

（2）利用恐惧产生出来的能量。

（3）认识到恐惧对于面向公众的演讲者来说是非常正常的。

（4）领悟到你的恐惧无须向公众展示。

（5）通过情境预设把自己假设成出色的演讲家。

（6）把听众当成你的同盟军，在听众的需求上集中注意力。

（7）就你关注的问题演讲。

（8）充分的准备加上反复的练习。

（9）通过无伤大雅的小幽默驱散恐惧。

（10）用积极的态度看待自己。

牢牢记住这些步骤，你就可以对恐惧采取适宜的态度。同时继续加强你的演讲技能，从而成为一位出色的、令人信服、具有魅力的语言高手。

（二）充分准备

对付紧张心理最有力的武器是诚心诚意地告诉自己你对本次演讲准备得十分充分：你的演讲题目不仅对自己而且对听众很有吸引力；你对该题目已深思熟虑，而且已搜集尽可能多的资料；你的演讲稿紧扣主题，谋篇布局有序；经过反复演练，你已能恰到好处地把握演讲时间；你对自己的仪表和临场表现有充分的信心；你有能力很好地对付演讲过程中出现的各种意外情况。

（三）适应变化

如果你原计划给二三十人作演讲，到场后发现听众有二三百人，你会怎么办？你准备了一份非常正式的演讲稿，走上演讲台你却发现大家都穿着牛仔裤和 T 恤衫之类的休闲服装，你将如何处理？你准备了长达两小时的内容，可上场前主持人告诉你你只有 15 分钟的演讲时间，你又该怎么办？诸如此类的情况在演讲中都有可能发生。所以，如果你被邀请去演讲，不要忘了事先收集如下信息：

（1）有无固定的题目和主题范围。

（2）听众构成，包括人数、年龄、性别、受教育程度、宗教信仰、工作性质以及参加演讲的原因等。

（3）演讲地点，包括地理位置、场地大小、有无话筒等，如果有可能，最好亲自去演讲地点看一看，做到心中有数。

（4）演讲时间是如何安排的。

（5）有无安排听众提问。

二、克服紧张心理的七种方法

建立自信、充分准备和适应变化是消除紧张心理的主要途径，但在演讲过程中，我们还可以运用以下具体方法来消除紧张心理。

（一）自信暗示法

演讲者不应在上台演讲前多想可能导致演讲失败的因素，如"不要紧张不要害怕"、"我忘了演讲词怎么办"、"听众嘲笑我怎么办"等，这种负面的自我暗示往往会导致失败的结局。在现实生活中大家也经常会看到这样一幕：小宝宝手里端着一个玻璃杯，妈妈在一旁就特别担心小宝宝把杯子给打碎了，所以就对小宝宝说："不要打碎，不要打碎，千万千万不要打碎！"结果还是打碎了。更有趣的是到了晚上，妈妈就嘱咐小宝宝："不要尿床，不要尿床，千万千万不要尿床！"结果怎么样？又尿床了。

为什么会这样呢？从心理学角度讲，人的潜意识分不清楚是非对错、正确与否，它只接受肯定的信息。什么不要打碎、不要尿床、不要紧张、不要害怕等否定信息一概被排斥，潜意识只接受打碎、尿床、紧张和害怕等肯定信息。

所以，演讲者对自己的演讲题材和演讲效果要充满自信，更要在精神上鼓励自己去争取成功。演讲者可以用以下积极正面的文字反复暗示、刺激自己："我的演讲内容对听众具有极大的价值，听众一听一定会喜欢""我非常熟悉这类演讲题材，我一定会成功""我已准备得非常充分了"，等等。每次在演讲前暗示自己："我会讲得很好，会讲得很成功，听众会非常喜欢听我的演讲。"想象演讲结束，听众掌声雷动的场面。

（二）提纲记忆法

初学演讲者常常把能够背诵演讲稿作为准备充分的标志。背诵记忆，对于初学演讲者可能是一种必要的准备方式。但是，背诵依赖的是机械记忆，逐字逐句的记忆不仅耗费演讲者大量的时间，而且容易造成演讲者心理麻痹。在实际的演讲过程中，一旦因怯场、听众骚动、设备等突然出现故障而打断演讲者的思路，机械记忆的链条往往就被截断，演讲者脑海中会一片空白，导致演讲停顿。此外，单纯的背诵记忆，还极易形成机械单调的"背书"节奏，丧失了演讲应该具备的激情和人情。

著名政治家、演讲家丘吉尔，年轻时也常常背诵演讲稿而后发表演讲。在一次国会会议的演讲中，丘吉尔突然忘记了下面的一句话，他不断重复最后一句话仍然无济于事，最后只得面红耳赤地回到座位上。从此，丘吉尔放弃了背诵演讲稿的准备方式。

对于大多数的演讲来说，我们提倡用提纲记忆法。提纲记忆的一般程序是：首先，就有关演讲的主题、论点、事例和数据等做好演讲笔记，并整理成翻阅方便的卡片。然后，对笔记或卡片上的材料深思、比较并补充，整理出一份粗略的演讲提纲，提纲注明各段的小标题。最后，在各段小标题下面按序补充那些重要的概念、定义、数据、人名、地名和关键词句。至此，一份演讲提纲基本完成。在整理演讲材料和编排纲目的过程中，演讲者应反复思考和熟悉了解自己的演讲内容，而在演讲时仅仅将演讲提纲作为提示记忆的依据。

（三）目光训练法

初学演讲者往往害怕与听众进行眼神的交流，于是出现了低头、抬头、侧身等影响演讲效果的不正确的姿势。演讲者正视演讲对象，这不仅是出于礼貌，更重要的是演讲者与听众全方位互动交流的需要。初学演讲者不妨找人与自己对视，并且在此过程中不要讲话。

（四）呼吸调节法

适度的深呼吸有助于缓解紧张、焦躁、烦闷的情绪。演讲者在临场发生怯场时，可以运用深呼吸法进行心理和生理调节：演讲者全身呈放松状态，目光转移到远方景物，做缓慢的腹式深呼吸，根据情况做 5~10 次，甚至更多次。很多运动员、歌星、主持人，他们在上场时也做深呼吸来调节自己的情绪。其实，这在心理学上叫注意力转移法。开始时是把注意力放在担心上，现在不过是把注意力转移到深呼吸上，以此来让自己放松平静下来。

（五）调节动作法

你在台上紧张的时候，会发现你的浑身肌肉紧缩着，绷得紧紧的，这个时候你换个动作、换种姿势，会直接减轻你的紧张程度。或者是握紧双拳，握得不能再紧之后放松，这样反复练习，多做几下，身体就会慢慢放松下来。

（六）专注所说法

专注自己的说话，就是把注意力全部专注在你要演讲的内容上，而不是放在听众怎么评价我、对我形成什么样的印象上。其实演讲的最高境界就是忘了自己，面向听众，专注所说。

专注自己的说话，其实也是注意力转移的一种方法。我们常常是面对听众会紧张，但自己说话不会紧张，所以将注意力全部放在讲话本身上，而无暇顾及听众的反应，无暇关注听众，自然就会减轻紧张程度。

（七）预讲练习法

与前面的几种方法相比，更重要的是多讲多练，积累成功的经验。讲一次不行，讲 10 次、30 次、50 次，肯定会越来越熟悉演讲的过程，消除紧张。

预讲练习有两种方式：

第一种，为了纠正语音，锻炼遣词造句的能力，训练形体语言，演讲者可以自拟一个演讲题目，或模仿名家的演讲，在僻静处独自演练。著名演讲家、美国第十六任总统林肯，青年时代就经常模仿律师、传教士的演讲，独自一人对着森林和玉米地反复练习。

第二种，为了参加正式的演讲比赛或在规格较高的会议上发表演讲，有必要进行试讲。这种试讲最好邀请一些亲朋好友充当听众，一则可以模拟现场气氛，二则可以听取亲朋好友的意见和建议。

大量的预讲练习可以帮助演讲者建立充分的自信，而且还利于自己更好地去发挥，避免因准备不充分或不适应演讲环境而引起的惊慌失措。中国有句古语叫"熟能生巧"，就是这个道理。

为控制恐惧制订你自己的个人行动计划。例如，如果预讲时你的嗓音会发颤，告诉自己下一次开口讲话前，应该练习深呼吸。把行动计划写在索引卡上，每次预讲前都拿出来研究一番。

第五节　了解听众

听众是一场演说的目标受众，也是演讲成败的最终裁判。一场成功的演讲，必须充分了解观众，把观众的感受置于首位。

一、了解听众的心理需求

心理学研究表明：需要产生动机，动机引发行为，行为指向目标。为控制人的行为、激励人的行为去积极地追求和实现目标，必须研究人的需要。要使听众积极配合演讲活动，必须认真理解听众的心理需求。

美国著名心理学家亚伯拉罕·马斯洛认为，人的基本需要按其重要性和发生的顺序可分为 5 个等级：生理需要、安全需要、社交需要、尊重需要和自我实现的需要。前两者侧重于对物质的需要，而后三者侧重于对精神的需要，属于高级需要。人的内在需要是激励的主要诱因，精神需要、高级需要对调动人的积极性具有更稳定、更持久的力量。无疑，在演讲活动中，听众所渴望的是精神需要。要使演讲成功，演讲者应尽可能地满足听众正当的精神需求。

从友情、归属等社交需要到自尊、自爱、自信等尊重需要，到最大限度地发挥自己的能力完成工作，从而达到自我实现的需要，这是人们的精神需要由低层次不断向高层次发展的轨迹。需要层次越高，越具有激发力。演讲者要善于识别、理解自己听众的需要属于哪个层次，然后确定自己的对策。总的来说，听众大体有下列积极而正当的精神需要：

（一）砥砺品行，追求理想道德的需要

每个人都生活在社会现实中，都有一定的归属感，不可避免地要与社会其他成员进行这样或那样的交往，形成具有鲜明时代特色和特定阶级色彩的行为道德标准。向往崇高的道德理想，歌颂正义、忠贞、善良，憎恨邪恶、奸诈、丑陋，是听众道德情感的主要趋向。因此，演讲者宣扬崇高的道德精神，针砭丑恶的不道德的思想行为，介绍和歌颂英雄模范，揭露和鞭笞邪恶，便能拨动听众的心弦，引起听众道德情感的共鸣。

（二）自尊、自爱，有明显的切己性要求

每个人都有荣辱感，每个人都对与自己的理想、职业、利益、情趣相类似的事情最感兴趣；都希望自己的工作、人格得到社会的充分肯定，都不愿意受到侮辱和指责。特别是青年听众，他们有实现理想的紧迫感，他们的生活节奏快，讲求工作效率，急于在现实生活中尽快成才，以便尽量施展自己的本领，实现自我的社会价值。著名心理学家、哈佛大学教授威廉·詹姆斯认为"人类本质中最殷切的需求是：渴望被肯定"。赞美正是满足这种渴望的言辞，所以，一般情况下，演讲者在演讲中应满足人们自尊自爱的心理需求，并以正面疏导教育为主。切不可轻易指责、讽刺、挖苦，尤其不可揭短，不可当众宣扬别人的隐私，否则就会破坏演讲现场的秩序。

（三）增知长智，有强烈的求知欲望

人们都希望增长知识、才干，只不过由于各自的文化程度和职业不同，所追求的知识范围和深度各有不同。人们对于与自己的职业、爱好相关的知识最为敏感。事实上，听众听演讲，其内在的动力正是为获得知识和信息，当代青年更是如此。青年们朝气蓬勃，如饥似渴地广泛吸取知识的营养，有着强烈的求知欲，不仅注意使自己的知识向纵深发展，而且尽量扩展视野，广泛涉猎，拓宽知识面，向新的知识领域进军，使知识结构纵横结合，形成全方位立体形，并且力图使知识转化为技能、技巧，显示出惊人的创造力。演讲者应以大多数听众的愿望为依据，同时要尽可能适应不同层次听众的共同需求，广泛选取演讲材料，满足听众对知识的渴求。只有这样，演讲才能得到听众的密切合作。而要做到这一点，演讲者就要加强自身的文化、道德修养，使自己的德、才、胆、识都达到一定的高度。

（四）愉悦怡情，有潜在的审美需要

审美心理人皆有之。五彩缤纷的现实生活、眼花缭乱的客观世界极大地吸引着人们，促使人们多向性地捕捉新异的美感体验。审美心理几乎渗透到所有的社交活动中，演讲活动也不例外。演讲者要在自己的演讲中注入美的因素，使演讲具有艺术色彩，以满足听众的美感享受。听众审美的对象是多方面的，环境、演讲者、演讲内容及表现形式等共同构成听众的审美对象。当然，听众由于各自的修养、文化水准、审美情趣不同，对同一演讲往往有不同的审美感受，但也存在着共同性——一般地说，愉悦耳目、愉悦情感、愉悦理智就是不同层次的听众的共同审美需要。

总之，听众的不同层次的需要、思想意识、兴趣爱好、价值追求等内在因素对听讲动机的激发和影响是十分重要的。演讲者要善于分析其心理需求并满足其心理需求。

二、吸引不同类型听众的方法

根据不同的标准可将听众分为不同的类型。根据听众组织状态来划分，可分为有组织的听众和无组织的听众；根据听众心理状态来划分，可分为相容型、相斥型和淡漠型。此外，还可以根据年龄、性别、民族、职业等进行分类。由于各类演讲活动的时空环境和听众组成情况千差万别，因而，对听众的分类也不可能严格地按逻辑学那样划分成不同的互相排斥的子项，而只应从有的放矢的角度出发，区分为一些较为笼统的类型。本书将听众划分为如下几种类型：

（一）路人型听众

顾名思义，这是一种临时性的听众，如同一群过路的行人。这类听众除了身置演讲场所之外，并无其他传播纽带或方式与演讲者发生联系。对于这类听众，演讲者的首要任务就是引起他们的注意，采取有效的措施把他们吸引过来，从而使他们产生兴趣。至于以后发展到什么程度，就要看演讲的内容和技巧了。

（二）群体型听众

这类听众常是由正式或非正式的群体构成的，他们有共同的兴趣和价值观，有正式或非正式的行为规范。这些规范对群体成员具有一定的约束力，使他们能相互影响、相互依赖、相互作用。他们置身于演讲的时空环境，注意力和兴趣已基本具

备，至于演讲者该如何保持和巩固他们的注意力和兴趣，关键则在于其内容是否真正切合他们的需要。

（三）研讨型听众

这部分听众具有较为明确的共同目的。虽然他们相互之间的观点可能不尽相同，但是他们对演讲内容都抱有兴趣，能在理解演讲者的观点和提供的信息的基础上，及时地进行解释和评价，以确定取舍。对于这部分听众，演讲内容的深刻性具有尤为特殊的意义，而且演讲者要显示出坚定的信心。

（四）严密组织型听众

这部分听众本身就是一个有严密组织结构的团体，他们不仅具有共同的目的和利益，而且受严格的组织纪律的约束，每个成员都明确自己应该担负的责任。这类听众很少有抵触情绪，他们早已被说服，演讲内容的重点是布置任务和发布指示。对此，演讲者要有权威感，要显示其是权力的代表。

第三章　演讲的开场白

第一节　开场白要遵循的原则

演讲的开头，在通篇演讲中处于特殊位置，在演讲者和听众之间架起一座沟通思想情感的桥梁，为演讲的成功开辟道路。好的开头，能为全篇演讲定下基调。是庄重严肃，还是喜庆欢快，抑或诙谐幽默，往往一开始就给人以清晰的印象。好的开场白必须遵循以下几点原则。

一、取得听众的信任

有时候，听众可能会对演讲者的动机提出疑问，或是与演讲者持相反的观点。在诸如此类的场合，特别是想改变听众的观点或行为时，要使演讲成功，就需要建立或者提高听众对演讲者的信任感。杰弗里和彼得森两位专家针对这个问题提出了下面几条建议。

（1）承认分歧的存在，但是着重强调共同的观点和目标。

（2）对那些连演讲还没有听就对演讲者的名声和所作所为进行攻击的行为加以驳斥。

（3）否认演讲的动机是自私和个人的。

（4）唤起听众的公道意识，让他们仔细地去听。

开场白是否成功，在很大程度上影响着演讲的成败。对开场白的基本要求是简洁而富有吸引力。

二、激发听众的兴趣

有时候，听众是很"自私"的，他们只有在感到能从演讲中有所收获时才专心去听演讲。演讲的开头应正面回答听众心中的"我为什么要听"这一问题。例如，在美国会计协会罗切斯特分会的一次演讲中，演讲者唐纳德·罗杰斯通过表达他对听众需要的关心而激发了他们的兴趣：

　　我今晚要演讲的题目是《信息的透露》。确定这个题目之前，我先是查阅了本地的会计年鉴分册和全国会计协会的学术专刊，然后又询问了我的同事亚历克斯·莱文斯顿和戴夫·汉森："今晚来听演讲的人都有哪些？他们希望我讲什么？"他们告诉我在座的各位都是些很热心的人，希望我的演讲有趣而富有启发性。因此，我将告诉大家一些有用的知识，我也同时希望我的演讲简明扼要，并留给大家一定的提问时间。

三、为听众说明演讲目的

　　在大多数情况下，演讲的开头应揭示出演讲的目的。如果做不到这一点，那么听众要么会对演讲失去兴趣，要么会误解演讲的目的，甚至于会怀疑演讲者的动机。例如，美国快递公司主席詹姆斯·鲁滨孙三世在短短的 15 秒钟内便把他的演讲目的陈述给听众：

　　女士们，先生们，早上好。谢谢大家给予我这个露面机会。美国广告联盟是美国传播工业的一个重要组成部分。当前，美国传播工业还面临许多问题，而重担则落在大家的肩上。我今天演讲的目的便是就这些问题及它们呈现出的挑战谈谈我的看法。

四、为听众阐述演讲结构

　　演讲时，应当利用开头部分对演讲内容加以概述，让听众了解演讲的中心思想和结构。特别是当演讲的主题很复杂，或是专业性较强，或是需要论证几个观点时，这样做就能使演讲显得清楚而易于理解。例如，汉诺威信托制度公司的主席及总裁约翰·F.麦克基里卡迪在一次演讲的开头就很明了地陈述了他演讲的结构及范围：

　　女士们，先生们，晚上好。我很荣幸应科里曼主任之邀来参加这个在我国很有权威的商业论坛。在见解上，它可以与底特律和纽约的经济俱乐部相提并论。

　　首先，我将对最近的国内经济形势加以展望。我认为它并非人们有时所想象的那样严峻。

　　其次，谈谈近期欧佩克的经济增长对国际经济增长的影响，对包括我们自己在内的许多国家来说是件痛苦的事，但又是完全有办法应付的。

　　再次，对总统的能源建议作几点评论，我认为它既令人鼓舞，又令人失望。

最后，我将就演讲逐渐成为一种时尚和必要的现象以及美国的现状谈一点个人看法。

五、为听众提供背景知识

演讲时，演讲者被认为是专家或权威。因此，如果听众对演讲的主题不熟悉或是知之甚少，那么很有必要在开头部分对听众讲述与主题有关的背景知识。它们不仅是听众理解演讲所必需的，而且还可以体现出主题的重要性。例如，美国空军少将鲁费斯·比拉普斯在夏努特空军基地的一次宴会上作演讲时，就对"黑人遗产周"的有关背景知识及其对美国空军的重要性作了介绍：

我很高兴来到此地，同时我也很感谢应邀和在座各位讨论有关美国黑人问题。为保持和增进民族间的理解，美国各大州又开始纪念"黑人遗产周"。在夏努特空军基地，我们庆祝它则可以对美国空军进行完整无缺的教育。

我们民族的主旋律是："黑人历史，未来的火炬。"

这个已成为美国人民生活一部分的纪念活动，是弗吉尼亚州纽坎顿市卡特·C.伍德森最先提出并计划的，他现在被誉为美国"黑人历史之父"。伍德森先于1915年成立了"美国黑人生活和历史协会"。后来，他又于1926年发起了"黑人遗产周"纪念活动。

六、能吸引听众的注意力

演讲开头成败的关键在于能否吸引并集中听众的注意力。演讲时吸引听众注意力的方式要随题材、听众和场景的不同而改变，一般可以运用事例、逸闻、经历、反诘、引言、幽默等手段达到此目的。例如，麦克米兰石油公司副总裁迈克斯·艾萨克松在一次演讲的开头便运用了反诘的方法来吸引听众：

我们都知道，演讲是件很难的事。但是请听听丹尼尔·韦伯斯特是怎么说的吧："如果有人要拿走我所有的财富而只剩下一样，那么我会选择口才，因为有了它我不久便可以拥有其他一切财富。"那么为什么许多有才华的人偏偏害怕演讲呢？

第二节 开场白的形式

演讲的开场白通常有以下几种方式。

一、开门见山式

开门见山，用精练的语言交代演讲意图或主题，然后在主体部分展开论证和阐述。这种开场白方式十分常见。

1883年，马克思逝世，恩格斯发表了著名的题为《在马克思墓前的讲话》的演讲：

3月14日下午两点三刻，当代最伟大的思想家停止思想了。让他一个人留在房里总共不过两分钟，等我们再进去的时候，便发现他在安乐椅上静静地睡着了，但已经是永远地睡着了。

这个人的逝世对于欧美战斗着的无产阶级，对于历史科学，都是不可估量的损失。这位巨人逝世以后所形成的空白，在不久的将来就会使人感觉到。

恩格斯的开场白以简洁的语言交代了演讲的中心论点：马克思的逝世，马克思的逝世是无产阶级不可估量的损失。

开门见山式开场白适合运用于较为正规、庄重的应用性演讲场合。它要求演讲者具有较强的概括能力。著名羽毛球运动员韩健在他载誉归来的汇报演讲中就采用了这样的开场白：

尊敬的领导，亲爱的同志们：

我从17岁开始从事羽毛球运动，至今已经14年了。在这14年里，我有过成功的经验，也有过失败的教训；有过当世界冠军的喜悦，也有过败北的痛苦。今天，我不想炫耀自己如何"过五关，斩六将"，而只打算认真地谈一谈"走麦城"。

开门见山的内容可以从下面几个方面来考虑。

（一）由演讲的题目谈起

这种开头不仅交代了题目及演讲的缘由，吸引了听众的注意，而且还便于引出下文，使听众觉得自然流畅。

例如，鲁迅先生的演讲《少读中国书，做好事之徒》是这样开头的：

今天我的讲题是：《少读中国书，做好事之徒》。我来本校是搞国学研究工作的，是担任中国文学史课的，论理应当劝大家埋首古籍，多读中国书。但我在北京，就看到有人在主张读经，提倡复古。来这里后，又看到有些人老抱着《古文观止》不放，它使我想到：与其多读中国书不如少读中国书好。

鲁迅先生是教中国文学史的，竟然要大家少读中国书，为什么？听众带着这个疑问，就非听下去弄个明白不可。

（二）由演讲的缘由讲起

这种开头一开始便三言两语向听众说明演讲的起因，然后顺水推舟导入下文。

1987 年美国航天飞机"挑战者"号，在升空后突然爆炸，当时的美国总统里根在遇难机组人员悼念仪式上，发表了一篇激动人心的演讲，开头是这样的："今天，我们聚集在一起，哀悼我们所失去的 7 位勇敢的公民，共同分担内心的悲痛。"

这种从缘由讲起的方法，不仅能使听众概括地知道演讲的来龙去脉，引起听众的兴趣和注意，而且和正文的衔接也较为自然流畅。

（三）自报家门式开头

演讲一开场就来个自我介绍，或介绍个人经历、性格爱好，或表明立场观点。这样的开头诚挚坦率，能融洽气氛、吸引听众。

例如，抗战时期，著名作家张恨水在成都大学演讲的开场白是：

今天，我这个"鸳鸯蝴蝶派"作家到大学区来演讲，感到很荣幸！我取名"恨水"不是什么情场失意，我取名"恨水"是因为我喜欢南唐后主一首词《乌夜啼》。（朗诵该词）我喜欢这首词里有"恨水"二字，我就用它做笔名了。

真是快人快语，把自己的文学流派、性格爱好统统"自报家门"，毫不相瞒。这样的开场显得真诚坦率，听众顿时受其感染。

二、提问式

有时在演讲中，一上台就向听众提出问题，让听众和演讲者一起思索，使听众从头至尾集中精力听讲，以印证自己的想法和演讲者的看法是否相同、是否正确。只要提出的问题是群众关切的，是听众迫切想知道而又感困惑的，这种方式一定能像一把钥匙一样，开启听众的心门，使演讲者进入他们心中。

复旦大学有一次举办"青年与祖国"的演讲比赛，当时由于种种原因，会场嘈杂难静。当时有位同学上台，他刚讲个开头，就立即扭转了混乱局面，紧紧抓住了听众的心。他说："我想提个问题。"台下听众立即被他这种新奇的开头形式所吸引。他停顿了一下，继续说："谁能用一个字来概括青年和祖国的关系呢？"这时，台下听众议论纷纷，情绪活跃。他立即引导说："可以用'根'字来概括这种关系。"接着，他讲述上海男人名字喜欢用"根"字的原因，并归纳说："我们青年有一个共同的姓，就是'中华'；有一个共同的名，就是'根'。'中华根'应该是中国青年最自豪、最光荣的名字！"话音刚落，全场顿时掌声雷动。这样的提问开头，新颖别致，出人意料，让人耳目一新，激起听众浓厚的兴趣。

三、幽默式

幽默式开场白往往亦庄亦谐、妙趣横生，既语带双关，又不失犀利。演讲时用幽默法导入，不仅能够较好地表现演讲者的智慧和才华，而且能使听众在轻松愉快的气氛中不自觉地进入角色，接受演讲的内容。同时，在幽默趣味的开场中，不时发出一种与导入语语感、语意十分和谐的笑声。这轻松的一笑，不仅给听众以美的感受，而且能沟通演讲者与听众之间的感情。

1965年11月，美国友人安娜·路易斯·史特朗女士在中国庆祝她的80寿辰，周恩来总理特意在上海展览馆大厅举行了盛大的祝寿宴会。周总理的开场白是：

今天，我们为我们的好朋友、美国女作家安娜·路易斯·斯特朗女士庆贺"40公岁"诞辰。（参加宴会的祝寿者为"40公岁"这个新名词感到纳闷不解）在中国，"公"字是紧跟它的量词的两倍。40公斤等于80斤，40公岁就等于80岁。

周总理巧妙的解释在几百位祝寿者中激起了一阵欢笑，斯特朗女士也高兴得流下了眼泪。

当你在作严肃的政治演讲时，是否觉得很难使听众产生浓厚的兴趣？那么，来看看英国文学家吉卜林在开始政治演讲时，是怎样逗引听众大笑的。

他所讲的并不是编造出来的故事，而是他自己过去的经历，并且用一种戏谑的口吻指出其中的矛盾。他说："诸位，我在年轻的时候，住在印度。我常常替一家报社采访社会新闻。这工作是非常有趣的，因为它可以使我有机会去认识一些伪造货币、盗窃、杀人以及这一类富有冒险精神的有才干的人。"听众大笑，"在我采访到有时他们被审判的情形后，我还要到监狱里去，拜望一下我们那些正在受罪的朋友。"听众又发出笑声，"我记得，有一位因为杀人而被判无期徒刑的人，是一位绝顶聪明而又善于说话的青年人。他告诉我一段在他看来是他一生最重要的话：我觉得一个人如果一失足跌入罪恶的渊薮里，他一定要从此为非作歹不止，最后他竟以为唯有把他人都挤到邪路里去，才可实现自己的正直。"听众大笑。这句话，真是妙不可言，听众的笑声和掌声同时响起。

四、名言式

演讲开场白也可以直接引用别人的话语，为展开自己的演讲主题作必要的铺垫和烘托。名人说过的格言，永远具有引人注意的力量。所以，能适当地引用一句名人说过的话，也不失为演讲开端的好方法。

例如，演讲题为《让生命在追求中闪光》的开场白是：

美国黑人教育家本杰明·梅斯有句耐人寻味的名言："生活的悲剧不在于没有达到目标，而在于没有想要达到的目标。"这话是极有道理的。

随着生活节奏的逐步加快，时间以分秒来计算，因而，当今社会的演讲也要适应时代的这一特点。

在一定的场合演讲某些种类的问题时，一开始就恰当地引用名人名言，是最巧妙的方法。因为既然称为"名人名言"，就意味着它在群众中有影响、有权威、受信赖、易接受；也表明，在名人论述的那个问题上，其理论深度已达到相当水准，在这个基础上再阐述发展，对听众会更有吸引力。

有一位教育家在以"事业成功"为题作演讲时，他先引用著名大演讲家卡耐基的话说：

世界上的最优奖品——荣耀与金钱，只赠给一件事，那就是创造力。什么是创造力呢？让我告诉你们，就是不必别人指示，而能做出确实的事情，并获得成功。

这段演讲词的开头，有几个特点是值得称道的。它的第一句话引用了名人名言，就引起了听众的好奇心，使听众愿意听下去，想再多知道一些。演讲者如果在说完"只赠给一件事"的后面，能够十分巧妙地略略停顿一下，那更会使人迫不及待地要问世界把最优等的奖品赠给了谁，他的第二句话立刻把听众引进了题目的中心。第三句是问话，可以引起听众的思索，而且使听众愿意共同讨论。第四句给创造力下了一个定义。

在这样的基础上，演讲者再列举大量生动的事例，从理论上展开创造力对事业成功的作用的分析，当然会把听众的情绪引向高潮。

当然，我们也能引用名人的话开头。

有人在讲述汤姆斯·劳伦斯上校在阿拉伯的冒险故事时，曾这样开头：

路易·乔治曾经说过，他认为劳伦斯上校是当代最浪漫而又最潇洒的人物之一。

这样的开头，有两个好处：第一，引用一位名人所说的话，易使听众对于下面的话格外注意；第二，就是引起人们的好奇心，他们一定要问：他怎样浪漫？他怎样潇洒？我从未听说过这个人，他做过些什么事？

在演讲中，也可以适当地运用成语、格言开场，这样可以强化演讲开场白的分量，给听众留下难忘的印象。例如，演讲题目为《青少年应珍惜光阴》，那么在开场白的语言中，如果运用"一寸光阴一寸金，寸金难买寸光阴"或"大禹圣人，乃惜寸阴；至于今人，当惜分阴"之类的格言，就容易抓住听众的心理，给人留下深刻的印象。那么，如何做到这一点呢？这就要求我们在平时多收集精练明了的成语、格言，并进行分类整理，这样，到设计演讲词的开场白时便能得心应手的运用了。

五、以故事开头

用形象性的语言讲述一个故事作为开场白会引起听众的莫大兴趣。选择故事要遵循这样几个原则：要短小，不然成了故事会；要有意味，发人深思；要与演讲内容有关。

1962 年，82 岁高龄的麦克阿瑟回到母校——西点军校。一草一木，令他眷恋不已，浮想联翩，仿佛又回到了青春时光。在授勋仪式上，他即席发表演讲。他是这样开的头：

今天早上，我走出旅馆的时候，看门人问道："将军，你上哪儿去？"一听说我到西点时，他说："那可是个好地方，您从前去过吗？"

这个故事情节极为简单，叙述也朴实无华，但饱含深沉的、丰富的感情。既说明了西点军校在人们心中非同寻常的地位，从而唤起听众强烈的自豪感，也表达了麦克阿瑟深深的眷恋之情。接着，麦克阿瑟不露痕迹地过渡到"责任、荣誉、国家"这个主题上来，水到渠成、自然妥帖。

故事式开场白是通过一个与演讲主题有密切关系的故事或事件作为演讲的开头的。这个故事或事件要有人物、有细节。

例如，周光宁《救救孩子》的演讲开场白：

去年 5 月 24 日的《新民晚报》披露了这样一个事实：一个四年级的小学生，每天要带父母亲剥光了壳的鸡蛋到学校吃。有一次，父母忘了给鸡蛋剥壳，差点憋坏了孩子，他对着鸡蛋左瞅右看，不知如何下口，结果只好原蛋带回。要问他怎么不吃蛋，回答很简单："没有缝，我怎么吃？"

周光宁以小学生不会剥鸡蛋这样一则新闻报道开头，把听众带入他的演讲主题：全社会都要重视培养孩子们独立生活的能力和战胜困难的勇气。

六、以事实开头

惊人的事实，报道时可以惊醒听众的白日梦，抓住他们的注意力。有一位演讲者要说明"无线电的奇观"，他开头竟然这样说：

你们晓得吗？纽约的一只苍蝇，在玻璃窗上爬过的声音，用无线电传播到非洲的中部，会像那尼亚加拉大瀑布的巨响一样。

一般的听众长时间静听抽象的议论，会感到不耐烦。而讲实例总是比较入耳，使听众有兴趣听下去。然后再接续一般的陈述，反而使听众容易接受你的观点。

例如，下面玛丽·瑞艾蒙德的这篇演说开端就非常令人喜欢。这是她在法律尚未禁止童婚之前，于纽约妇女选举协会上作的演说：

昨天，当火车经过离此不远的一个城镇时，我忽然想起数年前在那里发生的一桩婚姻。因为在这纽约州中至今还有许多婚姻都像这样轻率与不幸，所以今天我愿意详细地描述那桩婚姻的情形。那是在 12 月 12 日，该城中某高等女校的一个年龄 15 岁的女孩子，遇见了附近一位大学一年级的学生。到 12 月 15 日，即相识三天后，他们虚报那女孩子为 18 岁，而领了结婚证，因为依据法律，到这个年龄就可以不用取得父母的许可即能结婚。他们领到结婚证后，便立刻去找一位牧师证婚（那女孩是天主教徒）。但那牧师却很正确地拒绝了他们。不久，那女孩子的母亲听说了这件事。然而在她等到她的女儿之前，一位保安官已使这一对年轻人成了眷属。随后新郎便把新娘带到旅馆里同居两天两夜，之后他却抛弃了她，再也不和她同住了。

讲完这一实例后，她再详细阐述反对童婚的观点。这样的开头，自然、真实、具体，使听众感到亲切，愿意再听下去，同时也乐意而不是勉强接受演讲者的观点。

七、以实物作开头

拿一些实物来给听众看，这是引起大家注意的一个最容易的方法。这种实在的刺激物，有时在一些学识很高的听众面前，也会产生很好的效果。

某中学生在参加以"珍惜时间"为主题的演讲赛时，在教室的窗台上拾起一片黄叶，走上讲台，开始演讲：

亲爱的同学们，你们看我手上拿的是什么？是一片落叶吗？不错。然而仅仅只是一片落叶吗？不。它是穿过时空隧道的过客，是一叶凝聚的时间，是一首哀叹时间一去不回头的诗。我们读它，仿佛是在与那来去无踪的时间对话。从这里，我们看到了时间的力量和冷峻。绿叶婆娑，那是时间的恩典；黄叶飘零，那是时间的摧残。面对它，我们还有什么理由轻视时间呢？

演讲者匠心独运，以实物为切入点，用一片落叶来具体形象地阐发时间哲理，激起了听众心中的波澜，超越了空洞无物、泛泛而谈的老调子，给人以心灵上的立体感，给听众以耳目一新的感受，效果相当不错。

这种开头方式多在军事演讲、法庭演讲或学术演讲中使用。它通过展示实物，首先给听众一个感性的直观印象，然后借助具体实物，提出和阐述自己的见解。例如，军事演讲首先向听众展示军用挂图或战场实物，学术演讲首先展示科研成果或图表，法庭演讲展示证物，等等。这样开头，由于增强了演讲的直观性和实体感，更有利于内容的表达和逐步深化。

第三节　蹩脚的开场白

好的开场白能给演讲增色不少，可是许多开场白让人听了十分不舒服。蹩脚的开场白有下面几种。

一、远离主题的废话

呃……早上好呀！女士们……呃……先生们。你们得多多包涵，我夜里……呃……着了一点凉……所以我呢……呃……要是我讲的声音……呃……有点鼻塞语浊，那还请多加见谅了。

这也许能赢得一些听众的些许同情，但是却很难建立你的可信度，也很难抓住听众的注意力。

开场白贵在简短切题，迅速把听众引入问题情境，使之尽快把握演讲的题旨和思路。但有些演讲者却不为听众着想，一开头就吐出一大堆无谓的言辞，白白浪费听众的时间。这种无聊的开场白，也应加以避免。

二、老生常谈的话

不要用老生常谈的话语，如"我很不习惯当众讲话"或过分雕琢的虚假故事，请朋友直言不讳地对你的表达或故事提出批评。

还有一种就是套话，顾名思义是一种老套子话，是一种八股式的俗套子。其思想内容和语言形式都形成了一种固定的格局，而且相沿成习，大家都要如此这般地照套一番，就好像看到市面上某个时期流行的某种款式的帽子一样。

在国内外一派大好形势下，我们迎来了××××年的春天。

在××正确的领导下，在××亲切关怀下，在××共同努力下，我们单位取得了一个又一个的胜利。

当××节来临的时候，我们举行了××盛会。这个会议开得非常及时、非常重要，将会产生深刻的影响。

这些话若是成了一种老调子，大家都如此说，就失去了演讲者个人的特色，也未必符合实情，使听众觉得腻味，起不到任何积极的作用。

三、故弄玄虚

诚挚的谦虚精神是美德。演讲者的谦虚是赢得听众合作的重要条件，但关键是态度要诚恳。有一些演讲开头尽管说得很客气，但是明显地透着一丝虚假。

明明是要指导别人，却故意说成是"我向大家汇报来了"。

明明是很欣赏自己的做法，很想当众介绍自己的经验，却要说成"大家让我讲几句，本来我不想讲，一定要讲就讲吧"。（不想讲还讲，岂不是废话？）

明明是苦心经营，却要说成"同志们，我没什么准备，实在说不出什么。既然让我讲，只好随便讲点，说错了请大家原谅"（虽是谦辞，但都是没用的废话）。"同志们，这几天实在太忙，始终抽不出时间，加上身体欠安，恐怕讲不好，请大家原谅。"（既然那么多客观原因，何必要来讲呢？）

这种演讲开场白，令人厌恶，应避免使用。

四、不尊重听众

"今天我要讲的这个问题，是你们从来没有听说过的。你们要注意听。"和"最近我了解了一下情况，你们许多人对××的理解很成问题，很不像话。这个问题不能那样认识，应该这样看。"这类开场白最容易引起听众的不满甚至愤慨。

有的演讲者喜欢摆架子，把听众当成"阿斗"，由于缺乏平等的态度和民主精神，往往一开头就口气很粗，甚至板着面孔训人。

五、超乎实际的惊人之谈

有一些演讲场合，常可听到某些言过其实的说法。例如，有的演讲主持者在开头向听众介绍某些稍有作为的演讲者时，称其为"明星"、"著名学者"、"著名专家"，等等。这类虚妄不实之词最容易引起听众的反感。

不要用故意提及名人的名字以抬高自己身份的办法来建立可信度。不要让听众认为你做这场演讲只是为了满足自己的虚荣心。

第四章　情绪的感染

第一节　讲听众感兴趣的事

詹姆斯·哈维·罗宾逊教授在他所著的《心的形成》中有这样一段话：

世间不会有比我们自己更让自己感兴趣的对象了，所有一切不加约束和指导的思想，都环绕着我们……所以，你应当记住，和你说话的人，他如果不想到自己的事业和职务，那他必定在想着自己的光荣和正直。他们对自己刮脸的刀片不能刮胡须的事，比某处飞机失事还要关心；他自己牙齿痛，比南美洲发生的大地震更重要。他听你谈论他本身得意的事件，比听你谈历史上的一切伟大人物的事迹更为高兴。是的，欲让听众欢迎你的演讲，莫过于谈听众最关心的话题。一旦听众产生了与演讲者"同船共渡"的感受，或听众急于从你的演讲中得到些什么，成功的大门就徐徐开启了。

的确，没有什么事比与自己有关的事情更让人感兴趣了。演讲者必须要明白听众的这种心理特征。

在一次宴会上，有人发表了一个十分成功的即兴演讲，他把席间的每个人都谈到了，把每个人的进步加以夸大，使得每个人都十分高兴。也许他演讲的内容并不高深，语言也并不精彩，但他抓住了听众的兴奋点，受听众欢迎，这样的演讲就成功了。

听众是你的上帝，你讲得好与坏是由他们来评定的。某些笨拙的演讲者只注意谈他自己感兴趣的事，尽管他讲得眉飞色舞、手舞足蹈，但听众都是一副漠然的神情，觉得兴味索然、昏昏欲睡。

要想钻到听众心里，就要从听众最感兴趣、最敏感的问题下手，急他人之所急，想他人之所想，言他人之所言，抓住听众的兴奋点，慢慢引出话题。

比如，在一次有关女性地位问题的演讲比赛中，很多参赛同学都是一上台便讲历史上女性地位如何低下、现在人们还存在一些性别偏见等。前面一两个演讲可能听众还听了一些，到后来听众就有些不愿听了，感到千篇一律。

接着，一名女同学上台，她说："今年毕业班的同学又要开始找工作了，大家可知道去年我校学生找工作的情况？"这一句话，大家马上静下来听了，因为找工作是个敏感的问题，大学四年，谁都想找个称心如意的工作，毕业班和高年级的同学不用说，刚进校的同学也密切注意这个问题。这一下，听众的注意力集中到演讲上来了。紧接着这位女同学列举了一系列的数字和事实来说明女生在找工作时的劣势，由此发挥，讲到社会上的性别歧视问题。最后，这位女同学摘取了这次演讲大赛的冠军。

听众感兴趣，是因为你的谈话内容与他们有关，与他们的兴趣有关，与他们的问题有关。你若能与听众最感兴趣的事情取得联系，也就是与听众本身取得联系。由此你可以紧紧抓住听众的注意力，并能保证沟通的线路畅通无阻。所以，演讲前你应该问问自己：我演讲内容里的知识是否能够帮听众解决问题，实现他们的目标？如果答案肯定，那就大胆地说给他们听，这样必定能获得他们的全部注意力。如果你是经济学家，你在开场白里可以说"我现在要教你们怎样能够挣到 50 万至 100 万元"；如果你是律师，你可以告诉听众如何通过官司获得应有的尊严。这样，你一定会赢得全神贯注的听众。

第二节　拉近与听众的距离

一、得体的称谓

得体的称谓可以把演讲的情感传导给听众，使听众与之同欢乐、同悲伤、共希望、共愤怒，创设融洽的氛围，拉近彼此的距离。

当面对多层次听众参与的场合时，可以使用泛称，如"朋友们"、"同胞们"、"同伴们"、"各位小姐、各位先生"、"女士们、先生们"、"姐妹们"等。当遇到一些特殊行业、特殊年龄、特殊层次的听众时，就要使用特称，如"总统先生"、"总理先生"、"尊贵的客人们"、"在座的各位老师"、"尊敬的教练"、"各位评委"、"未来的工程师们"、"尊敬的白衣天使"、"可爱的小朋友们"、"祖国的卫士们"等。在一般情况下，可运用"朋友们"的称呼。

当你不了解听众的具体情况时不要乱用特称，以免喊错对象而闹出笑话。比如，你面对的是一群年龄大小不一的女听众，而你又年轻，你只能称呼："女同胞们！"当你很清楚听众的职业、年龄等情况时，最好运用特称。这样显得亲近些，听众也有一种受尊重之感。

称谓要能反映出对方的身份、地位和双方的关系，更重要的是表达出得体的情感。感情要真挚，字字含情，句句有义，语气要亲切。比如，一位演讲者到一所农业大学演讲，面对大学生他这样称呼："三晋热土，大地之子，绿色生命的守护神。"

称谓一定要适时适度。称谓可用在开头和结尾处，也可用在感情高潮处，但必须是该用时用，不能随意乱用，更不能没完没了。比如，用在感情高潮处："同学们，当你想起我们的父亲面朝黄土背朝天地劳作在田野荒坡时，当你想起我们的母亲用卖鸡蛋换来的钱送我们读书时，你难道不觉得只有刻苦学习、拼命攻读才能对得起良心吗？"也可用在感情高潮的后面："不用我再说了。朋友，这就是我们税务干部的胸怀，这就是祖国聚财人的风采。"

称谓一定要用得巧妙。称谓可直接与感叹句、反问句、双重否定句连用，这样更能表达出一种强烈的肯定情感，起到发聋振聩、掷地有声的效果，如"朋友们，让我们共同祝愿他们万事如意、心想事成吧！"

二、调整空间距离

空间距离往往决定心理距离。

空间方位意义说的创始人，美国著名学者爱德华·霍尔把人际交往的空间分为 4 种：亲密空间，距离 15 厘米至 46 厘米；个人空间，距离 75 厘米至 125 厘米；社交空间，距离 125 厘米至 365 厘米；公共空间，距离 365 厘米至 765 厘米。在演讲中，演讲者可以充分利用空间因素，拉近与听众的心理距离。

印尼总统苏加诺有一次应邀到北京大学演讲。语言、年龄、地位、阅历以及民族、信仰、生活习惯等诸多方面的不同，决定了他与听众之间心理距离的遥远，因此，缩短与听众的心理距离，取得听众的情感认同，是演讲成功的根本点。怎么办呢？苏加诺不愧为经验丰富的社会活动家与演讲家，他一上台便调整了演讲者与听众的距离，他说：

"同学们，请大家往前挪几步，我想离大家近点儿，好吗？"亲切的话语、含笑的表情得到了学生的认可，学生心中为之一热，向前走了几步。

"请大家脸带微笑，因为我们面对的是一个光辉灿烂的明天。"苏加诺接着说。带有哲理的调侃不仅缩短了与听众的交往距离，更拉近了心理距离，学生对苏加诺报以热烈的掌声。

空间距离的确定对演讲的成功有很大的影响。如果你站在大厅里演讲，下面只有二三十个人且稀稀拉拉坐得老远，你再怎么演讲，也不会产生凝聚力，听众听得没意思，你讲着也没劲。所以，演讲者一定要调整好与听众的空间距离；如果组织者没想到，你就自己动手去做。

三、与听众打成一片

演讲者如果能尽快地甚至一开口便指出，自己与听众之间有某种直接的关系，往往会很快与听众打成一片。如果觉得很荣幸能被邀发表演讲，就照实说，这会让你很快赢得友谊。

哈罗德·麦克米兰在印第安纳州的德堡大学向毕业班讲话时，开头一句话便打开了与听众沟通的线路："我很感激各位亲切的欢迎词。身为英国的首相，应邀前来贵大学，实非寻常等闲之事。不过我感觉，本人当前的政府职位，恐怕不是各位盛邀的主因。"接着，他提到自己的母亲是美国人，出生于印第安纳州，而父亲则是德堡大学首届毕业生之一。他接着说："我可以向各位保证，我深以与德堡大学有关联为荣，并以重温老家的传统为傲。"无疑，麦克米兰提到美国学校以及他母亲和身为先驱的父亲所知悉的美国式生活，即刻就为自己赢得了友谊，也使自己很快进入了演讲角色。

还有一种方式是使用听众中的人名，以友好的方式提到他们，如"我之所以取得这么好的成绩，与××对我的关怀和帮助分不开"，或是"××同学曾说过，他可能当时并未在意，但这句话对我的触动非常大"。这不仅会使被提到名字的人脸上现出愉悦，也会使其他听众对你产生好感。

四、让听众参与进来

许多演讲者觉得，讲台上的人和讲台下的人之间隔着一堵墙，而利用听众的参与往往可以推翻这堵墙。

在演讲中，如果你挑选听众来协助你展示某个论点，或将某个意念戏剧化地表现出来时，听众对你的注意便会显著地增加。由于知道自己是听众，所以当某位听众被演讲者带入"表演"中时，所有听众便会敏锐地感知所发生的事。

比如，某演讲者向听众说明汽车在使用刹车以后还要走多大距离才能够停住。他请前排的一位听众站起来帮他展示，汽车在不同速度之下这个距离会有怎样的改变。这位听众握着一条钢制卷尺的一端，顺着走道把它拉出 9 米。当听众看着这个过程时，便会全神贯注于讲演之中。其实，那卷尺除了生动地展现讲演者的论点外，还成了听众与讲演者之间一条沟通的线路。

五、给听众真诚的赞赏

没有人喜欢受到指责，即使你指责的是他所在的群体。公然批评听众必然招来怨恨。对他们所做的值得称赞的事表示赞美，你就能赢得进入他们心灵的通行证。但是，赞扬要注意得体，不能用夸张、肉麻的词句，否则，听众会认为你是刻意献媚而感到憎恶。

第三节　设置兴奋点

演讲不可能全场都是高潮，也不可能使听众始终处于兴奋的顶峰，更不能铁板一块，静如死水，而应如大海起波，一浪高过一浪。这就需要在演讲中设置兴奋点，让听众能够兴奋，有时间兴奋。

一、给掌声留出空间

掌声的调剂会使演讲产生强烈的现场感染力。演讲时，一定要有意识地给掌声留出一定的空间。要运用那些带有浓厚感情色彩、充满激情的语言和那些立场鲜明、见解独到、能够给听众以深刻启迪的语言，以及那些热情歌颂真善美、无情鞭挞假恶丑的语言。这些语言能让听众受到激励、鼓舞和启发，从而自发地鼓掌。

比如，闻一多在《最后一次讲演》中道出："这是某集团的无耻，恰是李先生的光荣！李先生在昆明被暗杀，是留给昆明的光荣！也是昆明人的光荣！"赢得了听众热烈的掌声。

二、善于埋设兴奋点

所有能够引起听众兴趣和热切关注的事例、名言、佳句和精辟独到的见解，都属于兴奋点的范畴。在演讲中，要有计划、有目的地选取一些触及兴奋点的语言，绵延不断地"埋设"在演讲稿中，让它们像星星一样闪烁，像眼睛一样放射出睿智的光芒。这会拉近演讲者和听众的心理距离，满足听众的心理需求。但这样做要顺理成章、水到渠成，千万不能不顾对象，故弄玄虚，刻意求工。

美国总统杜鲁门在日本投降时发表的广播演说中，首先把人们的注意力集中到了日本签署无条件投降书的美军军舰密苏里号上；接着又回顾了珍珠港事件，让所有美国人的心都为之跳动；在缅怀亲人的同时，阐明这是自由对暴政的胜利，并认定"胜利后的明天将是全世界和平与繁荣的希望"。整篇演讲起伏有致，既肯定了民族的精神与意志，又让人民对明天充满必胜的信心。

三、敢于标新立异

人人都有好奇心，满足人们的好奇心和求知欲，本身就具有兴奋作用，因而，打破常规、标新立异是设置兴奋点的好方法。为了使演讲吸引听众，在尊重文化传统和思维习惯的基础上，要对演讲稿进行必要的创新，打破思维定式，敢于创造，善于借鉴，造清新之气、树时代新风。

外交场合的演讲大多平稳有度。但1972年尼克松来华时，在一次演讲中却说："长城已不再是一道把中国和世界其他地区隔开的城墙。但是，它使人们想起，世界上仍然存在着许多把各个国家和人民隔开的城墙。长城还使人们想起，在几乎一代人的岁月里，中国和美国之间存在着一道城墙。"听到这里，人们不知其来意是善是恶，自然细心聆听下文："四天以来，我们已经开始了拆除我们之间这座城墙的长期过程。"一句话让听众提起来的心轻轻放下了。

四、给听众以强烈刺激

从生理学角度讲，在额定阈值内，人的感官接受外来刺激的强度越大，神经兴奋的程度越高。心理学研究表明，人们最容易记住对自己有重大影响、对自己有利的、自己主观愿意记住的或给予自己重大刺激的信息。听众对演讲反应的强弱，或者说演讲对听众的兴奋程度影响的大小，在一定程度上取决于演讲语言的强度。演讲语言的强度主要取决于演讲者对演讲内容的熟悉程度、对事物的感悟程度、对问题分析的透彻程度和现实立场的鲜明程度。演讲要尽最大努力把问题看得透彻、准确、鲜明，始终给听众一种压力感和责任感。

五、幽默的语言

幽默作为一种最生动的表现手法，也大量地运用于演讲中。著名相声大师侯宝林曾经说过："幽默，也是口才的一个组成部分。如果没有幽默感，即使口若悬河、析理入微、富有鼓动性，口才也是不全面的。"幽默在演讲中有着相当重要的作用，它所产生的谐趣对听众具有巨大的吸引力和感染力。幽默是思想、学识、智慧和灵感在语言中的结晶，是一瞬间闪现的光彩夺目的火花。

心理学家发现，在演讲中运用幽默，能加快信息的吸收。例如，鲁迅的《魏晋风度及文章与药及酒之关系》是一篇学术性演讲，其内容比较高深，一般很难提起普通听众的兴趣。可是鲁迅在演讲中，除了有自己独到的见解外，还充分发挥幽默的作用，使听众不但能听懂，还感到趣味无穷。如讲到曹操为什么以"不孝"的罪名杀孔融一案时，他风趣地说："倘若曹操在世，我们可以问他，当初求才时就说不忠不孝也不要紧，为何又以不孝之名杀人呢？然而事实上纵使曹操再生，也没人敢问他，我们倘若敢问他，恐怕他把我们也杀了！"可以想象，当时的听众听到这话时一定会捧腹大笑。又如当讲到何晏的脸长得很白时，有人说他是因为搽了粉，鲁迅这时却风趣地说："但究竟何晏搽不搽粉呢？我也不知道。"鲁迅的这些幽默风趣的话语不但调节了会场的气氛，同时也增强了演讲的感染力。

幽默手法不仅在一般的演讲场合中得到广泛应用，而且在政治演讲中也越来越受到重视。据说美国第16届总统林肯的枕边经常放着一本《哈罗笑话集》，在空闲时间经常翻阅，因此他能熟练地将幽默恰如其分地应用到自己的演讲中去。

总之，在演讲中恰当地运用幽默手法，既可活跃气氛、振奋听众的精神，又能增强演讲的感染力和吸引力。

在演讲中常用的幽默手法有正话反说法、妙用笑话法、以矛攻盾法、大事化小法、适度夸张法、自我解嘲法等。当然，在演讲中运用幽默手法必须恰当，如果运用不当，则会适得其反。在运用幽默手法时，应注意以下几点。

（1）切忌使用那些具有歧视性的幽默，演讲时要把自己摆进去，才不至于刺伤听众。

（2）运用幽默手法时，一定要分清对象，分清是对敌人还是对朋友。要重视态度和分寸的问题，如果忽视了这个问题，就容易伤了自己的同志。

（3）运用幽默手法一定要注意场合、注意内容。那些肃穆、隆重的演讲需要严肃的气氛，一般不使用幽默的语言，否则的话，会冲淡严肃、庄重的气氛，引起不良后果。

（4）切忌使用粗鲁庸俗或肤浅滑稽的幽默，否则不仅不会增强演讲的效果，反而会对听众产生不良的影响。

第四节　激发情感

　　情感是一种复杂的心理反映，是人们对客观事物的态度与体验，并由此而形成的情绪评判。情感虽然是一种与人的言谈举止相随相伴的抽象形态，然而一旦被激发，便立即使人精神振奋，全身心都处于高昂的积极状态，进而对客体产生一种不可估量的能动作用。正如马克思指出的那样："热情、激情是人类走向他拼命追求的对象的本质力量。"

　　演讲中，激发听众的情感正是在于启动和发挥这种"本质力量"，使之高度关注、思索、领悟、品味演讲过程的全部言辞与全部情态。

　　事、理、情构成了言语交际的全部内容。从交际的目的来看，激发听众情感的根本目的在于：一方面，使听众形成健康向上的情感，升华情感；另一方面，促使听众在情感的驱动下，产生追求真知与真理的强烈欲望。

一、情感投入

　　要激发听众的情感，演讲者首先就要有情感投入。表演艺术家李默然先生对此深有体会，他说："演讲者不动情，听众当然不会引起共鸣，只要你真正地动情了，观众保证被你打动，不管是多大的声音，哪怕是轻微的，观众也会被你震慑住的。"例如：

　　起源于北部的狂飙为我们带来了刀剑的铿锵声，我们的同胞已走上战场，我们怎能袖手旁观！先生们还要期待什么？结果又将如何？难道生命这般珍贵？和平如此诱人？以致不惜以戴镣为奴的代价来换取？万能的上帝啊！制止这种妥协吧！我不知道别人将如何行事，但对于我来说，不自由，毋宁死！

　　这是当年美国的年轻议员帕特里克·亨利的一篇著名演讲的结尾。在对待英国殖民者是战还是和的问题上，他力排众议，满怀激情地痛斥保守派的和平幻想。没有对殖民者的切齿痛恨，没有对自由的热切渴望，是不可能讲出这些话的。正是真挚的感情与精辟的言辞的高度结合，使得这篇演讲不仅在当时能激起北美洲的人民的斗志，即使在今天，也成了全世界热爱和平的人民反对侵略、反对压迫的共同心声。由此可见，只有这种真挚的情感才能激发听众的情感，而那些矫揉造作、无病呻吟、虚情假意的情感不仅不能引发听众的情感，反而使人生厌。

演讲中投入的情感要健康向上。无论在什么场合，面对什么对象，讲什么内容，演讲者都应给人以鲜明的是非感、正义感、向上感，千万不可为了现场效应去迎合部分情调不高雅的听众心理。有的人一说反腐败，就神采飞扬地大谈官场如何吃、如何玩、如何挥霍；一谈到社会风气，就手舞足蹈地说起凶杀的惨状、赌博的豪情、毒枭的猖狂、偷盗的狡诈；一说扫黄，就眉飞色舞地描绘起各种淫秽细节，如此等等。演讲也好，谈话也罢，即使是聊天，其效果又会怎样呢？作为一位演讲者，为什么会对这类丑恶现象如此津津乐道呢？究竟是痛恨，还是欣赏呢？总而言之，演讲的格调应该高一点、健康一点、积极一点。

演讲中，情感的抒发还要做到具体，要有自己的特点。曲啸同志在《人生、理想、追求》的演讲中，在说到 1979 年 1 月 20 日他的冤案得到昭雪时，讲了下面一段话：

我换了一套新衣服，我们单位的政治部主任王东昌同志拉着我的手说："曲啸同志你受委屈了，党委派我来用专车接你回去，咱们马上回家。"

当我听到他叫我同志时，我再也忍不住自己的眼泪了。同志，这个词对于一般的人来讲，也许不以为然，但是，这个称呼对于一个热爱党而失去了这个称呼又重新获得了它的人来讲，这是世界上最高尚、最可贵的称呼，它比生命还宝贵。二十多年来，我没有资格叫别人"同志"。今天党委的领导同志亲自拉着我的手叫我同志，而且说我受委屈了，这种温暖只有被解放的人才能体会到。

这是一段感人至深、催人泪下的演讲。真正以情感人，就在于有人、有事、有细节、有演讲者的独特感受。没有这样的经历，不受到这么多的委屈，没有对党、对共产主义的执著追求，是讲不出这种感受的。这就是说，情感不是靠几句空口号，不是借助几个感叹词，不是直白地说得出来的；情感只能通过声音、运用情态、渗入真实的细节，才能获得具体的表现，才能表达出只属于自己的真情实感。

另外，感情还要有适当的控制。要善于用理智把握自己情感的闸门，保持稳定的、饱满的、良好的情绪，不温不火，因为过于激烈的情感容易导致失言失态。

二、激发情感的技巧

激发听众的情感，常见的有以下几种技巧。

（一）以情动情

俗话说，人心都是肉长的。这就是说，喜怒哀乐、七情六欲是人的共性，而且具有感染性，尤其当处在大致相同的境遇中时，这种感染性更加强烈，于是人们便有"同病相怜"、"兔死狐悲"的一些说法。演讲者常常以此来激发听众的情感。

蒙哥马利元帅在离开"心爱的第八集团军"发表告别演说时，深情地说：

在这个场合说话很容易冲动，但我应控制自己。如果说不下去时，请各位谅解。我实在很难把离别之情适当地向你们表达出来。我就要离开曾经和我一起作战的战友。在艰苦作战与赢得胜利的岁月中，你们忠于职守的勇敢与献身精神永远令我敬佩。我觉得，在这支伟大的军队中，我有许多朋友。我不知道你们是否会想念我，但我对你们的思念，特别是回忆起那些个人的接触……实非言语所能表达……再见吧！希望不久又能再见面，希望在这次大战的最后阶段，会再次并肩作战。

他的话音刚落，全场立即爆发出暴风雨般的掌声和欢呼声。为什么？长期的战斗生涯建立起的情感被激发了，产生了共鸣。只有在这种情境下，演讲者才真正成为听众全部情感的聚焦点。

（二）融情于事

1994 年在新加坡全国华语演讲大赛中，一位印度姑娘在题为"宜将寸草报春晖"的演讲中，叙述了发生在中国大陆的两件事，她说：

有这样一位母亲，她的小女儿不幸患上了白血病，必须抽掉身上坏死的血液而换上新鲜、健康的血液。就是这样一位极其平凡的母亲，她什么也没说，毅然把自己的血液一滴一滴地输给女儿。为了让女儿能多留几声笑语给这个世界，能多收获一段美丽的人生，她整整地输了八年！女儿的面色由惨白转为红润，而母亲的面色却由红润转为惨白。还有一位母亲，她的两个孩子在水边玩耍，不小心一同掉进了水中。母亲闻讯赶来，看到在水中挣扎的孩子，她什么也没想，什么也没说，一头扎进水里，奋力把两个孩子顶出水面。孩子得救了，可她自己却永远地沉到了水底。

这段叙述同样使新加坡的听众为之动容。为什么呢？第一，演讲者是怀着对这两位母亲极其崇敬的情感在叙述这两件事的，这种情感直接感染了听众。第二，通过演讲者的叙述，把当时的情景"再生出来"了，也就是说，演讲者把听众带到了可以想象得出的情境中去了——设身处地，将心比心，怎能不为之感动呢？

（三）寓情于理

有情才有理，有理必有情。情与理相互交融，相辅相成。情理兼备才能使演讲者与听众产生共鸣，才能收到预期的效果。没有一丝人情味，只有干巴巴的说教，只有一些抽象的概念或一些现象罗列，怎能感动听众呢？因此，不少优秀演讲者也同样以论理的方式去激发听众的情感。这种情感一旦被激发，就更真挚、更深厚、更炽烈，因为这种情感是建立在理智的基础上的。

1943 年 8 月 2 日,周恩来在《延安欢迎会上的演说》中,在讲到抗战"不是拖而是打"这点时,他说:

殊不知你要拖,敌人却不让你拖。敌人要在希特勒垮台以前,至迟要在太平洋决战以前,解决中国问题,这是很明显的,而这次公开诱降主要就是墨索里尼倒台所引起的。不仅敌人不让你拖,就是国内情形也不会让你拖。许多军队不开到前线,不积极作战,士气能提高吗?兵役制度不改变,军队待遇不提高,战斗力能加强吗?……这些现象不改变或消灭,中国抗战的局面能拖到胜利吗?我们的回答:要胜利,不是拖而是打!要胜利,不是消极的抗战而是积极的抗战!要胜利,不是国内的分裂而是国内的团结!要胜利,不是政治的压迫而是政治的民主!

这是一段说理,即从国际和国内两方面精辟地分析了"不能拖只能打"的道理,有理有据,很有说服力。然而在说理的过程中,却充满了渴望胜利的激情,十分有感染力。正因为如此,才激起了听众彻底放弃拖的想法而积极投入抗战的激情;还因为理之所至、情之所感,听众的注意力才高度集中。

"激人以怒,哀人以怜,动人以情",听众的情感是丰富而复杂的,时而喜笑颜开,时而伤心落泪,时而扼腕叹息,时而摩拳擦掌。或喜或悲,或怒或忧,全凭演讲者去激发、去调动。

第五节　语调与语速的把握

一、变化语调,赋予声音以美感

人的兴奋、悲哀、犹豫、坚定、昂扬之类的复杂情感,都可以通过声音的高低、轻重、快慢、停顿这些语调的变化表现出来。所以,富于听觉美感的演讲听众更乐于接受。那么,怎样做才能赋予听觉以美感呢?

(一)利用重音

重音起伏跌宕的变化能有效地传情达意。它既能突出演讲中某些关键的词、句和段,从而突出地表现某种思想感情,又能加强语言的色彩,美化语言。

一般的演讲,尤其是那种议论型的演讲。结尾段可以多使用重音,甚至整段都是重音,以此来造成一种强烈的气氛,突出结尾所概括的演讲的主要内容、中心意旨,把整个演讲推向高潮，给听众留下深刻的印象。

（二）利用语速的快慢变化

演讲过程中声音应当有快慢缓急的变化：在表达一般内容时，语速可以适中，既不要太快，也不要太慢；当表达热烈、兴奋、激动、愤怒、紧急、呼唤的思想情感时，出言吐语就要快些，滔滔汩汩，势如破竹；当讲到庄重、怀念、悲伤、沉寂、失落、失望的思想情感时，语速可以放慢些，娓娓道来。

这里需要注意的是，演讲语音的变化应当自然、顺畅，不能做作。只有语速适宜，快慢有致，才既能有效地传情达意，又能令听众感到优美入耳。如果语速不当，缺乏快慢变化，始终保持一个速度，就很难准确、恰当地表达出演讲者内心的思想感情，也容易使听众感到厌烦，难于接受。

（三）利用语调的抑扬变化

在演讲中，为了更有效地表达思想感情，就不能不对语言作高低抑扬的变化处理：既不能一味的高，破嗓裂喉；也不能一味的低，有气无力。只有使语调的高低随意而变，随情而变，才能收到最佳的演讲效果：高音为升调，句子调值由低到高，句尾发音往往最高，一般用于疑问句；低音为降调，句子调值由高到低，句尾发音往往最低，一般用于陈述句、祈使句和感叹句。

（四）利用停顿

演讲时，有些地方应作较长一些的停顿。比如，在向听众提出某个问题之后，在提出自己的某个观点之后，在道出某个妙语警句之后，在讲清一个相对完整的意思之后，都要作较长一些的停顿。

二、调整语速，易于听众接受

虽然我们要求演说要接近口语，但它毕竟带有表演性质，与平常说话、聊天还是有区别的。"镰刀嘴"不行，"慢性子"也不行。缺少经验的即兴演讲者容易犯的错误是速度太快，像放鞭炮似的噼噼啪啪，一个调子，一个速度，当他们意识到要慢时，又慢得平淡呆板，慢得没变化。演讲时语速要该快则快，该慢则慢，灵活控制。

（一）看听众对象决定语速

当你面对的是与自己同龄的青年听众时，因为他们精力充沛、反应灵敏，对他们说话时可以快些；当听众是小朋友、老年人时，由于他们接受反应迟缓，可把音节的时值拉长，语流中间的停顿可久点，停顿的次数可多些。

（二）视演讲内容决定语速

当你讲述一些热情、紧急、赞美、愤怒、兴奋之类的内容，或叙述那种无法控制的感情及进入精神高潮时，不能慢慢腾腾，要快些；而当你表述一些平板、悲伤、庄重、思考、劝慰之类的内容时，讲述一些需要听众特别注意之事时，讲述有关数字、人名、地名或容易引起疑问的内容时，为了使听众听清、记忆和思考，要将语速放慢些。

（三）依场地情况决定语速

演讲时，在场地较大的地方速度可慢点，在场地较小的地方语速可快点。听众的情绪受到干扰时应慢点，而其情绪旺盛时可快点。

第六节　态势语的运用

演讲作为一门艺术，最大的因素取决于有声语和非有声语（态势语）的交融体现，即除了吐字清楚、声情并茂外，还要举止大方、态势潇洒。美国心理学家艾帕尔说："人的感情表达由三个方面组成：55%的体态、38%的声调及7%的语气词。"这说明了态势语表达的重要。

许多初学演讲者很难取得演讲的最佳效果的主要原因是非有声语技巧表达生硬或者根本不会。非有声语是指用来配合有声语以表达思想、丰富感情的眼神、表情、姿态和动作，它可以弥补有声语的不足，把演讲表达得更加生动。

诚然，演讲中的"演"始终处于辅助地位，态势语的表达要受有声语的限制，不能"独立成一体"，更不能喧宾夺主。

第一，态势语的表达要建立在演讲内容的基础上，符合知觉、注意、思维、情感过程的规律。比如，双手摊开分上、中、下三区，分别表示赞美、乞讨、无奈三种意义，应用时要视演讲有声语的内容而表现，不能随意组合，错误表达。

第二，态势语要自然，有过程，有过渡。态势语要表现得得心应手，遣使自如，前后连贯，过渡完整，不能太突然，不能与整体、与言语表达脱节。每个人都有自己的习惯动作，在演讲中要取其"精华"，去其"糟粕"。

第三，态势语表达不能过多、滥，要恰如其分，适度运用。有些演讲者为了迎合少数听众的心理而玩弄动作，胡乱表情，手舞足蹈，轻佻作态，哗众取宠；有些演讲者从头到尾一个劲地挥手、眨眼、抖腿，没有信息含义。这些都应该避免。

一、目光语的运用方法

美国第 40 任总统里根出身演员，拥有高超的表演技巧。每次演讲他都能充分运用目光语，有时像聚光灯，把目光聚集到全场的某一点上；有时则像探照灯，目光扫遍全场。因此，有人评价他的目光语是一台"征服一切的戏"。

演讲中的目光语很重要，用好目光语很有技巧。下面介绍运用目光语的六种方法。

（一）前视法

就是演讲者视线平直向前面弧形流转，立足听众席的中心线，以此为中心弧形照顾两边，直到视线落到最后的听众头顶上。视线推进时不要匀速，要按语句有节奏地进行，要顾及坐在偏僻角落里的听众。

（二）环视法

有节奏或周期性地把视线从听众的左方扫到右方、从右方扫到左方，或从前排扫到后排、从后排扫到前排，视线每走一步都是弧形，弧形又构成一个整体——环形。这种方法要注意中间的过渡。由于其视线的跨度大，难免有为视线而视线之嫌，演讲时要注意衔接。此种方法主要用于感情浓烈、场面较大的演讲。

（三）点视法

在很特殊的情感处理或听众出现不良反应时，可大胆运用此法。此法对制止听众中的骚动情绪有很大的帮助。

（四）虚视法

"眼中无听众，心中有听众。"这种方法在演讲中的使用频率很高，尤其是初上场的演讲者，可以用它来克服紧张与分神的毛病，从而不至于使自己看到台下那火辣辣的眼神而害怕。这种方法还可以用来表达演讲时的愤怒、悲伤、怀疑等感情。

（五）闭目法

人眨眼一般是每分钟 5～8 次，若眨眼的时间超过一秒钟就成了闭眼。演讲中讲到英雄人物壮烈就义或演讲者与听众极度紧张、心情难以平静时，可运用此法。

（六）仰视法和俯视法

在演讲时，不要总是注视听众，可以根据演讲内容运用仰视法和俯视法，如表现长者对后辈的爱护、怜悯与宽容时可把视线向下；表示尊敬、撒娇或思索、回忆时可把视线向上。

要特别说明的是：视线的运用往往是各种方法综合考虑、交叉运用的，同时要根据演讲内容的需要，和着感情的节拍，配合有声语形式与手势、身姿等立体进行，协同体现。

二、脸部表情的含义

当我们坐在大厅里观看演讲者演讲时，在他上场的那一瞬间，首先看到的是他的整体形象：潇洒的风度、高雅的气质、大方的步态、得体的打扮等。我们对此一一审视之后，会在心中定格出演讲者的形象。演讲开始后，大家的眼睛会聚到演讲者的一个部位——脸部。这并非因为演讲者有一张漂亮迷人的脸蛋，而是因为脸部是感情的晴雨表，听众可以从上面读懂演讲者的情感世界。

我们首先从感情的两个极端"愉快"与"不愉快"看脸部的活动情况：

愉快：嘴角后拉，面颊上提，眉毛平展，眼睛平眯，瞳孔放大，正是"眉毛胡子笑成一堆"。

不愉快：嘴角下垂，面颊下拉，眉毛紧锁，面孔显长，正是"拉得像个马脸"。

再看其他情感的脸部表情：

表示有兴趣、快乐、高兴、幸福、兴奋的表情是：眉毛上挑，嘴角向上，鼻孔开合程序正常，口张开，瞳孔放大。有时伴有笑声、流泪或拍、拉身体等动作。

表示蔑视、嘲笑等的表情是：视角斜下，眉毛平或撮，抬面颊。

表示痛苦、哭泣等的表情是：皱眉，眯眼，皱鼻，张开嘴，嘴角下拉，配合有声传递。演讲中此种表情不能过度。

表示发怒、生气的表情是：眼睁大，眉毛倒竖，嘴角拉开，紧咬牙关。此种表情最富攻击性，演讲中切忌过头。

表示惊愕、恐惧的表情是：眉毛高扬，眼睛与口张开，倒吐凉气。

在演讲中，微笑与平和是脸部表情的核心。

表示平和、自然的表情其实是"无表情"，它是演讲中脸部表情的主要体现。其脸部组合方式为：眉毛平，嘴角平，略抬面颊。

需要特别说明的是微笑的表情。微笑是一种良性的脸部表情，反映出一个人的内心世界，它是自信的标志、礼貌的象征、涵养的外化、情感的体现。在演讲中，微笑象征性格开朗与温和，可以建立融洽的气氛，消除听众的抵触情绪，可以激发感情、缓解矛盾。演讲中在下列场合可用微笑的表情：

表达赞美、歌颂等感情色彩时应微笑，就是说要博得别人笑，自己首先要笑。

上台与下台时应微笑，这样可以拉近与听众的距离，把良好的形象留在听众心中。

面对听众提问时，送上一缕微笑，是无声的赞美与鼓励。

肯定或否定听众的一些言行时，可以配合着点头或摇头，脸带微笑。

面对喧闹的听众时，演讲者可略停顿，同时脸带微笑，表示一种含蓄的批评与指责。

下列情况请注意：表达悲痛、思考、痛苦、愤怒、失望、讨厌、懊悔、批评、争论等负面情绪时，不能微笑。而且演讲中的笑要随内容、感情变化形式——有兴奋喜悦的笑，有冷嘲热讽的笑。另外，演讲中既要注意用"笑容"去表达内容，感染听众，也要保证笑的价值，该笑则笑，不该笑则不笑。

总之，演讲中脸部表情的运用要适时、适事、适情、适度，切忌呆滞麻木、情不由衷、晦涩不明与矫揉造作。

三、手势运用

演讲时所用的手势很丰富，千变万化，没有一个固定的模式。作为一位出色的演讲者，平时要认真观察生活，刻苦训练，将手势积极付诸实践。下面介绍演讲中常用的手势 30 式。

（1）拇指式。竖起大拇指，其余四指弯曲并拢，表示强大、肯定、赞美、第一等意。

（2）小指式。竖起小指，其余四指弯曲并拢，表示精细、微不足道或蔑视对方。这一手势在演讲中用得不多。

（3）食指式。食指伸出，其余四指弯曲并拢。这一手势在演讲中被大量采用，用来指称人物、事物、方向，或者表示观点，甚至表示肯定。胳膊向上伸直，食指指向空中则表示强调，也可以表示数字"一""十""百""千""万"……演讲中右手比左手的使用频率高。手指不要太直，因为面对听众时手指太直，针对性太强。食指弯曲呈钩形，表示 9，90，900……齐肩画线表示直线，在空中画弧线表示弧形。

（4）食指、中指并用式。食指、中指伸直分开，其余三指弯曲，这一手势在一些欧美国家与非洲国家表示胜利的含义，由英国前首相丘吉尔在演讲中大量推广。我们在演讲中运用时一般表示 2，20，200……

（5）中指、无名指、小指三指并用式，表示 3，30，300……

（6）食指、中指、无名指、小指四指并用式，表示 4，40，400……

（7）五指并用式。如果是五指并伸且分开，表示 5，50，500……如果指尖向上并拢，掌心向外推出，有向前、希望等含义，显示出坚定与力量，又叫手推式。

（8）拇指、小指并用式。拇指与小指同时伸出，其余三指弯曲并拢，表示 6，60，600……

（9）拇指、食指并用式。拇指、食指分开伸出，其余三指弯曲并拢，表示 8，80，800……如果二者并拢，则表示肯定、赞赏；如果二者弯曲靠拢但未接触，则表示微小、精细之意。

（10）拇指、食指、中指三指并用式。三指相捏向前，表示这、这些，用力一点则表示强调，也表示数字 7，70，700……

（11）O 形手式。又叫圆形手势，曾风行欧美，表示好、行的意思，也表示"零"。

（12）仰手式。掌心向上，拇指自然张开，其余弯曲。这一手势的包容量很大，区域不同，意义有别：手部抬高是赞美、欢欣、希望之意；平放是乞求、请施舍之意；手部放低表示无可奈何、很坦诚。

（13）俯手式。掌心向下，其余状态同仰手式。这是审慎的提醒手势，是为了抑制听众的情绪，进而达到控场的目的，同时表示反对、否定。有时也表示安慰、许可，有时又用以指示方向。

（14）手剪式。五指并拢，手掌挺直，掌心向下，左右两手同时运用，随着有声语左右分开，表示强烈拒绝。

（15）手啄式。五指并拢呈簸箕形，指尖向前。这种手势是提醒注意之意，有很强的针对性、指向性，并带有一定的挑衅性。

（16）手包式。五指相夹相触，指尖向上，就像一个收紧了开口的钱包，用于强调主题和重点，有时也表示探讨之意。

（17）手切式。手剪式的一种变式。五指并拢，手掌挺直，像一把斧子似的用力劈下，表示果断、坚决、排除等意。

（18）手抓式。五指稍弯，分开，开口向上。这种手势主要用来吸引听众，控制大厅气氛。

（19）手压式。手臂自然伸直，掌心向下，手掌一下一下向下压。当听众情绪激动时，可用这个手势平息。

（20）手推式。见"五指并用式"。

（21）抚身式。五指自然并拢，抚摸自己身体的某一部分。以这种手式把手放在胸前，已成为一些演讲者的习惯手势。双手抚胸表示沉思、谦逊、反躬自问；以手抚头表示懊恼、回忆等。

（22）挥手式。手举过头挥动，表示兴奋、致意；双手同时挥动表示热情致意。

（23）掌分式。双手自然撑掌，用力分开。掌心向上是开展、行动起来等意；掌心向下表示排除、取缔等意；平行伸开还表示面积、平面。

（24）拳举式。单手或双手握掌，平举胸前，表示示威、报复；高举过肩或挥动或直锤或斜击，表示愤怒、呐喊等。这种手势有较大的排他性，演讲中不宜多用。

（25）拳击式。双手握拳在胸前做撞击动作，表示事物间的矛盾冲突。

（26）拍头式。用手掌拍头，表示猛醒、省悟、恍然大悟等意。

（27）拍肩式。用手指拍肩击膀，表示担负工作、责任和使命的意思。

（28）捶胸式。用拳捶胸，辅之以跺脚顿足，表示愤恨、哀戚、伤悲。演讲中不太使用。

（29）搓手式。双手摩擦，意味着做好准备，期待取胜。如果速度慢，则表示猜疑；在冬天则表示取暖；拇指与食指或其他指尖摩擦，通常暗示对金钱的希望。

（30）颤手式。单手或双手颤动，必须与其他手势配合，才表示一个明确的含义。

四、风度、礼仪

风度并不是指人的某一动作，而是指人们在长期的社会生活与交往中逐渐形成的具有特色的举止和姿态。这种举止和姿态是由反映人的思想、品德、性格、气质等内在因素的动作构成。

风度的一个重要方面是身姿。身姿是人的自然形体在空间的形象显现，它由头部、身躯及双腿三部分的动作构成。头部的倾斜度及活动状态、身躯的前倾后仰及移动情况、双脚的摆设姿势等均可表示出各种感情的变化。优美的身姿给人以稳健、庄重、朝气蓬勃的印象，而不美的身姿则给人以轻浮、怠倦、颓唐、疏懒之感，影响演讲者在听众心目中的主体形象。

走上讲台时，演讲者应迈步适度，步伐均匀，头正，眼睛平视，口微闭，双臂自然摆动，步态和表情应体现出庄重大方、从容自信、亲切热情；切忌低头弯腰，忸怩局促，或将手插在衣袋中，左摇右晃。

一般来说，演讲宜站着讲。这样既是对听众一种礼貌的表现，也能给听众一个完整的形象，充分展示出演讲者的神情、仪表、姿态。站的位置宜在台前中间，既便于纵观全场，也利于听众从各自的角度看到演讲者的姿态。站姿要自然和谐、端正庄重，不可忸怩做作，要挺胸收腹，给人一种稳定感，切不可斜肩、偏头、曲颈。脚的站法可一脚在前、一脚稍后呈 45°角，重心在前，身体微微前倾，给人以昂扬向上的感觉，亦可两脚自然平立，显得精神抖擞。必要时可稍稍走动，不仅可使身姿显得生动活泼，而且能表达出不同的思想感情：向前表肯定、进取、希望等；后退表否定、犹豫、退让等；左右走动能活跃气氛。但走动不可频繁，以免喧宾夺主，破坏演讲者的整体形象。

风度与气质的关系非常密切。所谓气质，是指人所固有的比较稳定的个性特征，也是在人的情感、认识活动和语言行动中表现出来的比较稳定的动态特征。气质影响活动进行的速度，影响活动的性质。不同的气质具有不同的动态特征。多血质的人热情豪放、灵活敏捷，但容易分散精力，朝三暮四；胆汁质的人急功好义、勇敢顽强，但容易粗野暴躁，盲目冒险。这两种气质的人在演讲的过程中常常给人以炽热、激昂、刚强、愉悦、开朗的印象，语言明快，铿锵有力，举止活泼，表情丰富，身姿、手势灵活。这两种气质的人的主动性、攻击性和感染力都较强，适合于轻快型、高扬型和急促型的演讲会。但他们往往急躁、粗暴，甚至傲慢无礼，易于轻举妄动，失去理智。这两种气质的人应加强自我修养，努力使自己做到稳健庄重，从容不迫，内柔外刚。黏液质的人严谨细微，坚忍不拔，但常常瞻前顾后，虚伪晦暗；抑郁质的人情感深刻，细致敏锐，但常常多愁善感，神经过敏。这两种气质的人在演讲时，感情活动比较沉稳、质朴，语言严谨、委婉、徐缓，神情严肃、坚毅，但比较迟钝，缺少灵活性。这两种气质的人适合作持重型、低抑型演讲，在演讲中应该尽量做到精神焕发、不卑不亢、以柔克刚、举止潇洒。

上述气质特征是就一般情况而言的，具体到个人又不尽相同。总之，演讲者要善于分析自己的气质特征，发扬优点，克服缺点，掌握和支配自己的气质，使自己的举止风度具有热情、大方、稳重、谦和、诚恳的特点。

风度和礼仪的关系十分密切，优美动人的举止往往是符合礼仪要求的。演讲者英姿焕发，举止潇洒，热情谦和，便显得彬彬有礼；如果敞胸露怀，一步三晃，放荡不羁，不仅没有风度，也是不懂礼貌的表现，往往令人反感。

礼仪是在人类社会生活中逐渐形成并为大家共同承认和遵守的表示友情的方式或仪式。演讲者从步入会场登台演讲，到演讲结束离开会场，都应该注意体态风度，讲究礼仪。

步入会场时，演讲者要态度谦和，步伐稳健，潇洒自如，面带微笑，切忌左顾右盼或装腔作势，以免有轻佻和傲慢之嫌。在就座之前，应与陪同者稍事相让，方可落座，但不宜前探后望，也不宜玩弄手指、衣角等。当主持人介绍演讲者时，演讲者应自然起立，向听众鼓掌或点头表示感激之意，切不可稳坐不动或仅仅欠一下身子。正式登台演讲时，演讲者应先向主持人点头致谢，然后从容稳健地走上讲台，郑重、恭敬、诚恳地向听众敬礼，并且目光环视全场，表示光顾和招呼，然后开始演讲。

演讲时，要热情开朗，不可摆出目中无人、冷若冰霜的面孔；要尽量以良好的姿态、稳重的举止来传神达意；要谦逊有礼貌，当现场听众表现出烦躁不安时，切不可随意讽刺训斥，而应体现出自身的涵养。演讲结束时，应面带微笑，向听众致礼之后，从容下台，切不可过于匆忙，显出羞怯、失意的神态，也不可摆出扬扬得意、满不在乎的样子。

总之，要给人一种谦虚谨慎、彬彬有礼的印象，才不致因缺乏风度和礼仪而影响演讲效果。

第五章　用道理说服人

第一节　符合逻辑

在演讲中，演讲者要想把自己的思想通过有声语言准确地传达给听众，在听众的心灵深处引起良好的反应，不仅需要高超的驾驭语言的能力，而且需要缜密的逻辑思维能力。

一、逻辑是演讲结构各部分之间联系的纽带

逻辑是联系演讲结构各部分之间的一条红线，是决定演讲整体美的主要因素。如果演讲结构整体没有逻辑性，各部分互相脱节，前后不照应，首尾不连贯，整个演讲就不能自圆其说，更难以说服、教育听众。

著名的写作学专家刘锡庆在谈到文章结构时说："一篇文章的结构正似人之'骨骼'：没有坚定、健壮的骨骼，血肉便无所依附，灵魂亦无所寄托；没有完整、匀称的骨骼，或有头无尾，或缺胳膊少腿，畸形变态，那也决不能成为一个完整美好的人。"这段话也可说明逻辑在演讲中的重要作用。

例如，人们在生活中经常会遇到乘客情态各异的挤车、坐车场景，也通过不同传播媒介熟悉张海迪身残志不残、奋发图强的事例。这些材料似乎并不相干，如果简单地堆砌在一起，并无多大意义。然而，"强者之歌"的演讲者却运用比喻法把它们联系在一起，显示出它们的内在逻辑关系。演讲者首先以车厢内不同位置的乘客比喻不同类型的大学生，接着话锋一转，从"汽车"谈到张海迪的"轮椅车"，引出一个发人深省的话题：怎样才算强者？谁是强者？接着演讲者用"海迪靠那辆只有人力启动的轮椅车，走到了时代最前列"的事实，阐明了强者的动力、强者的道路，并且热情地赞扬了为时代无私奉献的教师职业是强者的职业。显然，如果离开了提出论题、具体分析论证和最后归结的逻辑框架，这些内容就失去了依托。

所以，掌握演讲中的逻辑，有助于运用适当的逻辑形式合乎逻辑地表达和论证思想，使演讲中心明确，结构严谨，具有说服力。

二、逻辑是增强演讲语言表现力的必要条件

语言与思维有着紧密的联系。思维离不开语言材料，并依存于语言材料，在语言材料的基础上才能产生和存在。语言是思维的产物，是思维成果的载体，语言能促进思维的抽象度和灵活度，使用语言的过程实际上就是变信息为思想、变思想为信息的中间变换过程。可以说，掌握语言，实际上就是最好的思维和思维方式的训练。"语言不但是思维的媒介物，而且是思考的一种伟大及有效的工具。"

演讲中的词语、句子、复句、句群与逻辑中的概念、判断、推理、论证相对应。演讲要求用词准确，逻辑要求概念明确，二者互为表里；演讲要求句子通顺、完整、正确，实际上就是要求逻辑上判断恰当；演讲要求正确组织复句和句群，也就是要求推理合乎逻辑，论证有说服力。概念明确，判断恰当，推理合乎逻辑，是演讲语言正确表达的基础。离开了这个基础，演讲语言的正确表达就无从谈起。因此，那些优美动听的演讲词总是包含着无懈可击的逻辑性。

例如，赵屹鸥在《忌妒是一种卑劣的心理》的即兴演讲中说："作为一种心理现象，忌妒是一种病态心理的反映，常常表现为'以小人之心度君子之腹'；作为一种思想意识，忌妒反映了人心胸的狭窄和品格的低下；而作为一种社会现象，忌妒则是民族精神的腐蚀剂，国家兴旺发达的绊脚石。总而言之，忌妒是一种卑劣的心理。"这段演讲词从不同的侧面揭示了忌妒的实质，运用归纳推理使推论非常有力。

总之，逻辑对演讲的实践有十分重要的作用。演讲者只有学习和掌握了演讲的逻辑知识，才能更自觉地运用逻辑规律正确认识客观世界，形成演讲结构框架，合乎逻辑，进而准确、巧妙、形象地表达和论证思想。

第二节　概念明确

一、演讲中对使用概念的要求

演讲要求准确使用概念。概念是构筑思维的基石，是组成判断和推理的基本要素。所谓概念准确，是指概念的内涵和外延清楚明确。演讲者只有十分清楚自己所使用的概念的含义和适用范围，才能在演讲中运用概念作出恰当的判断，进行合乎逻辑的推理，才能准确地表达自己的思想；否则，就可能出现概念含混不清的逻辑错误。

例如，不学无术的山东军阀韩复榘曾在某大学发表过一次笑话百出的演讲。他说："今天到会的人十分茂盛，敝人实在很感冒，你们都是大学生，懂得七八国的英语，我不懂这些，今天是鹤立鸡群了。"这里他把描写植物生长繁茂的词语"茂盛"用来形容人"多"，把医学术语"感冒"用来代替表示情绪的概念"感动"，把语种之一的英语说成"七八国的英语"，并把表示超凡出众的"鹤立鸡群"用来表示谦虚，真让人忍俊不禁。韩复榘之所以闹出这些笑话，从语言的角度来看，是用词不当，而从逻辑上分析，则是因为他根本不清楚"茂盛"、"感冒"、"英语"、"鹤立鸡群"这些概念的真正内涵和外延。

西班牙著名作家巴罗哈说过："使用语言最应该注意的是准确和清晰，其次才是文雅。"这启示我们，在演讲中运用优美的词语必须以明确地表达概念为前提。演讲者如果离开这个前提，单纯追求华丽的辞藻或隐晦的词语，那么他（她）一定是愚蠢和幼稚的。因此，演讲者要让听众理解和接受演讲的内容，在选用词语表达概念时，就必须做到明确清晰。

二、演讲中概念的运用

（一）正确处理概念与词语的关系

概念必须用词语来表达，这是思维形式和语文形式关系的一个组成部分。但是，概念与词语并不是一一对应的。第一，不是所有的词语都表达概念，如汉语中的虚词一般不表达概念；第二，同一词语在不同的语境中可以表达不同的概念；第三，同一概念可以用不同的词语来表达。

在演讲中，灵活运用概念与词语之间既相联系又相区别的关系，不仅可以做到概念明确、用词恰当，而且可以增强演讲的生动性和感染力。

有一篇演讲，主题是"人民是我们的上帝，是我们的事业从胜利走向胜利的根本"。它的标题由两个表达同一概念的不同语词组成："人民—上帝"。演讲者巧用同一概念可以用不同的词语来表达的逻辑道理，使标题巧妙、新颖，富有吸引力，表现出充分的逻辑力量。这篇演讲多处以"人民"、"我们的上帝"、"我们的事业从胜利走向胜利的根本"这些不同的词语表述同一概念，既深化了主题，又生动感人。

（二）运用定义法揭示概念的含义

定义是演讲中明确概念的一种重要方法。演讲者借助这种方法，可以简明扼要地表达概念的含义，使听众明确了解概念所反映的事物本质。美国演讲学者约翰·哈斯灵曾经说："任何一篇演讲第一个要求是让人听懂。你使用的词汇必须与听众的词汇一致。凡是你用的词和术语超出了一定范围，你就必须进行解释，而且还得下定义。"

例如，李燕杰在《爱情与美》的演讲中有这样一段：

什么叫爱情？不同的人有着不同的回答。有人把它比作蜜汁，从中可以获得无限的幸福；有人把它比作苦酒，给人以痛苦和忧愁。这些无疑都是片面的。爱情是一种复杂、圣洁、崇高的感情活动，它关系到事业、理想和人生，它是由两颗心灵拨出来的和弦，而不是单独一方面发出的独奏曲。

这里把"爱情"明确地定义为"一种复杂、圣洁、崇高的感情活动，它关系到事业、理想和人生"，反映出"爱情"的特有属性。

（三）运用划分法明确概念的范围

在演讲中，有时为了说明一个概念的外延反映的是什么对象，适用于多大范围，就需要运用划分法。例如，演讲中把到会的代表分成不同的类型，然后分别提出不同的要求，这就必须运用划分法明确对象，只有这样，才能有的放矢。

所谓划分法，就是对一个概念的全部对象，按照一定标准区分为若干小类的一种明确概念外延的逻辑方法。

毛泽东在《改造我们的学习》这篇著名的演讲中，在阐明我们还是有缺点而且有很大的缺点后，说："上面我说的三方面的情形：不注重研究现状，不注重研究历史，不注重马克思列宁主义的应用，这些都是极坏的作风。这种作风传播出去，害了我们的许多同志。"在这里，毛泽东同志以"对我们工作的危害性"为标准，将我们的缺点作了划分，揭示了"我们的缺点"这一概念的外延，使人们理出思路，对我们的缺点有了清楚的认识。

划分法也是演讲中常用的逻辑方法，并经常与定义法结合使用，以保证演讲中概念明确。要有效地使用划分法，必须遵循三条规则：第一，每次划分必须按同一标准进行，否则将犯"划分标准不统一"的逻辑错误。第二，划分后的概念必须不相容，即概念间的外延不能有重合部分，否则将犯"子项相容"的逻辑错误。第三，被划分的概念与划分后概念的外延要相等，否则将犯"多出子项"或"遗漏子项"的逻辑错误。

此外，为了使概念的范围明确，常常使用概括和限制的逻辑方法。概括和限制并不是任意增加或减少一些对象就能达到的，而是以减少或增加内涵来完成的，它的语言形式表现为减少定语或增加定语。运用概括和限制的逻辑方法，要防止出现"概括不当"和"限制不当"的逻辑错误。

（四）举例与比喻

举例是间接描写概念含义的方法。演讲中如果使用的概念难以被听众接受，演讲者就可以运用举例的方法，借助活生生的典型事例说明概念的含义，让听众通过事实材料了解到事物的本质。

比喻是形象说明概念含义的方法。演讲中如果需要使用比较陌生、深奥的概念，演讲者就可以运用比喻的方法，通过事物形象揭示出概念的含义。例如，孙玉刚的《一只碗·一张纸·一颗心》的就职演讲中巧用比喻，讲清了重要的原则问题。演讲者讲解施政目标和原则，不从抽象理论说起，而用了形象的比喻，他说："我带来一只碗，平时碗口总是向上，什么意见都能装，一定广采众议，悉心听取；形成了决议，碗即朝下，包括我在内，谁也不可以再翻动；同时还要用它装满水，举起来，大家看看端得平不平。"这里以一只碗的三种状态分别阐明了民主集中制以及办事公开、公正等原则。接着，演讲者还借用一张纸的两种用途来昭示廉政与勤政，他说："这张纸，绝不用它打收条、打欠条，我要用血汗写下今后的历史，交上合格的答卷。"这样讲，使重大原则问题变得简明、形象，从而可使听众对其内涵有较深刻的理解。

总之，在演讲中正确运用概念，有助于听众准确而深刻地理解演讲内容，从而更好地发挥演讲的宣传鼓动作用。

第三节　判断恰当

一、演讲要求判断恰当

判断是演讲中表达思想或情感的基本形式之一。人们在表达思想或感情时，常常要对某种事物或观点表示肯定或否定。这种对思维对象有所判断的思维形式就是判断。

从思维方面来说，演讲要做到判断恰当，必须满足两个条件：一是判断形式正确，二是判断内容真实。所谓判断形式正确，是指断定某种事物必须用适合于表现该事物的判断形式。比如，我们要断定"演讲态势得体"是"演讲成功"的必要条件，就得运用必要条件的判断形式，作出"演讲只有态势得体，才能成功"的判断。所谓判断内容真实，是指判断内容要符合所断定事物的客观情况。比如，根据林肯当过美国总统，又被公认为是演讲家的实际情况，我们可以作出"林肯既是美国总统，又是演讲家"的判断，这就是真实的判断。判断内容真实是演讲做到判断恰当的主要条件。

从语言方面来说，演讲者用来表达判断信息的语句必须准确。同一判断可以用不同的语句来表达，究竟选择哪一个语句要根据判断的内容和思维形式而定。比如，中国女排姑娘说过这样一句名言："我们拼的是祖国的荣誉，而不是个人的名利，个人宁愿一个奖杯都不要，只要捧回全队那个珍贵的奖杯就行。"在这里，"我们拼的是祖国的荣誉，而不是个人的名利"是一个联言判断的句子。如果用"虽然我们拼的是祖国的荣誉，但不是个人的名利"的句子来表达，显然是不恰当的，因为这种判断的思维形式是错误的，不符合判断对象的思想实际。

此外，演讲者用来表达判断的语句还必须与演讲的主题和语境相吻合。1972年2月，尼克松访问我国，在答谢宴会上，他的祝酒词中有这样一段话：

你们深信你们的制度，我们同样深信我们的制度。我们在这里聚会，并不是由于我们有共同的信仰，而是由于我们有共同的利益和共同的希望。我们每一方都有这样的利益，就是维护我们的独立和我们人民的安全；我们每一方都有这样的希望，就是建立一种新的世界秩序，具有不同制度和不同价值标准的国家和人民可以在其中和平相处，互有分歧但互相尊重，让历史而不是让战场对创立的不同思想作出判断。

我们从这段话中可以看出，其措辞准确、用语精当，既维护了双方的社会制度，又表达了双方共同的利益和希望，虽然没有华丽的辞藻，但用来表达判断的语句却恰到好处。

推理是由判断组成的，判断恰当是演讲推理正确的基础：判断不恰当，推理就不可能正确、严密；推理正确，才能使演讲自圆其说，言之成理，持之有效。

二、判断在演讲中的作用

演讲应富有感染力、说服力和鼓动性。演讲者要表达深刻的内容和丰富的感情，就要掌握判断的各种逻辑形式在演讲中的具体作用。判断在演讲中的作用表现为以下几个方面。

（一）恰当地运用判断可以渲染演讲气氛，吸引听众注意力，增强语言的感情色彩

例如，"人民战士值得赞美"这句肯定判断表达了对战士的赞美之情。如果用双重否定句"我们不得不赞美人民战士"，语气显然变得更加肯定，具有总结、收束和启发听众的作用；如果改用反问句："人民战士难道不值得我们赞美吗？"感情就显

得更加强烈，具有迫使听众思考的作用。这三种不同的语言形式表达了同一判断，但在语气、语调、感情色彩方面有所不同。在演讲过程中，恰当地选择语气、语调、感情色彩，能更准确生动地表达思想感情。

（二）恰当地运用判断可以使语言具有力度，增强演讲的说服力和鼓动性

例如，美国黑人民权运动的著名领袖马丁·路德·金在华盛顿示威游行集合上的演讲中，有一段话连用了五个充分条件假言判断，形成了条件关系的排比，指出只要种族歧视存在，就必须有反种族歧视的斗争，显得气势磅礴。他说：

有些人向我们这些热衷于获得公民权的人发问："你们何时才会满足？"答案是明确的：只要黑人还是警察的骇人听闻的恐怖手段和野蛮行为的牺牲品，我们就不会满意的。只要我们因旅途劳顿而疲惫不堪，想在路旁的游客旅馆里歇息，或在市内的旅馆投宿却不被允许，我们就不会满足的。只要黑人的基本活动范围还局限于从一个较小的黑人区到一个稍大的黑人区，我们就不会满足的。只要我们的孩子还是被标写着"只限白人"的牌匾剥夺人格和自尊，我们就不会满足的。只要密西西比的黑人不能参加选举，而纽约黑人的选票还无实际意义，我们就不会满足的。不会的，不会的！除非平等泻如飞瀑，除非正义涌如湍流，我们是不会满足的。

类似这种连用假言判断的例子很多，因为正确使用假言判断能揭示事物间的条件关系，说服力强，富有鼓动性。在演讲中，为了表达希望与号召，也常常使用联言判断和选言判断，使人们对各种情况有较全面的了解，以激发听众思考和选择。

三、怎样使演讲的判断恰当

在演讲中，演讲者要使判断恰如其分，主要是使判断符合演讲的内容和时空环境。具体而言，必须符合下列要求。

（一）把准判断联结项

演讲的判断联结项准确，是指在演讲中用来表现事物情况之间逻辑关系的关联词语要与判断的内容相吻合。联结项是判断逻辑性质的主要标志，是决定判断真假的要害部分。在演讲中，要使判断恰当，联结项必须准确。例如，卓别林在《要为自由而战斗》的演讲中说：

我们都要互相帮助，做人就是应当如此。我们要把幸福建筑在别人的幸福上，而不是建筑在别人的痛苦上。我们不要互相仇恨，互相鄙视。这个世界上有足够的地方

让人生活，大地是富饶的，是可以使每一个人都丰衣足食的。生活的道路可以是自由的、美丽的，只可惜我们迷失了方向。贪婪毒化了人的灵魂，在全世界筑起仇恨的壁垒，强迫我们踏着正步走向苦难，进行屠杀。我们发展了速度，但是我们隔离了自己；机器应当是创造财富的，但它们反而给我们带来了穷困；我们有了知识，反而看破了一切；我们学得聪明乖巧了，反而变得冷酷无情。我们头脑用得太多了，感情用得太少了。我们更需要的不是机器，而是人性；我们更需要的不是聪明乖巧，而是仁慈、温情。缺少了这些东西，人生就会变得凶暴，一切也都完了。

这段颇为精彩的演讲词中的判断几乎都是联言判断，这些联言的联结项除个别用的是并列关系的顿号或逗号以外，其他都是用转折关系语词"而"、"但是"、"但"、"反而"等表现的，并且用得非常准确。假设换用另外的联结项，即使不改变原来的联结项的逻辑含义，表达效果也会大为逊色。

（二）把准判断的量

演讲判断的量准确，是指在演讲中反映事物的数量或规定事物的范围要符合客观实际。亚里士多德说过："判断的量项是判断的必要属性。只有量项切实，判断才能恰当。"例如，毛泽东同志在 1935 年 12 月 27 日所作的《论反对日本帝国主义的策略》的报告中说：

马克思主义者看问题，不但要看到部分，而且要看到全体。一个蛤蟆坐在井里说："天有一个井大。"这是不对的，因为天不只一个井大。如果它说"天的某一部分有一个井大"，是对的，因为合乎事实。

"天有一个井大"与"天的某一部分有一个井大"两个判断，前者用的是全称判断，歪曲了事实，因而是虚假的判断。而后者用了特称量项"一部分"，则是特称判断，它正确反映了客观事物，因而是真实恰当的判断。

（三）把准判断的形式

演讲判断的形式正确，是指在演讲中演讲者采用的判断形式必须与判断内容协调一致。任何具体判断都是内容和形式的统一。演讲中判断的真假主要由判断内容来决定，但判断形式也非常重要，它不仅服务于判断内容，而且对判断内容具有反作用。例如，周念丽在《人生的航线》的演讲中有这样一段话：

由此可见，人生目的不同，航向必然不同。那么，正确的航线是不是固有的呢？不是！只有对人生目的有了正确的认识，只有对祖国忠诚、热爱，才能铺设一条金色的人生航线！每人都有自己的人生航线，但没有一条是笔直的，它有时充满着曲折……

这段演讲词中包含了两个假言判断:"只有对人生目的有了正确的认识,才能铺设一条金色的人生航线。","只有对祖国忠诚、热爱,才能铺设一条金色的人生航线。"演讲者正确运用必要条件假言判断形式,恰当地表现了这样的判断内容:"对人生目的有了正确的认识"和"对祖国忠诚、热爱"两个前件分别是后件"铺设一条金色的人生航线"的一种必要条件,没有这种条件,必然不能"铺设一条金色的人生航线"。但是,如果改用充分条件假言判断形式——"只要对人生目的有了正确的认识,就能铺设一条金色的人生航线","只要对祖国忠诚、热爱,就能铺设一条金色的人生航线",显然是不恰当的。因为这种判断的前件只能是后件的必要条件,而不能是后件的充分条件。

第四节　推理正确

一、演讲中推理的逻辑要求

一篇演讲不能只是堆积概念,也不能只是作一些简单的判断,它需要把一些有某种关系的判断联系起来,进行合乎逻辑的推理,推出新的判断,以反映事物之间复杂的关系,使演讲具有论证性和说服力。所以,演讲离不开推理。

推理一般按思维进程的方向分为演绎推理、归纳推理和类比推理三种。在演讲活动中,人们往往综合应用这三种推理,使演讲更具逻辑力量。

演讲的推理要合乎逻辑。推理要符合思维规律和推理规则,这样才能保证推理形式正确。恩格斯说:"如果我们有正确的前提,并且把思维规律正确地运用于这些前提,那么结果必然与现实相符。"前提真实与形式正确是推出正确结论的两个必要条件。推理有许多种类,每一种推理都有自己的一套规则,如果违反了推理规则,即推理形式不正确,就失去了推理的逻辑性,其结论必然不真实、不可靠。

演讲要获得成功,必须推理正确。只有推理正确,演讲者才能准确有效地批驳谬误,坚持真理,使演讲立于不败之地。

二、演讲中推理的应用

(一)正确运用演绎推理

演绎推理是由一般性前提推出特殊结论的推理,是必然性推理。只要前提真实,推理形式正确，它的结论就一定可靠，不容置疑，难于推翻。在演讲中，不论证明或反驳，运用这种推理形式，都是有很强的逻辑力量的。例如，邓小平的《高举毛泽东思想旗帜，坚持实事求是的原则》这篇演讲中的开头一段：

怎样高举毛泽东思想旗帜，是个大问题。现在党内外、国内外很多人都赞成高举毛泽东思想旗帜。什么叫高举？怎么样高举？大家知道，有一种议论叫做"两个凡是"，是不是很出名呢？凡是毛泽东同志圈阅的文件都不能动，凡是毛泽东同志做过的、说过的都不能动。这是不是叫高举毛泽东思想的旗帜呢？不是！这样搞下去，要损害毛泽东思想。毛泽东思想的基本点就是实事求是，就是把马列主义的普遍原理同中国革命的具体实践相结合。毛泽东同志在延安为中央党校题了"实事求是"四个大字，毛泽东思想的精髓就是这四个字。毛泽东同志之所以伟大，能把中国革命引导到胜利，归根到底，就是靠这个。

这段演讲词可以整理出以下两个推理：

第一，不坚持"实事求是"就是不高举毛泽东思想旗帜，"两个凡是"不坚持"实事求是"，所以"两个凡是"就是不高举毛泽东思想旗帜。

第二，不把马列主义的普遍原理同中国革命的具体实践相结合，就要损害毛泽东思想，让"两个凡是"这样搞下去，就是不把马列主义的普遍原理与中国革命的具体实践相结合，所以，让"两个凡是"这样搞下去，就要损害毛泽东思想。

这两个演绎推理中的三段论推理是合乎逻辑的三段论，有力地论证了"两个凡是"不是高举毛泽东思想旗帜，搞下去就要损害毛泽东思想。

事实上，在平常的语言交谈中，人们常常运用推理的省略形式。在演讲过程中，为了使听众获得较大的信息量，为了最大限度地吸引听众，演讲者也常常运用推理的省略形式，使语言显得简洁、生动、活泼，富有感染力。

（二）正确运用归纳推理

归纳推理是根据一系列个别事物具有或不具有某种属性而推出一般性结论的推理。在演讲中，如果演讲者陈述一类事物的个别情况，需要概括出该类事物的一般性信息时，就要运用归纳推理。例如，陶铸根据自己的演讲整理成文的《松树的风格》中有这样一段：

你看，松树的干是用途极广的木材，并且是很好的造纸原料；松树的叶子可以提制挥发油；松树的脂液可以制松香、松节油，是很重要的工业原料；松树的根和枝又是很好的燃料。更不用说在夏天，它用自己的枝叶挡住炎炎烈日，叫人们在如盖的绿荫下休息；在黑夜，它可以劈成碎片做成火把，照亮人们前进的路。总之一句话，为了人类，它的确是做到了"粉身碎骨"的地步了。

这是一个正确的归纳推理。在这个归纳推理中，作者分别从松树的干、叶子、脂液、根和枝等个别性的特点归纳出一般性结论："为了人类，它的确是做到了'粉身碎骨'的地步了。"这虽然运用的是不完全归纳推理，但是很有说服力。

（三）正确运用类比推理

类比推理是一个从个别到个别或从特殊到特殊的推理，它根据两个（或两类）事物某些相同或相似的属性推出它们在另一些属性上可能相同或相似的结论。例如，在亚洲大专辩论会关于"儒家思想可以抵御西方歪风"的辩论中，复旦代表队有这样一段话：

我们说抵御当然是指有效的抵御，就像穿一件棉袄可以御寒，要以你不感到冷为前提。可是儒家思想是一件美丽的丝绸衣服，在西方冰天雪地、人人自危的时候，它是起不到抵御的作用的。

这段话就包含一个类比推理，它是借用一个形象的事物来说明一个抽象的道理。在演讲中，运用这种类比推理可以增强演说的生动性与说服力。

类比推理跟不完全归纳推理一样，其结论有不同程度的或然性。要提高类比推理结论的可靠性，就要注意两点逻辑要求：类比对象的属性列举不能太少；相同属性本质、相同属性与类推属性的联系越大，结论的可靠性越大。假如根据两个或两类事物表面相似甚至根据假象进行类比，就会犯"机械类比"的逻辑错误。

三、演讲论证必须遵守论证规则

演讲论证要有说服力，必须遵守下列论证规则。

（一）论题必须明确

有些演讲者一开讲便口若悬河，声势逼人，可是听众听了半天却不清楚他究竟要说明什么问题、宣传什么道理。这样的演讲当然要失败，其主要原因便是没有明确的论题。演讲者在演讲时，应用明确的语言把论题表达清楚，必要时对关键性概念还应扼要说明，以免产生歧义。例如：

当前人工智能的研究大体有两方面的内容。一种是应用研究，目的在于扩大计算机的应用，可以称为应用人工智能学。另一种是理论研究，目的在于发现智能活动的规律，可以称为理论人工智能学。前者受到技术工作者的重视，后者受到理论工作者如哲学家、心理学家、语言学家的重视。

这段学术演讲一开头就开宗明义地指出："当前人工智能的研究大体有两方面的内容。"紧接着围绕这个中心，就"两方面的内容"分别叙述，语言十分明确，对其中使用的关键性概念"应用人工智能学"和"理论人工智能学"加以解说，确切易懂，避免了产生歧义。

（二）论题应保持同一

在演讲过程中，演讲者要紧紧围绕论题，不要海阔天空，离题万里，也不要东拉西扯，令人不知所云。当演讲者就一个比较复杂的问题展开论证时，往往要举出许多论据从各方面论述。在一个很长的思维过程中，切不要忘掉或离开了原来要证明的东西。如果在同一论证过程中任意变换论题，就会犯"转移论题"的错误，就无法达到论证的目的。例如：

时间不多了，简单讲几句吧。只讲安全生产问题。分下面几点：一、关于精神文明；二、关于物质文明；三、关于形势和任务；四、关于计划生育；五、关于引进新技术……关于物质文明与精神文明的问题，当然物质是第一性的，精神是第二性的……

显然，这段话违反了同一律，犯了"转移论题"的错误：既然是"只讲安全生产问题"，怎么不围绕安全生产问题展开，而去讲那些不属于安全生产的问题呢？甚至扯到哲学上的物质第一性了。

（三）论据必须是已知为真的判断

我们演讲的目的是宣传自己的观点和主张，这就要求我们通过摆事实、讲道理来证明自己的观点和主张的正确性。如果作为论据的那些事实或道理都不是真实的，或其真实性尚待证明，那么，演讲者凭什么让人信服呢？演讲中如果论据虚假，就会犯"论据虚假"或"预期理由"的错误，这种情况在省略了某些前提时最容易迷惑人。

例如，有人说："嘴上无毛，做事不牢。年轻人一无领导经验，二无威信，让他们掌权靠不住。"这里省去了大前提"凡年龄大的人就有领导经验和威信，当领导都靠得住"。显然这个大前提是个虚假判断，论证犯了"论据虚假"的错误，因而缺乏说服力。

（四）论据的真实性不应靠论题的真实性来论证

在论证中，论据是用来推出论题真实性的根据。如果论据的真实性要靠论题的真实性来论证，就犯了"循环论证"的逻辑错误。鲁迅先生在《论辩的灵魂》一文中，曾这样揭露诡辩者的循环论证：

……卖国贼是说谎的，所以你是卖国贼。我骂卖国贼，所以我是爱国者。爱国者的话是最有价值的，所以我的话是不错的。我的话既然不错，你就是卖国贼无疑了。

这是典型的循环论证，"你是卖国贼"是论点，又是最终的论据，讲来讲去，"你是卖国贼"就因为"你是卖国贼"。

（五）从论据应能推出论题

论据和论题之间必须具有逻辑联系，否则就会犯"推不出"的错误。这种情况常常表现为论据与论题不相干、论据不足、以人为据或违反推理规则等。

在演讲的准备阶段，演讲者除了要考虑自己的观点和主张是否鲜明、正确，自己的材料是否真实外，还应想一想这些观点和材料、材料和材料之间有没有逻辑联系。假如有些材料和观点间没有逻辑联系，那么即使是再妙的格言、警句、典型事例，也应坚决删去不用，否则，你越是滔滔不绝，演讲的逻辑力量就越微弱。例如，有位领导作报告说：

有个同志变了！资产阶级生活方式的毒菌侵入了他的肌体！一个国家机关工作人员不到机关食堂进餐，而总是到街上的饭店吃早点，这是什么问题？一到星期天，不是见他发奋学习，而是常见他去商店买东西，这不是追求享乐是什么？

显然，这样讲话，论据与结论之间并无必然的内在逻辑联系，犯了"推不出"的错误，因而不能说服人。

总之，在演讲中，要做到论证有说服力，必须遵守论证规则。

第五节 论据可靠

演讲的真实可信是演讲产生较强的感染力和说服力的基础。只有在事实以及基于事实的一系列基本判断真实可信的条件下，才能得出富于说服力的结论。

一、引用精确的数据

恰当地引用数据不仅能够使演讲变得形象生动，而且能够大大增强演讲本身的说服力。因为在人们的意识中，富含精确的统计数字的事实是不容置疑的，定量的说明比定性的描述更具可信度。演讲者应当抓住听众的此种心理，恰当地引用精确的数据，来增强事实的可信度。例如：

《报告》认为：从 1949 年到 1966 年的 17 年，"是中国数学走向独立与成熟的形成时期"，"这 17 年比历史上任何时候更活跃"。根据统计资料，1949 年至 1959 年这 10 年，中国共有 342 位数学家发表了 983 篇论文。1959 年至 1966 年每年发表的论文总数是递增的，所以从 1949 年至 1966 年这 17 年，至少有 450 位数学家发表了 1800 篇论文。而建国前总共只有 74 位数学家发表了 342 篇论文。这就是说，数学家与论文的数量均为建国前总和的 6 倍。

再以设备看，建国前中国最大的大学的数学系所具有的图书杂志亦极为贫乏。以浙江大学数学系为例，系图书馆只有 20 平方米，藏书与杂志不到 2000 册。

其他有些大学恐怕只有几本大学教科书了。建国后国家花了一些钱购置图书，不少大学与研究所的藏书与杂志都超过万册。根据《报告》看来，中国在数论、拓扑、函数论、代数、计算数学与经典几何方面都有很好的成绩。中国的《数学学报》被美国数学会全文译成英文出版。

这是一篇王元阐述中国数学界现状与未来的演讲词。在介绍现状时，演讲者把建国前的状况和当前的状况加以比较，并引用了统计资料中的一些精确的数据，使事实的阐述显得十分真实可信。

二、引用权威人士的话

无论演讲者阐发的观点多么标新立异或超常脱俗，其实都是或多或少地被历史上的名家论述过的。名家的话永远闪耀着智慧的光芒，而名家所具有的影响力也是恒久存在的。演讲者应抓住听众内心深处的名人效应，恰当地引用名家权威的论述，让它们服务于自己的理论观点的论证，加强演讲的说服力。例如：

如何培养沉默性与坚定性呢？我以为必须"知道限制自己"（黑格尔），"哪怕对自己的一次小小的克制，也会使人变得强而有力"（高尔基）。苏联著名教育家马卡连柯说："假如你的孩子仅仅受到实现自己愿望的训练，而没有受到放弃和克制自己某种愿望的训练，他是不会有巨大的意志的。没有制动器就不会有汽车。"我是十分欣赏这句名言的。没有制动器，汽车就会像脱缰的野马，随时都会坠入死亡的深渊。人若没有"制动器"，后果也一样。马卡连柯正是从这个意义上来阐述"克制"的重要性的。学校是育人成才的地方，学校也必须安装"制动器"。《中学生日常行为规范》《渤海造船厂一中学生规矩 50 条》多是以否定词"不"的形式出现的，它们是在场各位同学成才的"制动器"。你们要熟悉它们，遵守它们，不能走样。只有得心应手地使用这些"制动器"，自觉接受限制，你们才会获得真正成才的自由。

陈志雄在这篇论述"青少年要有扎实的心理素质"的演讲中，先后引用了黑格尔、高尔基、马卡连柯三位名家的言论，来阐述培养沉默性与坚定性的方法。演讲者的观点就是从这三位名家的言论中抽取出来的，这样既对已有的理论作了进一步的阐发，又使自己的观点因为名家的言论而增加了说服的力量。

三、引用具体事例

事实胜于雄辩。引用确凿的事实来证明自己的理论观点，是最直接、最有效的说服方式之一。演讲者引用的事例越具体、全面，对于理论观点的证明就越有力，理论观点本身也就越能够说服听众。例如：

"嘴上无毛"就一定"办事不牢"吗？古今中外许许多多军事活动家恰恰都是在风华正茂的时候建立起了了不起的功业的。民族英雄岳飞 20 多岁就带兵抗金，当节度使时才 31 岁；其子岳云 12 岁从军，14 岁打随州率先登城，成为军中骁将，20 岁时就当了将军。曾经统率大军席卷欧洲大陆的拿破仑，从巴黎军事学院毕业时不过是炮兵少尉；法国大革命时参加革命军，1793 年率部在土伦战役中击溃保皇复辟势力被晋升为少将时才 24 岁；统兵攻打意大利，不到 30 岁即当了东线和南线的指挥官，独当一面；任国防部长时才 40 岁。在我国军队里，许多老帅多数不也是在二三十岁时就当上师长、军长、军团长以至方面军总指挥了吗？可见"嘴上无毛"与"办事不牢"之间没有必然联系，关键是有才与无才。套用一句古语来说："有才不在年高，无知空活百岁。"

在这篇演讲中，演讲者为了论证"嘴上无毛未必办事不牢"这样一个观点，先后引用了岳飞、岳云、拿破仑等多个少年有为者的事例，以确凿而充分的事实证明了年龄与才能之间没有必然联系，对听众很有说服力。

四、以亲身经历现身说法

源自于亲身经历的酸甜苦辣最有感染力和说服力。在演讲中，演讲者应善于利用自己亲身经历、感触深切的事例来证明自己的观点，并注意在叙述过程中表达出当时的真实感受及现在的所感所悟，这样更有利于听众接受演讲者的观点。例如：

　　我是北京人，在北京长大。抗战期间我是北京的亡国奴。1942 年我在男二中上学，每天放学后走到灯市口，听到日本洋行的喇叭筒里放的就是《何日君再来》！听到这支曲子，亲眼目睹日本军国主义者打我们中国人，一个巴掌一句"八格牙鲁"，整个国家处于沦亡状态。当时我才 11 岁，父母还是比较高级的知识分子，经常半夜三更催我起床排队买豆渣。冬天冻得够呛，跑到马路边上蹲着去，蹲几个小时才能买到一斤豆渣。偌大的北京城，处在日本军国主义者的铁蹄之下，老百姓成天吃混合面，还是配给的。可以说每天挣扎在饥饿线上。每次我走到路上，可以看到马路边老有死尸，用垃圾车拉死尸。北京人还起了个名，美其名曰"倒卧"。这就使人想到杜甫的名句："朱门酒肉臭，路有冻死骨。"现在大学生念起来像个顺口溜，可在那个时代就是生活的现实。今天，竟然还有人陶醉于《何日君再来》，想想"商女不知亡国恨，隔江犹唱后庭花"吧……

　　这是演讲家李燕杰对自己在旧社会度过的少年时代的追溯，旨在劝导听众珍惜今天来之不易的幸福生活。李燕杰比较详细地描述了当时劳苦大众的悲惨生活，并加入了自己发自肺腑的感触与慨叹，增强了演讲的说服力和感染力。

第六节　讲究修辞

　　修辞就是调整和修饰语言，使说的话或写的文章更正确、明白、生动、有力的方法。如果说语法研究的是语言表达得对不对的问题，修辞研究的则是语言表达得好不好的问题。

　　演讲是一种口语表达形式，它传递信息的主要手段是口口相传，而且具有一次性的特点。演讲者要想使"自己的观点和主张"能很好地被听众所接受，注重演讲中的修辞是非常必要的。下面简要介绍几种演讲中的修辞技巧。

一、比喻

　　比喻就是打比方，通过具体的、浅显的、大家熟知的事物去说明或描写抽象的、深奥的、生疏的事物，使所谈的事物和道理形象生动并富有感染力。

　　比如，某人家里有孩子很顽皮，一天到晚爬上爬下，手脚不停，孩子的妈妈对别人说："我那个孩子太顽皮了，活像个猴子。"这里的"活像个猴子"就是比喻。

　　还比如，钱伟长教授在谈到教育工作、基础研究与经济和工业的关系时，讲了一个小故事：有个聪明人就餐，吃了三个馒头才饱，他忽然恍然大悟，认为前两个馒头都无用，是第三个馒头使他饱的。此后就餐不先吃，等别人吃到第三个馒头时他才吃，天长日久，自然患了营养不良症。钱教授用这个蠢人自作聪明的故事，说明了不重视教育和基础研究，经济和工业发展就会由于"营养不良"而"贫血"的道理。由于用了比喻，既深入浅出，又诙谐幽默，令人忍俊不禁，心服口服。

口语中的比喻有以下两种：一是人们想要说明一个比较抽象的概念或事物时，常常用一两句话来比喻；二是人们想要说明一个复杂的问题或深刻的道理时，常常用一段话或一个故事来比喻。

运用比喻要贴切得体，要根据对不同本体的爱憎感情，恰当选择具有不同褒贬色彩的喻体。决不能用假、恶、丑的事物来比喻真、善、美的事物，当然，也不能用真、善、美的事物去比喻假、恶、丑的事物。

比喻是否有生命力，不在于量而在于质，在于推陈出新。比喻要新鲜、奇特，切忌陈词滥调。英国作家王尔德说得好："第一个用花比美人的人是天才，第二个再用的是庸才，第三个就是蠢才了。"只有那些新颖绝妙的比喻，才能给人留下深刻的印象。

二、排比

排比就是把一组内容相同、结构相近的词、词组或句子连在一起，以加强语势。例如《教师——光荣而神圣的职业》中有如下一段话：

可不，世界上有谁能离得开教师？即使是奇才，也不可能生下来的第一声啼哭就是一首优美的史诗；即使是伟人，也离不开教师最初的启蒙和引导；即使是领袖，也同样至死不忘教师的恩情和教诲。

这里用了三个排比句，说明教师的职业崇高而重要。

三、对比

对比即通过两种事物的对照比较，突出事物的特征，使听众不但对事物有鲜明的印象，而且有助于加强对事物本质的认识。

例如，毛泽东的《论持久战》中，用日本"小国、地少、物少、人少、兵少"和中国"大国、地大、物博、人多、兵多"，以及日本侵略战争是"退步的，失道寡助"

和中国抗日战争是"进步的，得道多助"相映衬，作对比，澄清了是非，预示了中国必胜、日寇必败的战争结局，击破了"亡国论者"的无耻谬论。

四、对偶

对偶句在演讲词中出现得并不太多，但它那严谨、对称的结构以及语音抑扬顿挫的美感可以使演讲内容产生一种引人注意、发人深省的力量。在演讲词中，如用对偶句或对偶式的标题，或用对偶式的段落表达富有哲理的内容，可增强语言的力量。因而，对偶的形式可以有效地显示内容的辩证法则与逻辑力量。例如，《生活采思录·时间篇》的结尾是这样的：

李大钊说得好："今天是生活，今天是动力，今天是行为，今天是创作。"

不要为昨天而叹息，我们要笑着向昨天告别。

不要空唱"明日歌"，我们要把今天作为飞向明天的跳板。

昨天是今天的昨天，明天是今天的明天。所以，一天就是三天，这是一个生活的真谛，我们要善于把一天当做三天过！

在对今天的思考中，我们要记住这个时间的辩证法。

其中"昨天是今天的昨天，明天是今天的明天"这一对偶句富有哲理性，又有整齐而对称的音节，听众可以从这样的表达中受到"义"的启迪，也获得"声"的愉悦。

五、设问

设问是无疑而问，演讲者自问自答。设问是一种启发性的语言艺术。设问在演讲词中可以起到以下四种作用。

（一）激发思考

设问能够激发听众思考。例如：

关于婚姻，有的大学生跟我辩论过。他们说美国的婚姻就是好，没有什么制约，相爱就到山林中，生了孩子也不管，说咱们中国共产主义社会时才会那样。有人说，共产主义马克思早有论述，没有讲过这样的婚姻制度。但今天作为中国人就要考虑国情和民意。家庭是社会的一个细胞，很具体，应该力求符合社会和国家的道德水准。每当说到这些事，就有人对我很有意见，说"你怎么老管闲事？"但如果你不管，我也不管，谁也不去管，结果会怎么样呢？私生的孩子谁管？人总得老，没有家庭互相扶持行吗？再说，女性要受损失。这与我们的社会制度，与我们的民族特点相符合吗？

这段话中，在介绍了关于婚姻问题上的一些糊涂认识之后，李燕杰同志一口气提了四个问题。这一串设问正是为了激发听众深思，让听众自己在脑海里描绘"谁也不去管"的严重后果，这为后面演讲者自答奠定了基础。

（二）提醒注意

设问能够吸引听众的注意力。在需要强调的地方用设问唤起听众注意，达到提醒的目的，是演讲词中常用的语言艺术。例如：

十年浩劫带给我们国家、民族的外伤和内伤都是严重的，特别是带给青年一代的内伤更是严重的。内伤的特征是什么呢？是心灵空虚、没有理想、没有文化、消极悲观，甚至看破红尘，追求感官的享乐。外伤的特征是什么呢？是无纪律、无政府、无道德、造反派脾气、愤世嫉俗、玩世不恭、满嘴污言秽语，动辄伸拳踢脚，大打出手等，不一而足……

分析内伤与外伤的具体特征，是这段演讲词的任务。不用设问，同样可以逐一介绍，但演讲中间穿插两次提问："内伤的特征是什么呢？"、"外伤的特征是什么呢？"显然，设问的提出，口语间的停顿，必然包含着"请注意"的暗示。

（三）设置悬念

设问的另一个作用是让听众产生悬念，就是引起听众一种欲知究竟的愿望。例如：

1979年，在我们师范学院发生了这样一件事：国庆节到来前夕，一个班的团支部搞了一次活动，让每个团员在一小时内完成一篇题为"国庆观感"的文章。几天以后，他们把文章交给我看，看完之后，真的把我给镇住了。这些文章完全出乎我的意料，其中有一篇这样写道：

"十一的早上，天一亮，我拉开窗帘，天是阴沉沉的，还下着毛毛雨，往事依稀混似梦，都随风雨到心头。每当国庆节到来的时刻，都张灯结彩，兴高采烈，可今天却引发了我的忧郁。"

第二段："我是一个大学生，为什么把祖国命运与阴天联系在一起呢？但愿一切是光明的，但愿一切是美好的……"

最后结束："第二天，天再一亮的时候，我又拉开窗帘，原来是一个明朗的晴空……"

我看了一遍又一遍，别人认为这篇文章不够好，我却觉得应当肯定，拿起笔来写了三个方面的优点。三个优点是什么？暂且不说。

李燕杰同志在这段演讲词中首先介绍了一篇别人认为"不够好"的文章，而他却肯定了这篇文章的三个优点，究竟优点是什么呢？按下不表。这犹如评书中的"包袱"，放到后面再"亮"。听众出于好奇心理，就会被这种悬念所吸引。

（四）调节气氛

设问还能调节演讲时的气氛，化紧张为松弛，化拘谨为随便。例如，杨高潮在大学演讲比赛获胜后介绍经验时说：

当我刚走上讲台时，会场秩序仍然很乱，录音机里发出刺耳的喧闹。我用准备好的开场白开始演讲："关于青年与祖国的关系，人人皆知。但是，我想提个问题：谁能用一个字来概括青年对于祖国的关系？"这个"提问式"的开头，由于提出的问题新颖，引起了听众不同程度的注意。

事后，我把自己演讲的开场部分的分场录音仔细听了几遍，发现有四个递进的层次。从听众的表现来看，有喧闹——沉思——欢笑——掌声这四个大的变化。

这位演讲比赛获胜者正是借助设问排除了干扰，调节了气氛，将听众一步步引入他事先设计的"轨道"。

六、反问

反问也是无疑而问，是用疑问句的形式表达确定的内容。反问又叫反诘、诘问或激问。在演讲词中，反问所表示的肯定显得更富有感情、更富有力量。例如：

我的信仰真的降低了人类的身价，并把人类野蛮化了吗？当代的某个诗人、哲学家或艺术家会不会只是因他确切地说自己是从某种裸体的、畜生般的野蛮人直接派生出来的子孙，其声誉就被贬低了呢？……或者说，由于他的祖先是由孵化而生的，所以他现在就非用四条腿走路，并且非像四条腿走路的动物那样，也用嚎叫代替说话不成？

这是19世纪著名生物学家赫胥黎的演讲词中的一组反问句，它充分显示了反诘所特有的气势和力量。

七、反复

同一个意思，却有意地一而再、再而三地出现，这就叫做反复。反复是为了增强语言表达的效果。反复是根据表达的需要所采用的一种积极的修辞手段，它与重复啰唆有着本质的区别，因为重复啰唆是一种令人生厌的语病。

反复回荡的句式能够渲染感情，突出要点，显示力量。例如，美国总统罗斯福在《1941年12月7日——一个遗臭万年的日子》的演讲中，就反复运用了五个"昨夜"，渲染了愤慨之情，突出了紧迫之感，显示了雄辩之力。

又如，美国的马丁·路德·金在林肯纪念堂前的演讲中也运用了反复的方法，连续五个"我梦想着"，表达了强烈的希望和坚定的信念。

再如，李燕杰在《塑造美的心灵》的演讲中，采用反复的方法，获得了良好的抒情达意的效果：

我们如果把它比作一朵朵小花，当我们把它连接到一起，就可形成一个巨大的花环；

我们如果把它比作一棵棵小草，当我们把它连接到一起，就可以看到芳草绿遍天涯；

我们如果把它比作青年人献上的一砖一瓦，我们就应当把它砌成社会主义精神文明的大厦！

反复可分为两种：一种是反复的词语连续使用，叫做连续反复；一种是反复的词语间隔使用，叫做隔离反复。前面我们所列举的各例均属后者，因为它们都有其他词语从中间隔。这在演讲词中颇为常见。连续反复往往用于强调和加重某种语气，比如，"相信我们，相信我们，请相信我们！""不行，不行！"

八、层递

层递是指在语言表达中根据不同内容的不同组合层次，有顺序地一层一层表达出来，或由少到多，或由轻到重，或由小到大，或由远到近。层递也是演讲中常用的语言方法，它的效果是层层推进，言之有序，步步相连，言之有势。例如：

我们相信，同志们只要努力用共产主义理想，用党的历史经验，用现代科学知识武装自己，并且团结群众，艰苦奋斗，知人善任，从善如流，就一定能够把领导工作做得有声有色，一定能够在现代化建设的征途上做出无愧于伟大时代的光荣业绩。

　　这是叶剑英同志对新上任的年轻同志的殷切希望。整体希望是用"只要……就……"的条件关系句式加以概括的。在前面列举的条件排列之中，既有严密的逻辑顺序——"理想—经验—科学知识"，又有顺畅的音节组合——"团结群众"、"艰苦奋斗"、"知人善任"、"从善如流"。这种层递的修辞方法常常显示出一种语言的逻辑性，是演讲艺术十分需要的。层递的词序和句式实质上是演讲者运用严密的逻辑思维的必然结果，因此，它既是一种语言手段，也是一种思维方法。

　　总之，为了使演讲取得理想的效果，演讲者必须善于动用比喻、排比、对比、对偶、设问、反问、反复、层递等各种语言修饰方法，设计精巧的演讲词，以达到最佳演讲效果。

第六章　控场及应变的方法

第一节　对时间的控制技巧

控制好演讲时间是一项重要的内容。但是演讲中对时间的控制又不能只是盯着钟表的时间，而是应该事先排练，根据排练的时间来安排自己的控场时间。

一、对时间控制的总体要求

看看讲话内容各个部分的大致比例：开场白、主要内容、结论。一般情况下，主要内容应该占发言时间的 75%。开场白是不是因为插进题外话而拖得太长？还要检查要点之间的相对比例。例如，自己是否用了一半时间来阐述第一个要点，这样做值得吗？

大部分演讲新手在实际演讲时语速过快，这样很多重要的地方就得不到澄清了。演讲排练越接近实际情况，对时间估计的误差越小。

用手表查看自己的演讲时间，但是不要死盯着手表的指针。把开始和结束的时间记下来。手表指针的运动会给你一种压力，让你不太自然。比如，如果你觉得自己讲得太慢，在最后一分钟可能会把速度加快一倍，或者相反的情况，把自己的语速放慢，用使人昏昏欲睡的口吻把句子拖得很长。如果能够为每个部分的讲话定时会对演讲时间的控制帮助很大。

有经验的演讲者始终明白演讲的每个部分各占多长时间。即使演讲时间在总体上控制得非常好，他或她仍然希望再把时间分割得更加细致一些。明白时间的长短有助于随时进行调整，这是演讲过程中经常出现的情况。

当你的排练工作进行到一定的程度，每次演讲花费的时间大致相等，就要在笔记上记下每个部分各自花费的时间。比如，你可以在开场白的笔记右下方标记"2分钟"，在第一个要点后记好"5分钟"，在第二个要点后记"8分钟"等。

合理分配演讲各个部分的时间可以帮助你从容调整内容。比如，你原计划用5分钟讲述第一个要点，听众的反应使你觉得自己得用 8 分钟才能使他们明白这个问题。于是你决定把第二个要点和第三个要点中的小故事省略掉以空出多用的 3 分钟。

有些人对时间的估计非常精确，不需要外在的提示。如果你不太善于估计时间（我们大部分人都没有这种能力），要坦然地把自己的手表摘下来放在自己看得到的地方，或者请听众席上的同事到时候向你发出信号，但是要避免过于依赖钟表。

二、演讲时间太长的改进方法

如果演讲时间太长，超出了预定的时间，我们可以采用下面这些方法来解决这个问题。

（1）检查自己的证据和例子，不要反复重申同样的内容（把这些要除去的内容留在问答或讨论时用）。

（2）取消较长的故事、笑话、叙述等，除非它们对演讲主题至关重要。

（3）考虑把某个要点全部取消（相应地调整自己的主题）。

（4）例子的描述不要太过详细（不要讲述整个故事的来龙去脉，只需包括所有关键要素的大概情况即可）。

（5）考虑用演讲以外的其他方式来解说技术和细节，如分发资料或使用视觉道具。

（6）修饰和简化语言以及措辞，说话要深入浅出。

三、演讲时间太短的改进方法

如果演讲时间太短，我们可以从下面几个方面考虑改进。

（1）检查是否存在着一些重要看法没有充分发挥。

（2）检查自己的措辞是否过于简短。我们在其他地方已经说过，口语的语速比较快，所以要进行重复和修饰，还要加入各种说明来使每位听众完全把握你的意思以及你希望传达的重点。

（3）一定要保证你为自己的所有要点都配备了充分的证明材料。再次检查你的论据，确保你的论点都有根有据或者没有跳过某些逻辑证明的步骤。

（4）你在图书馆查找资料的工作可能做得不够。你是否确实查阅了相当多的资料？

第二节　听众故意刁难的处理

听众中难免有恶意的刁难者，故意提出一些带歧视、轻视、敌视性的问题。对待这些刁难者，演讲者不能像对待善意的质疑者那样，而是要不客气地给予回击。我们可以采用顺水推舟、针锋相对等策略。

一、顺水推舟

作家谌容有一次应邀到美国一所大学演讲。她刚登上讲台，就有人给她提了一个难堪的问题："听说您至今还不是中国共产党党员，请问您对中国共产党的私人感情如何？"谌容顺水推舟地答道："你的情报很准确，我确实还不是中国共产党党员。但是，我的丈夫是个老共产党员，而我同他共同生活了几十年，尚无离婚的迹象，可见，我同中国共产党的感情有多深。"谌容巧妙得体的回答博得了台下听众的称赞。

二、针锋相对

当达尔文的进化论学说传播开来时，英国教会曾召开过一次辩论演讲会。会上，一位大主教突然对赫胥黎教授进行人身攻击。他说："赫胥黎教授就坐在我旁边，他是想等我一坐下来就把我撕成碎片的。因为照他的信仰，他本来是猴子变的嘛！不过，我倒要问问，这个猴子子孙的资格，到底是从祖父那里得来的呢，还是从祖母那里得来的呢？"赫胥黎针锋相对地回答："我断言，我重复断言：要说我是起源于弯着腰走路和智力不发达的可怜的动物，我并不觉得羞耻；相反，要说我起源于那些自称很有才华，社会地位很高，却胡乱干涉自己所茫然无知的事物，任意抹杀真理的人，那才真正可耻！"雄辩的哲理使大主教瞪着大眼，无言以对。

三、反戈一击

有位演讲家在演讲结束时，台下有一名学生突然连珠炮似地向他发问。

学生："先生，您今天是第一次演讲失败吗？"

演讲家："那当然是第一次啦。噢，你们当学生的怎么总爱问这个问题？"

学生："演讲时，您觉得什么样的字音最容易说错？"

演讲家："错。"

学生："您演讲开始时，从来不说的是什么？"

演讲家："结尾。"

回答了学生的问题后，演讲家也来了个出其不意，反戈一击。

演讲家："我方才讲的冷缩热胀的道理你懂了吗？"

学生："懂了，先生。冬天白天短——冷缩；夏天白天长——热胀。"

这时，台下出现了哄堂大笑，这位发问的学生才知道说错和失败的是自己，不禁羞红了脸。

四、避实就虚

在一次记者招待会上，一位西方记者问周恩来总理："请问，中国人民银行有多少资金？"周恩来听出他是在讥笑我国贫穷。对此，周总理没有作正面回答，而是巧于迂回、避实就虚地说："中国人民银行货币资金嘛，有 18 元 8 角 8 分。"接着，周总理作了这样的解释："中国人民银行发行面额为 10 元、5 元、2 元、1 元、5 角、2 角、1 角、5 分、2 分、1 分的十种主辅币人民币，合计为 18 元 8 角 8 分。中国人民银行是由全国人民当家做主的金融机构，有全国人民做后盾，信用卓著，实力雄厚，它所发行的货币，是世界上最有信誉的一种货币，在国际上享有盛誉。"

周总理的一席话可谓语惊四座，人们对他的机敏应变才能佩服得五体投地。

五、运用逻辑

著名诗人马雅可夫斯基是一位善于应对的演讲家。请看他在一次演讲大会上是如何应对的吧：

反对者："您讲的笑话我不懂！"

马："您莫非是长颈鹿？只有长颈鹿才可能星期一浸湿的脚，到星期六才能感觉到呢！"

反对者："我应当提醒你，马雅可夫斯基，从伟大到可笑，只有一步之差！"

马（用手指着自己和那个人）："不错，从伟大到可笑，只有一步之差。"

反对者递上一张条子，上面写道："马雅可夫斯基，您今天晚上得了多少钱啊？"

马："这与您有何干？您反正是分文不掏的，我还不打算与任何人分。"

反对者："您的诗太骇人听闻了，这些诗是短命的，明天就会完蛋，您本人也会被忘却，您不会成为不朽的人。"

马："请您过一百年再来，到那时我们再谈吧！"

反对者："马雅可夫斯基，您为什么喜欢自夸？"

马："我的一个中学同学舍科斯皮尔经常劝我说：'你要只讲自己的优点，缺点留给你的朋友去讲。'"

反对者："这句话您在哈尔科夫已经讲过了！"

马："看来，这个同志是来作证的，我真不知道，您到处在陪伴着我。"

反对者又递上一张条子，上面写道："您说，有时应当把沾满尘土的传统和习惯从自己身上洗掉，那么您既然需要洗脸，这就是说，您也是肮脏的了。"

马："那么您不洗脸，您就自以为是干净的人吗？"

反对者："马雅可夫斯基，您为什么手上戴戒指？这对您很不合适。"

马："照您说，我不应该戴在手上，而应该戴在鼻子上喽！"

反对者："马雅可夫斯基，您的诗不能使人沸腾，不能使人燃烧，不能感染人。"

马："我的诗不是大海，不是火炉，不是鼠疫。"

上述应对实在是棒极了，不仅极具幽默感，而且具有高妙的逻辑战术。例如，反对者由"您说，有时应当把沾满尘土的传统和习惯从自己身上洗掉"推出"既然需要洗脸，这就是说，您也是肮脏的了"的结论，这明明是偷梁换柱（偷换概念）的伎俩，马雅可夫斯基将错就错，用反问给予辛辣的讽刺。当反对者指责他戴戒指并攻击他的诗不能使人沸腾、燃烧和不能感染人时，马雅可夫斯基便以其人之道，还治其人之身，用同样的战术——偷梁换柱予以回击，使反对者一个个败下阵来。

六、运用幽默

达尔文在一次演讲中，刚说出题目，一位年轻貌美的女士就站起来，带着戏谑的口吻问道："听说您断言，人类是由猴子变来的？"达尔文答道："是的。"这位美女继续说："那么，我也属于您的论断之列吗？"达尔文彬彬有礼地答道："那当然！不过，您不是由普通的猴子变来的，而是由长得非常迷人的猴子变来的。"达尔文幽默风趣的回答博得全场一片笑声。

以幽默著称的英国前首相丘吉尔有一次正准备作即席演讲，一位媚态十足的女士对他说："丘吉尔，你有两点我不喜欢。""哪两点？"丘吉尔问。那女士说："你执行的新政策和你嘴上的胡须。"丘吉尔听后，彬彬有礼地答道："哎呀，真的，夫人，请不要在意，您没有机会接触到其中的任何一点。"

丘吉尔有一回访问美国，刚演讲了几分钟，一位反对他的美国女议员就站起来对他说："如果我是您的妻子，我会在您的咖啡里下毒药的。"丘吉尔狡黠地笑了笑，说："如果我是您的丈夫，我会喝下那杯咖啡的。"丘吉尔的幽默令反对者悻悻而去。

七、敌对分子的捣乱

对于敌对分子故意捣乱会场的情况，演讲者应该沉着镇定、机智灵活，在不同的条件下，采取不同的方式，予以回击。

《列宁在十月》这部电影中有一个场面，对演讲者很有启发。列宁在米赫利松工厂发表演讲期间，有个歹徒递上一张字条。列宁审视片刻，高声向听众宣读：

同志们，我收到了一张字条，请大家听一听，上面写了些什么："你们的政权反正是维持不住的，你们的皮将被我们剥下来做鼓面！"（群情激昂）

请安静，同志们，我看这张字条绝不是工人的手写的。恐怕写这张字条的人，未必有胆量敢站到这儿来！同志们，我想他是不敢站出来的！

同志们，须加上三倍的警惕、小心和忍耐。你们要坚守岗位！对于人民认为是罪大恶极的叛徒，必须无情地加以消灭！不镇压剥削者的反抗，革命就不能胜利！（雷鸣般的热烈掌声）

在这里，列宁巧妙地借宣读反动分子恫吓性的字条，因势利导地启发工人阶级要保持高度的革命警惕，用铁的手腕镇压反革命分子，来巩固苏维埃政权。这就进一步深刻地阐明了演讲的主旨，扩大了演讲的影响。

第三节 弥补自身的失误

演讲者在演讲中的失误时有发生，如演讲忘词、讲漏，或者不小心摔了一跤，绊倒了东西，这些都是常有的事情。出现这类失误以后，演讲者一定要保持镇定，这样才能想到有效的补救方法。

一、演讲忘了词怎么办

演讲中如果忘了演讲词，演讲者千万别让自己"卡壳"时间太久，而应强使自己集中思想，争取在两三秒之内回忆忘掉的词语。实在想不起来，可根据原来的意思另换词语，或者干脆另起一行，将下一段内容提上来讲。

二、遗漏或念错词、讲错话时怎么办

著名相声演员马季有一次到湖北黄石市演出。在他表演前，有位演员错把"黄石市"说成了"黄石县"，引起了观众的哄笑。到马季登台表演时，他张口就说："今天，我们有幸来到黄石省演出。"这回听众不笑了，而是窃窃私语，怎么回事，连你也错吗？这时，马季解释道："方才，我们的一位演员把黄石市说成县，降了一级。我在这里当然要说成省，给提上一级。这样一降一提，哈！就平啦！"几句话博得全场观众热烈的掌声和笑声。马季机智巧妙地圆了场，使演出得以顺利进行。

弹唱家马如飞在一次表演时，不慎将"丫鬟移步出了房"唱成了"丫鬟移步出了窗"。听众听后哄堂大笑。马如飞知道唱错了，但他不慌不忙，镇定自如地补上了一句："到阳台去晒衣裳。"听众一听这巧妙的补白，报以热烈的掌声。谁知一疏忽，他又把"六扇长窗开四扇"唱成了"六扇长窗开八扇"。这时观众不再喧哗了，静静听着他如何补漏。马如飞依然不慌不忙，他以丰富的舞台经验继续唱道："还有两扇未曾装。"台下顿时掌声满堂。

演讲时如果出现遗漏或念错词、讲错话的失误，演讲者最好能够悄悄改过，不露痕迹。比如，发现自己漏讲了某一点、某一段，可以随后补上，不必声张；念错某个字词，或讲错某句话，也可以及时纠正，或在第二次出现时纠正。万一听众发现了你的错误，也不要紧，演讲者不妨将错就错、自圆其说。在这方面，表演艺术家有许多成功的经验可以借鉴。

　　演讲者如果出现类似失误，完全可以借鉴这种补救的做法。例如，某同学作演讲时，想用一段诗作为开场白："浓浓的酒，醇醇的……"但他一上台就念成了"酒"，将"浓浓的"漏掉了。他灵机一动，将错就错，干脆将诗改成："酒，浓浓的、醇醇的……"听众对他的妙改报以热烈的掌声。

三、跌倒或扣错扣子怎么办

　　例如，曾有一位演讲者走上讲台时不慎被话筒线绊倒了。当时台下听众发出了一片欷歔声和倒喝声，气氛降到了零点。这位演讲者爬起来后，不慌不忙地走到话筒前，微笑着对听众说："同志们，我确实为大家的热情倾倒了！谢谢！"顿时，全场响起了热烈的掌声，大家都为他这绝妙的应变和开场白喝彩。

　　又如，获得奥斯卡最佳女主角奖的雪莉·布丝莱上台领奖时，由于跑得太急，上台阶时绊了一下，差点摔倒。她在致辞时说道："我经历了漫长的艰苦跋涉，才到达这事业的高峰。"这句应变的开场白简直妙不可言。她将上台领奖遇到的挫折与拍电影历经的艰辛巧妙地结合在一起，既揭示了达到事业顶峰的真谛，同时又化解了险些摔跤的尴尬，可谓一举两得。

　　上台演讲时不小心跌倒了，或听众发笑时才发现自己衣服扣子扣错了，或拉链没拉好，或帽子戴歪了，遇到这种情形，演讲者多半会感到尴尬。笨拙的化解方法是，演讲者可以跟着听众笑到一块，在笑声中恢复常态。对此听众一般是不会介意你的失误的。高明的化解方法，当然是演讲者能够借事发挥，说几句巧妙的开场白。

第七章　演讲的结束

第一节　演讲如何结束

一、适可而止结束演讲

现代的快节奏，要求演讲者的演说要简短有力，而不是洋洋洒洒、没完没了。如若那样，只会招来听众的反感。

如果结束语是用复杂的长句逐步展开的，那么最重要的结束语应该用短句，甚至可以用句子的一部分。例如下面一段话：

你们是否能够认识自己正在进入的这个世界，将取决于你们是否坚定地保持自己正直的人格。如果你们这样做了，其他的一切自然会应运而生。你们的生活将不是人们平常所谓的幸福生活；你们的生活将不得不与逆境抗争。但是这将是有意义的生活，有尊严的生活，有价值的生活。这一点对任何人都足够了。

或者反过来，在最后一段中大部分使用短句，而在结尾处引出长句，就像引人深思的演讲《怎样丢掉一笔生意》那样：

这就是丢掉一笔生意的全部含义。你丢掉了一笔生意，但是得到一个潜在的客户。你丢掉了这一笔生意，但是得到了这笔以外的所有交易。你丢掉一笔生意，但是得到了对自己的销售技巧的深刻洞见。你不断思考，你留心观察，你随时尝试。某一天，如果你不懈地努力，很可能变成一位如此高明的丢生意的行家，以至于根本丢不掉任何一笔生意。

注意对比上面第一段演讲的最后一句话和上面第二段演讲的决定性语句，看它们的长短对句子的收尾性产生哪些效果。

演讲的心理收尾在某种程度上可以由直接向听众发出呼吁来实现，尤其是说服性讲话。直接号召他们采取特定的行为方式（采纳、延缓、终止或继续），或者请他们改变态度。

你设计的最后一句话一定要像第一句话一样简洁。每次演讲都应该用一句话使听众毫无疑问地明白演讲已经结束。没有想好决定性的结束语时，发言人只好继续总结，同时不得不努力考虑怎样不留痕迹地收尾。结果，许多人不得不有些沮丧地或用下列乏味无力的结束语收尾：

我想这些就是我要讲的全部内容。

噢，时间到了！我还是就讲到这里吧。

虽然我还想多讲一些内容，但是应该回答大家提出的问题了。

另外一些演讲者倒是不显得犹豫不决，而是戛然而止，使听众不知道中间的空白是暂时停顿还是最后的结束。

演讲时可以采用一种斩钉截铁的有效收尾与开场白时吸引听众注意力的办法相呼应：详尽回答演讲开始时所提出的那些引人深思的问题；再次提及开头讲过的笑话或故事，使它变得更有趣，或者把它稍加改动，使之适用于你的主题。

不要用"谢谢大家"来代替决定性的收尾。在教学发言或业务报告会上通常不对听众表示感谢。只有当你作为受人尊敬的特殊嘉宾应邀发言时才应该这样做。这种情况下，"谢谢大家"可以作为从结论的其他部分转到决定性语言的过渡语。

画龙点睛的结束语与正文内容一样重要。不要含混不清地说出最后一句话，或者用最后几分钟收拾自己的演讲笔记准备溜走。要熟记自己的结束语，这样在总结陈述时可以始终保持与听众的目光交流。结束讲话后，短暂地收回目光，然后重新与听众进行目光交流，表示你愿意回答他们提出的问题，或者接受大家的掌声。就像开始时一样，这时候你的自我意识也会非常强烈，这是不可避免的。你会感到大家的注意力又从演讲内容转移到你身上。这时不要忘记为听众留下肯定的自我印象，从而不至于削弱最后一句话的效力。

二、总结全篇，突出重点

演讲结束语最常用的方式，就是用极其精练的语言，总结收拢全篇的主要内容，概括和强化主题思想。这种结尾，扼要地总结演讲内容，能起到提醒、强调的作用，给听众留下完整的总体印象。除非演讲非常简短，否则建议在结尾中清晰地陈述主题和主要思想。

演讲者在演讲中，为了阐述自己的观点和主张，往往利用一切手段，从正面、反面和侧面等各个方面来进行分析和论证。到了结尾处，就应总结全篇，突出重点，深化主题。这不仅能帮助健忘的听众回忆前面所讲的内容，而且也能画龙点睛，给听众留下完整而深刻的印象，使整个演讲显得结构严谨，首尾呼应，通篇浑然一体。

例如，莎士比亚的名著《恺撒大帝》一剧里，伯鲁特斯对市民演讲他刺死好友恺撒全是为国为民的结尾，就用了总结全篇的方法：

临了，我要告诉诸君一声：因为罗马帝国，我不得不刺杀我的好友恺撒，刺死恺撒的便是我，便是这把短剑。假使他日我的行动和恺撒一般，请诸君就用这把短剑来刺我吧！要是大家的行为，也有和恺撒一样的，那么这把短剑，终是不肯饶过你的。请诸君认清这把短剑，请诸君认清卖国贼，认清爱国的好汉。

伯鲁特斯的结尾不过短短十几句话，却完全包括了他整个演讲的意思，而且表现出他的热情。

下面是《世界也有我们的一半》的结尾：

听听我这个没当成的女者的心声吧：

我相信，女性是伟大的！

我也相信，男性是伟大的！

我更希望我们都相信，伟大的男性和伟大的女性加起来才是伟大的人民！

他们的自信、自尊、自爱焕发出来的巨大搏力才是伟大的文明！

这个结尾恳切、热情、概括，点化主旨，给听众留下了清晰、完整而又深刻的印象。

这类结尾，虽然基本上是在重复已讲过的话，但因强调和突出了中心、重点和主旨，强化了印象，因此，演讲所发出的信息最大限度地进入了听众的心灵。下面让我们选两个实例，来感受一下这种结尾。

法国大革命时期，资产阶级革命领袖罗伯斯庇尔曾作过一篇演讲，后人追加的题目是《关于对路易十六判刑的意见》。

罗伯斯庇尔作这场演讲的背景是：罪恶滔天的法国国王路易十六被资产阶级革命党人抓获了。愤怒的人民群众强烈要求当时以罗伯斯庇尔为首的资产阶级临时革命政府立刻以绞刑将其处死。然而，处死路易，对刚刚胜利不久的法国资产阶级革命还埋藏了一个危险：由于欧洲各国皇室之间长期以来形成的血亲关系，处死路易，会使整个欧洲反动的封建势力联合起来扑向法国，围攻和绞杀这场革命。出于这种担心，是否处死路易，在新生的政权内部引起了激烈的争论，使他们一时难作决定。罗伯斯庇尔虽一时感到骑虎难下，但立刻作出了明智的选择：路易必须死！然而执行决定前，罗伯斯庇尔不能不首先说服那些软弱的"理智派"。1792年12月3日，就路易的处置问题召开了一次国民公会。罗伯斯庇尔借此机会，作了主体发言。他在历数路易16种不可饶恕的罪行并分析权衡了杀与不杀的各自利弊之后，以下面的话作结尾：

国家要生存，路易就必须死。在内外都平静无事、我们获得自由和受人尊敬的时候，也许可以考虑宽大的处理办法。但是，在还没有获得自由的今天，在我们做了那么多的牺牲和战斗以后严刑峻法还只适用于不幸者的今天，在暴君的罪行还成为争论题目的今天 在这样的时刻，不能有慈悲的想法；在这样的时刻，人民要求的是报复！

"人民要求的是报复"是"撞钟"和"豹尾"之句。它暗含着这样的意思：法国革命的胜利靠的是人民，新生政权的维持和胜利果实的保卫也要靠人民的力量，没有比满足人民的要求和站在人民一边更重要的了。因此，法国人民的仇敌和暴君——路易必须死！

在技术性或辩论性演讲中，准确地重述自己的主题和要点尤其重要。

在有些演讲中你可能认为这样做显得过于机械。那么你可以选择解释要点而不是重复原话，总结内容而不是重述原文。例如：

我希望今天的演讲能使你们对其他地方怎样成功利用配偶探监制度有一定的了解，以及知道这样做可以对犯人和整个社会有哪些好处。

如果你的发言很简短且只有一个要点，那么即使省略总结也绝对不会出现问题。否则，你没有理由不进行总结。总结没有任何坏处，只会使内容更加明晰准确。

第二节　演讲结尾的几种方法

一、用热情洋溢的话作结尾

一个充满激情的演讲者，总是试图让听众的情绪激动起伏。结尾时运用一些情感激昂，富有鼓动性、号召性的良言激语，注重以巨大的情感力量，把听众的情绪推到最高的浪峰上，使他们振奋起来，跃跃欲试，进一步激起听众的情绪、信念，鼓起干劲，促进行动。古今中外的演讲家大都善于运用这种方法收场。

例如，周总理的《在亚非会议全体会议上的补充发言》：

十六万万亚非人民期待着我们的会议的成功。全世界愿意和平的国家和人民期待着我们的会议能为扩大和平区域和建立集体和平有所贡献。让我们亚非国家团结起来，为亚非会议的成功而努力吧！

这种结尾多是提希望，发号召，表决心，立誓言，祝喜庆，贺成就，以激起听众感情的波涛，给人以心志的激励。

例如，古希腊著名演说家德摩西尼发表的《斥腓力演说》这样结尾：

敌人正在对我们铺罗设网，四面合围，而我们却还呆坐着不求应付。同胞们，我们究竟要到什么时候才能采取行动？当雅典的航船尚未覆灭之时，船上的人无论大小都应该动手救亡。一旦巨浪翻上船舷，那就一切都会同归于尽——即使所有民族同意忍受奴役，就在那个时候我们也要为自己而战斗。辞令的灵魂就是行动！行动！再行动！

这个结尾慷慨陈词，号召人们拔剑奋起，反抗马其顿王腓力二世的入侵。

抒情式结尾常常是演讲者在叙述典型事例和生动事理后，油然而生的激情。以抒情方式结尾，言尽而意未尽，留有余韵，给人启迪。

例如，郭沫若的《科学的春天》的结尾：

春分刚刚过去，清明即将到来。"日出江花红胜火，春来江水绿如蓝。"这是革命的春天，这是人民的春天，这是科学的春天！让我们张开双臂，热烈地拥抱这个春天吧！

这样结尾，热情奔放，以诗一般的抒情语言激励人们向科学进军，拥抱科学的春天，具有很强的鼓动力。

二、用幽默结束演讲

精彩的结尾能使整个演讲的内涵和风采骤然升格。而巧妙地运用幽默更能使人体味到十足的美感，给人留下深刻的印象。

一次，"戴维斯杯"网球赛结束后，云南省体委在昆明滇池湖畔的国家体育训练基地为印度尼西亚队饯行。印度尼西亚队输给了中国队，队员们的情绪都不高。该队领队在致辞时说：

尽管我们尽了最大的努力，但由于气候不适应等原因，我们队伍的技术没有很好地发挥，遗憾地输了球。但对东道主中国队来说，我们无疑是最好的客人。今天我在这里祝贺贵队取得优良成绩，就是最好的证明。

不过，来日方长。如果我们下次再来做客时，不能成为你们最好的客人，也请尊敬的主人不要见怪。

不卑不亢，礼貌而幽默，领队的答词尤其是那绝妙的结尾堪称精妙绝伦，称为"豹尾"，一点也不过分。

幽默风趣的结尾，是整个演讲幽默的升华，也是你全部玩笑机智的总爆发。它能将演讲人徐徐道来的真理印章般打在听众心坎上，使隽永的意蕴久久回荡。

哈佛大学演讲大师乔治·威廉说过："当你说再见时，要使他们脸上带着笑容。"通常，笑容等于成功。当你的演讲简短、有力、切题，并且由于充满了迷人的幽默感而显得很生动活泼时，听众才会有意犹未尽之感。而意犹未尽是出色演讲美妙的结尾的极致。

特别是演讲场合是宴会或其他联谊性的餐会，而演讲又被安排在活动快结束的时候举行时，那么，高度戏剧性的结尾、幽默的结束语能让人精神得到清新的鼓舞，同时使你的演讲最终熠熠生辉，余味长存。

一般成功的演讲整体追求真理的启迪、感情的激发、艺术的感染、行动的导引等效果。隽永是其格调上的体现，它通过以温和的幽默力量来述说一个事实，或表达一句妙语，或向听众道声祝福来生成，每每唤起听众的会心一笑。

三、引用诗文结尾

通过引用谚语、成语、格言、警句、诗词等方式结尾，言简意赅，多有韵律，能使内容显得充实丰满，具有哲理性和启发性。

如果你能引用适当的诗文名句来结尾，既可使演讲优美、动听，又可获得所希望的气氛。

例如，英国扶轮社的哈利罗德爵士，在爱丁堡大会上，是这样结束演讲的：

当你们回家之后，有些人会寄一张明信片来给我。就是你们不寄给我，我也要寄给你们每位一张，而且你们会很容易知道是我寄的，因为上面未贴邮票（众笑）。在上面，我要写一些字，是这样写着的：

季节自己来，季节又自己去。

你知道，世间一切都依时而凋谢。

但有一件却永远像露水一般绽放鲜艳，

那就是我对你们的仁慈和热爱。

这段诗正适合他全篇演讲的旨意，因此这段诗就用得非常恰当。

马丁·路德·金在历史性的《我有一个梦想》的演讲中，用一位年老的精神领袖的祈祷来作为结尾：

终于自由了，终于自由了，感谢万能的主，我们终于自由了。

借用名人名言作结束语，能产生"权威效应"和"名人效应"。一般来讲，人们对名人权威有一种崇拜心理，借用他们的话可以给演讲的内容提供有力的证明，还可以把演讲推向一个高潮。

四、呼应开头式结尾

与开头意愿重合但又在意境上高出开头的结尾形式，称为呼应开头式结尾。

1960 年，非洲加纳共和国成立，恩克鲁玛被选为总统兼总理。他立志向中国学习，走独立自主的社会主义道路。1964 年元月，他邀请周总理访问加纳。周总理到达后，他摆下国宴，盛情款待，并作了热情洋溢的致辞。演讲中，他一开始就表达了热烈欢迎的心情，然后，回顾了自己 1961 年对中国的访问，高度赞扬了中国人民、毛泽东主席及其战友们的丰功伟绩和两国之间建立的友谊，表明了他反帝、反殖、建立永久和平以及坚决拥护"五项基本原则"的态度。最后，他说：

尊敬的周恩来总理，让我们再一次对你和你的随行人员来到加纳，表示十分热烈的欢迎。我希望你们在这里的逗留期间感到高兴和愉快。现在，诸位阁下，亲爱的朋友们，请大家同我一道站起来，为中国领导人和人民，为毛泽东主席，也为你——周恩来总理在贵国革命中所发挥的作用干杯！中国和加纳的友谊万岁！非洲统一万岁！和平和各国的友谊万岁！

这种结尾与开头呼应，使整篇演讲首尾圆合，结构完整。

值得注意的是，使用呼应式的结尾，不应与开头简单地重复，而应加深主旨，耐人寻味。

从不同的角度来谈结尾，样式还有很多，如议论式结尾、象征式结尾、呼告式结尾、幽默诙谐式结尾、示物式结尾等。总之，结尾要有一定的高度，如异峰突起，要韵味深刻，使听众情绪激动振奋，切忌虎头蛇尾或画蛇添足，努力避免陈词俗套和语言干瘪。

第三节　结束语的禁忌

"我想我已经啰唆得够多了"或"我不知道自己是不是把这个问题讲清楚了"或"我通常并没有这么兴奋，也许是因为咖啡的缘故"这样的结束语足以毁掉整个演讲。

演讲结束语也有以下几大忌讳：

一、拖泥带水，画蛇添足

有的演讲者已经把应讲的东西全讲完了，可是又讲了一些与主题无关或关系不大的话，这无异于节外生枝，是最令听众反感的。它不但混淆了听众的思路，破坏了听众的情绪，而且也容易冲淡前面所讲的内容。演讲者必须下狠心，把那些与主题无关的话从结尾中清除出去，当断则断，当止则止，绝不要画蛇添足。有一句格言说得好："没有结束语的结尾贫乏无力，可是没完没了的结尾则是令人害怕的。"因为它拖延时间，使听众遭罪。演讲者要善于用最精确、最概括而又富于哲理的语言结束演讲，才是最有力的。

二、草草收场，敷衍了事

如同忘了停止的那种演讲者，突然结束的演讲者的做法正好相反。听众席里的人们坐在那里，正津津有味地听着讲话，随后突然之间演讲者说了声"谢谢"，讲座戛然而止，事先一点招呼也没有打。演讲者没有留给听众任何线索表明演讲临近结束，突然结束演讲就会眼睁睁错失了给听众一个强有力的结尾的大好机会。

三、故作谦虚，言不由衷

有些演讲者作完演讲，总要说上几句表示谦虚或者道歉的话，甚至有的演讲者由于某些听众在演讲中不太注意听，演讲完了，还要说上几句旁敲侧击的讽刺话。这样做不仅多余，更表现了演讲者思想水平的低下。每位演讲者必须端正态度，去掉陈词俗套。例如：

哦，你们总算松口气，知道我就要讲完了。对不起呀，我讲了这么长时间，我看得出你们也许过去听了很多这种讲话了。说实话，今天晚上我本不想讲的，比我讲得好的人有的是呀，不过不管怎样，多多关照啦。

四、承认错误

例如，"在结束讲话时我要说……哦，我忽然想起来，我讲话一开始就准备说的一件事，却全然忘掉，这就是……"

正当听众内心"放松下来"时，演讲者却突然提起另一关键论点。如果你的讲话计划得当、准备充分，这样的一种疏忽是不该发生的。我们的结束语不应不合时宜地提出另一个论点，当然也不可以随便提及什么"哦，有件事情我忘了提一提，这就是……"如果在你快要结束讲话时你又希望提出某一论点，那也是自然地夹杂在你的讲话里，别提醒人家注意你真的忘了应该早一点在讲话中提到的什么事情。

不要在结束语中采用与演讲的其他部分不相协调的口吻或风格。如果你让听众在整个演讲过程中一直笑个不停，而在结尾时突然使用沉重消极的语言，会使听众觉得大煞风景。

不要在演讲过程的任何地方使用"总而言之"、"概括地讲"等语句，除非演讲真的要结束了。因为这样会使一部分听众以为讲话已经结束而分散注意力，结果却发现演讲还在继续。

第八章　特定场合的演讲

第一节　即兴演讲

讲话，这个题目大家可能认为不值得一谈。人一生下来就牙牙学语，谁还不会说话呢？说话是一门口才艺术，而且是一门很重要的艺术。语言是文学的工具，文学是语言的艺术。苏联著名作家高尔基说过："文学的根本材料是语言。"

在现实工作中，为什么有的人提起笔来洋洋万言，笔下生辉，说起话来却期期艾艾，不知所云；为什么有的人通古知今，知识渊博，言谈起来却反应迟纯，言不及义；为什么有的领导运筹帷幄，决胜千里，讲起话来却结结巴巴，词不达意。相反，有些人貌不惊人，说起话来却口若悬河，滔滔不绝，妙语连珠。以上说法不一定普遍，但在现实生活中确实存在。前者说的是肚子里有"货"倒不出来，后者说的是胸有成竹，出口成章。那么，为什么在语言上会有天壤之别呢？这就是今天我们所要谈的主题——即兴演讲的基本技巧。

一、即兴演讲概述

其实，我们每个人，尤其是年轻人都想在社会舞台上展示自己，也希望能说会道，谈吐有致，可就是缺乏相应的经验和技巧。良好的谈吐可以助你成功，说话木讷则会令人坐立不安。

（一）什么是即兴演讲

即兴演讲，也叫即席讲话。即兴演讲者事先未作准备，是临场因时而发、因事而发、因景而发、因情而发的一种语言表达方式。

相对来说，生活中的语言表达以即兴为多。如同志间一针见血的辩论、朋友间滔滔不绝的谈吐、酒席上要言不繁的祝辞、谈判时有条不紊的应对等。即兴演讲时我们不可能拿着稿子去念，因此，即兴讲话对我们每个人来说非常重要。如果没有掌握即兴讲话的技巧，遇到需要即兴讲话的场合时就会脑门儿充血，无言以对。

（二）即兴演讲的特点

即兴而发，针对性强。

形式自然，灵活多变。

相互制约，听说并行。

情感激发，诱导联想。

语言精练，达意为上。

（三）即兴演讲的主题

主题是即兴演讲最重要、最关键的内容，是整个表达的根本依据。讲话时每一层次、每一段落、每一句子、每一个词都反映着一个意思，这些意思都要统率于主题之下。因此，即兴演讲要寻找触点，临场发挥，及时提炼新颖而典型的主题。下面介绍几种提炼主题的方法：

（1）临场发挥。着眼于临场某一客观事物的特点和本质，进行主观联想，立即闪现出一种思想，然后把它言表于外。

（2）内心孕育。当开展调研或检查工作时，从别人讲话中得到启发，萌发一个新的观点，这时就成了孕育主题的素材。

（3）问题凝练。问题是形成主题的摇篮。当你参加会议，大家都说了话，你自己正襟危坐，此时不说也不行，于是你就向自己提出了一连串问题，怎么办？说什么？怎么说？有价值的主题往往就形成于有价值的问题之中。

（4）角度更新。对同一个问题从不同角度进行表达，使之更加新颖，表达出众。如以小草为题，有人说"小草默默无闻，造福人类"，有人却说"小草逆来顺受，软弱无能，不思反抗"。

（四）即兴演讲的布局

即兴演讲要注意结构的整体布局。整体布局主要有纵式、横式、总分式、递进式。整体布局是考虑如何开头，如何过渡，如何结尾，主体材料应放在何处，次要材料应放在哪里，需要讲几个部分，是按时间顺序还是按空间顺序，是递进式还是并列式。

（五）即兴演讲的标准

即兴演讲是临场之作，不宜过长，切忌繁杂，防止啰唆。即兴演讲应符合以下标准：

思维敏捷，反应迅速。

立意明确，内容集中。

条理分明，逻辑严密。

语势连贯，跌宕起伏。

用语规范，贴切易懂。

适切语境，话语得体。

生动优美，诙谐幽默。

把握时机，灵活善变。

（六）即兴演讲的思维

口语表达是思维的外化和工具。思维是语言的内容，没有思维就没有语言。语言表达过程，实际上就是把思维结果表达出来的过程，说话的过程就是从内部言语向外部言语转化的过程。考虑话该怎么讲，是一种思维活动，尤其是即兴演讲，是一个激烈的思维过程。它经过思想—句子—词汇—语音的快捷转换过程。这个过程是完整的，如果任何一个环节出了问题，都会影响语言表达能力。思维训练一般有三种方法。

（1）定向思维训练法。是按常规恒定思维的模式。这种思维可以培养我们深入思考的能力，有助于养成深入分析问题、透过现象看本质的良好习惯。

（2）逆向思维训练法。是反过来想一想，变肯定为否定，变否定为肯定，变正面为反面，变反面为正面。这种思维方式具有独立发表见解的特点。

（3）联想思维训练法。是由一事物想到它事物的训练方法。其特点是闻一知十、触类旁通，使即兴演讲具有流畅性与变通性。

（七）即兴演讲的能力

即兴演讲是一种综合能力的表现，涉及一个人能力的方方面面，加强基本技能训练，可以全面提高表达能力。即兴演讲重点要注重以下能力的训练：观察能力、记忆能力、分析能力、推理能力、机敏能力。

（八）即兴演讲的障碍

即兴演讲最大的障碍不是听众，而是自己。缺乏自信心是即兴演讲的最大障碍。为此，要从以下三个方面做好清障工作。

（1）积累知识，提高文化素养。"知识就是力量"，只有用知识武装自己，讲起话来才能镇定自若，侃侃而谈。

（2）大胆交往，学习他人语言。要大胆地与周围人、社会人、各阶层人接触，并主动地进行对话，从中汲取口才营养，学习讲话技巧。

（3）自我调节，增强自信心理。凡是有发言的机会，首先要调节好心理，要敢于说话，不要怕，不要躲躲闪闪，更不要说一些"我不会说，说得不好"等"丧气"话，越是这样，越不敢说话。这样容易给人留下哼哼唧唧、唯唯诺诺的印象。

（九）即兴演讲的禁忌

讲话时，变调失真打官腔，是普遍厌烦的事情。只有使用自然的声音讲话，才能真正打动人。同时语言表达要简单清晰，切忌啰唆，否则会失去听众。生活中有哪些讲话容易引起人的反感呢？心理学家归纳为 12 种：

（1）抱怨自己的命运，或夸耀个人的成就。

（2）喜欢扮演心理分析家，对任何人的言行都要评头论足。

（3）自我膨胀，夸夸其谈。

（4）拒绝尝试新事物，不肯听取别人意见。

（5）言谈冷淡，缺乏真诚热情。

（6）过分取悦或阿谀奉承别人。

（7）毫无主见，人云亦云。

（8）视自己为焦点人物，一副"舍我其谁"的狂妄姿态。

（9）言谈时态度暧昧，模棱两可。

（10）言辞逞强，喜欢咬文嚼字。

（11）经常打断别人话题，影响他人说话兴趣。

（12）过度谦虚，恭维别人。

（十）即兴演讲的要求

在口语交际中，一般听众处于被动地位，要使表达者与听众两极合璧，就要消除听众的被动、消极情绪。听众对讲话者的要求是：厌繁杂、喜精短，厌粗俗、喜新颖，厌空洞、喜形象。

二、即兴演讲的技巧

即兴演讲就要像白居易《琵琶行》一诗中"大弦嘈嘈如急语，小弦切切如丝语，嘈嘈切切错杂弹，大珠小珠落玉盘"写得这么形象，抑扬顿挫，错落有致，发音响亮，平仄相间，轻重得体，高低有度。下面分话前、话中、话后三个阶段例证。

（一）讲话前的准备

（1）克服紧张情绪。对讲话少的人来说，讲话前紧张是自然的，应该正视这种紧张感，权当是丢一次丑，再紧张也得讲。那么，如何消除紧张情绪，有几种物理方法大家可以试一下：

深呼吸——眼睛微闭，全身放松，心里默默地数数，这样可以使血液循环减慢，心神就会安定下来，全身有一种轻松感。

临场活动——由于紧张会使体内产生大量的热能，如果在讲话前稍加活动，双手握紧然后放松，让肌肉缩紧再放松，就会促使热量散发。

闭目养神——闭目用舌尖顶上腭，用鼻吸气，可以达到安定神绪、独自幽静、怡然自得的目的。

凝视物体——确定某一物体，专注凝视，并去分析它的形状，观察其颜色与远近。

摄入饮料——讲话前准备一杯开水，这样可以增加唾液，保证喉部湿润，也可以稳定情绪。

情绪转移——情绪转移也可以缓解紧张症状。英国有位企业家叫詹姆斯，因讲话屡次失败，怕在众人面前丢丑，每次讲话时那种紧张的场面就浮现在眼前。有次讲话前他狠狠地拧了自己大腿一把，突然感到出奇的平静，结果讲得非常成功。

（2）认真构思腹稿。在稳定情绪的同时要理清讲话思路，做到胸有成竹。构思腹稿要防止下列话题：对于不知道的事情不要冒充内行；不要在公共场所谈论别人的缺陷；不要谈容易引起争论的话题；不要到处诉苦发牢骚。

（3）了解掌握听众。每到一处讲话，即使是三五成群的聊天，也要分场合，可谓"逢场作戏"。了解听众主要有以下几个方面：文化、职业、年龄、性别等。

（二）讲话时的技巧

（1）开头的技巧。即兴讲话是一种随行就市，临场发挥的行为。所以不要把开头看得过分重要，也不要规定得过于死板，这样会限制讲话的临场发挥。但"万事开头难"，"良好的开头是成功的一半"。美国著名口才大师洛克伍德说过："在整个讲话过程中做到轻松地、巧妙地和大家交流思想是困难的。然而，做到这一点的关键是讲话开头的用字表达。下面引用几个讲话开头的例子，请大家欣赏。

例一：直入式。著名诗人学者、民主同盟党中央委员闻一多的《最后一次演讲》中说道："这几天，大家晓得，在昆明出现了历史上最无耻的事情！李先生究竟犯了什么罪，竟遭如此毒手？他只不过是用笔写写文章，用嘴说说话。而他所写的、所说的，都无非是一个没有失掉良心的中国人的话！大家都有一支笔，有一张嘴，有什么理由拿出来讲啊！有事实拿出来说啊！为什么要打要杀，而且不敢光明正大地来打来杀，而是偷偷摸摸地来暗杀，这成什么话？"《最后一次演讲》的开头语，闻一多几乎没有作任何铺垫，一开始就用一连串激昂的感叹句把演讲直接引入正题，给听众一种畅快淋漓的感觉。

例二：引用式。吕元礼的《祖国——母亲》中说道："人们常说，第一次把美人比作花的是天才；第二次把美人比作花的是庸才；第三次把美人比作花的是蠢材。不错，如果人云亦云，鹦鹉学舌，那么，就是再美妙的比喻也就会失去光彩。但是在生活中却有这样一个比喻，即使你用它一百次、一千次、一万次，也同样具有强大的感染力。这是个什么样的比喻呢？那就是，当你怀着赤子之心，想到我们祖国的时候，你一定会把祖国比作母亲。"吕元礼的演讲引用了一个讽刺的谚语，说明了对重复比喻的厌烦，然后话锋一转，引出了演讲的主题《祖国——母亲》。这样的开头方式，既由于谚语铺垫显得水到渠成，又由于谚语的使用而显得贴近生活。

例三：提问式。蔡畅的《一个女人能干什么》中说道："今天，我讲一个问题，一个女人能干什么？一个女人能干什么呢？我的回答是：能干，什么也能干；不干，什么也不能干。能干又不能干，不能干又能干。为什么这样说呢？要确定女人能干不能干，有两个条件。一个是要看环境，另一个是要看个人的努力。如果环境好，自己不去努力，只靠人家那就什么也不能干。如果自己努力干下去，就可以得到好的结果。如果努力干，就是从那些小的具体工作到管理国家大事都能够干，如果不干，就会变成社会的寄生虫。"蔡畅通过提问来引发听众的兴趣，再经自问自答的形式来阐发自己的观点。

开头的方式很多，还有故事式、悬念式、自我介绍式等，希望大家以后在实践中慢慢体会。

（2）讲话中的技巧。讲话中，如同文章的正文、主体。下面同样用几个例子请大家欣赏。

例一：如何表现自信心。继拿破仑之后法国历史上传奇总统戴高乐的《谁说败局已定》中说道："那些身居军界要职的将领已经组成了一个政府。这个政府以我们的军队吃了败仗为由。毫无疑问，我们确实吃了败仗，我们陷于包围之中。我们之所以受挫，不仅是因为德军人数众多，更重要的是他们的飞机、坦克和战略。正是这些，使我们的军队不知所措。但是难道已经一锤定音，胜利无望，败局已定了吗？不，绝不是如此！请相信我，因为我对自己所说的话胸有成竹。我告诉你们，法兰西并没有失败。我们完全可以以其人之道，还治其人之身，并有朝一日扭转乾坤，取得胜利。"戴高乐在分析了敌我双方的形势后，以一位领袖所具有的气魄，断然否定了暂时的失败，表现出了对困难的极大蔑视和对胜利的坚定信心。

例二：如何增强号召力。英国电影艺术家卓别林在《要为自由而战斗》中说道："战士们，你们别去为那些野兽卖命啊！他们鄙视你们……限定你们的伙食，用你们当炮灰。你们别去受这些丧失理性的人的摆布，他们都是机器人，长着机器脑袋、机器心肝！可你们不是机器人，你们是人，你们心里有着人类的爱！……"卓别林的演讲，对盲目状态下被人利用的士兵具有强大的号召力，他以战士的立场，分析了大独裁者带给他们的伤害，并劝说他们不要给独裁者卖命。

例三：如何吸引听众。有一位不知姓名的演说家有一演讲："关于抽烟，我想了很久，为什么吸烟的害处那么多，而人们还是要吸呢？我又仔细想了想，可能抽烟有三个好处：一是不会被狗咬；二是家里永远安全；三是永远年轻。大家要问，那为什么呢？因为：一是抽烟人多为驼背，狗一看见他弯腰驼背的样子，以为要捡石头打它呢；二是抽烟的爱咳嗽，小偷以为人还没有睡觉，不敢行窃；三是抽烟有害健康，减少寿命，所以永远年轻。"这段笑话一开始讲了所谓的"三个好处"，一下子就吸引住了听众，引发人们的好奇心。然后一一说明吸烟的"三个好处"，使听众恍然大悟。

例四：如何拉近听众距离。刘少奇在《对华北记者团的讲话》中说道："很久以前，就想和你们做新闻工作的同志们谈一谈，我过去只和新华社的同志谈过，和多数同志没有谈。谈到办报，我是个外行，没有办过报，也没有写过通讯，只是看过报。因此，你们工作中的甘苦我了解得不多。但是作为一个读者，我可以向你们提点要求。你们写东西是为了给人家看，你们是为读者服务的，看报的人说好，你们的工作就做好了。看报的人从你们那得到材料、得到经验、得到教训、得到指导，你们的工作就做好了。"刘少奇作为国家主席，在讲话中没有摆官架子，也没有打官腔，说自己是门外汉，是一个普通读者，以这种身份提出意见，一下子拉近了领导与群众的距离，听众自然会认真地听他讲话。

例五：如何消除对抗心理。敬爱的周恩来总理出访印度时，一天晚上召开演讲会，有一帮印度记者扬言要向总理发难，当工作人员得知后，将这个情况报告了总理，总理说："你们放心吧，新德里的子弹打不倒我。"于是总理沉着地走进了会场。总理一上讲台，有位记者喊"中国佬，滚出去！"这时，总理扫视了一下会场，便极富魅力地开始演讲。总理重申了中国的立场："中国，印度，都有着5000年的古老文明，印度的佛教经典，曾给中华民族的成长注入丰厚的营养，中国的四大发明，也为印度的经济、文化繁荣作过贡献。几千年来，我们一直和平相处，在历史的长河中，中印之间从未发生过真正的战争。我希望，两国即使遇到再大的问题，也应坐下来通过协商解决。切不可对上辜负列祖列宗，对下害了后代子孙。"讲话结束后，会场响起了掌声。总理利用赞美的方法消除了听众的对抗心理，使听众产生了民族自豪感和心理认同感。

例六：如何激发听众同情心。青年演讲家谢伦浩在《愿天下的父母都幸福》中说道："王军山老人有三个儿子、一个女儿，后来又捡到一个弃婴。王奶奶含辛茹苦把他们五个抚养成人，一个个都成了家。王奶奶身体健康时是'廉价保姆'和'全自动洗衣机'。老人年纪大了，身体一年不如一年，儿女们为赡养问题犯愁，把老人当皮球一样踢来踢去。当王奶奶丧失了自理能力时，更加惹儿女们厌恶。有一天，儿女们凑到一起，商量要送王奶奶去医院看病，并再三叮咛老人，到医院后什么也不要说。结果去的不是医院，而是火葬场。可怜的王奶奶躺在送尸车上，静静地等着医生为她看病，心里还暗暗想着回家如何报答儿女们，结果被送进了火化炉。同志们啊！这不是传说，是实实在在真人真事啊！"演讲者通过这个令人发指的事件，使听众产生共鸣，从而达到演讲的效果。

例七：如何增强说服力。第二次世界大战时，丘吉尔于 1941 年的圣诞节前夕到达美国发表演说：

我远离祖国，远离家园，到这里度过一年一度的佳节，但我并不觉得寂寞孤独。或许是因为我母亲的血缘关系，或许是因为我在这里得到了许多的友谊，以至于我根本不觉得自己是个外来者。

由于我们的人民和你们说着同样的语言，有着同样的宗教信仰，追求着同样的理想，因此我感受到的是一种和谐、亲密无间的气氛。而今晚的此时此刻，在一片战争的混乱中，每一颗宽容无私的心灵都应得到平安。因此，至少让我们在今晚能把困扰我们的一切搁置一边，在这充满风暴的世界中，为我们的孩子准备一个幸福的夜晚。那么，今晚的此时此刻，我们希望使用英语交谈的每个家庭，都像是一个有阳光普照、既幸福又和平的小岛。

丘吉尔不愧是著名的论辩家，他在进行说服沟通时，十分注意攻心技巧的运用，不仅用情感来打动了美国人民的心，还化解了对立的情绪。他从两国人民之间共同的语言、宗教信仰、理想及长期的友谊切入，并将这些共同点作为彼此相信、相互了解的基础，直到引出希望使用英语交谈的家庭，都应过着一个和平安详的圣诞节的话语，打动了无数美国人的心，使得他们改变反战立场，转而与英国结盟。

例八：如何巧用数字。有位演讲者是这么用数字的："是啊！谁也不可否认，大国不等于强国，我们的综合国力不强，我们的装备还很落后，我们的技术还不先进，尤其可怕的是'人均'二字，长期约束着我国的国民经济。据有关专家预测，我国土地资源最多能载 9.5 亿人，如今已有 12 亿，这 12 亿张嘴并在一起就有 3 平方多公里；一年喝掉的酒能装满一个半杭州西湖；一天抽的烟排列起来相当于我国东西长 3 个来回；一天吃的粮食能装 7 万辆大卡车。"这位演讲者为了说明 12 亿人口的消耗，用了 4 组数字给听众留下了难忘的印象，深感我国人口的压力。

（3）结尾的技巧。讲话的结束语用好了能起到意想不到的效果。结尾的方式有：总结式、升华式、启发式、号召式等。总之，掌握即兴演讲的技巧非常重要，口才与交际、口才与事业都有着密切的关系。

第二节　主持人致辞

主持人致辞一般是指节目主持人在社会活动中或文艺舞台上主持节目时，在节目正式开始之前所作的简短演讲。主持人致辞标志着节目的正式开始，同时也是第一个重要的节目，对于制造热烈的现场气氛以及调动听众的参与热情等都有重要的作用。

一、主持人致辞的主要内容

（1）宣布文艺活动开始，介绍参加活动的领导和重要来宾，对他们的到来表示欢迎。

（2）介绍晚会的特定背景和意义：如果是节日晚会或纪念日晚会，可概述节日或纪念日的来龙去脉；如果是主题联欢晚会，可介绍主题活动的简况及意义。

（3）介绍晚会的内容，祝愿晚会圆满成功，祝愿听众度过一段愉快的时光。

二、主持人致辞需要注意的事项

（1）整个致辞应简洁明快，切忌繁冗。语气应欢悦喜庆，烘托现场的热烈气氛。

（2）如果是节日晚会的致辞，可用深挚的语气讲述此时此刻对亲人的思念，激起听众的内心共鸣。

（3）主持人可以从本人经历出发，描述自己的真情实感，加强与听众的情感沟通，调动听众的情绪。

（4）在态度和举止得体的前提下，可以适当地加入风趣幽默的成分，以主持人本人的个性和自信征服听众。

三、主持人致辞例析

请看下面这篇成功的主持人致辞：

今宵月正圆

——班级中秋联欢晚会主持人的讲话

李娜

"举头望明月，低头思故乡。"同学们，听到这两句诗不要神伤，虽然我们因求学而无法与家人团聚，但你不觉得我们大家在一起共度这金秋佳节是何等的难得吗？今宵月正圆，我们的中秋联欢晚会就在这皎洁的月光中开始吧！

"每逢佳节倍思亲。"我知道同学们此时此刻都想与家人共赏明月，我的心里又何尝不闪动着妈妈的影子？但是，你瞧，妈妈的微笑不正在我们的身边吗？一年来，我们的老师犹如妈妈一样，无微不至地关怀着我们，同学们脸上幸福与自豪的笑容已说明我们共有一个好妈妈。大家说，这中秋节的第一块月饼应不应该献给我们敬爱的老师？

月亮是圆的，月饼是圆的，我们的班级更是一个"同心圆"。一年来，来自四面八方的同学们用我们的爱心与信心，共建了一个远近闻名的班集体，一个温馨的大家庭。在这个暖人的集体里，我们不仅汲取了丰富的知识，而且懂得了"团结就是力量"的真正含义。都是初次离家求学，我们学会了料理自己的日常生活，学会了互相帮助，了解了外面的世界，知道了友谊的崇高。相信我们今晚的联欢会一定会圆满成功！

同学们，良辰已至，下面请八仙过海，各显神通！

这是一篇在班级中秋联欢晚会上主持人的致辞。演讲者抓住中秋晚会的具体特点，一上来就引用了一句写思乡的诗句，勾起同学们的思乡之情，从而引出大家团聚在此的意义。接着，演讲者又由中秋节对母亲的思念联想到对老师的回报，制造出温馨感人的气氛，提升了晚会的意义。然后，演讲者从月亮出发，联想到月饼，再联想到班级像同心圆一样团结，总结了班集体给每一个人带来的收获，激发了同学们的集体荣誉感。最后，演讲者祝愿晚会圆满成功，并对节目的正式开始作出引领。总体看来，这是一篇条理清晰、优美动人的致辞，对于加强与听众的沟通，激起他们的共鸣以及奠定整个晚会温馨欢快的基调，起到了很好的作用。

再看一篇在一台军民共建联欢会上的简短致辞。

战友们，同学们：

再有十多天就是春节了，在新春佳节即将来临之际，我们的共建单位——吉林市第二十九中学的师生们以亲人的身份，带着特殊的礼品走到大家身边。让我代表在座的官兵，对师生们的精彩表演所抒发出的深情厚意，表示诚挚的谢意！

今天登台演出的同学们与我们战士的年龄相差无几，同学们浓厚的艺术细胞、异彩纷呈的表演震撼捶击着青年官兵的心，增强了军营的节日气氛，抚慰了新战友的思亲之情，坚定了广大官兵戍边卫国的豪情壮志。

遗憾的是由于部队人员少致使座有虚席，令人兴奋的是整个会场洋溢着歌声、笑声，充满了健康、团结、祥和的气氛和色彩——这歌声、这笑声、这气氛、这色彩更加烘托折射出我们彼此之间是何等的相互信任和支持，鱼水情谊是何等的深厚浓郁！有这歌声和笑声，凭这气氛和色彩，我相信双方间存在的办学困难、入学难题都将化为乌有，随之而来的是智力拥军的无私奉献，爱民传统的发扬光大！

最后，让我们把掌声送到台前，装入师生心中，让这掌声在彼此心灵深处开出绚丽的共建之花，结出丰硕的共建之果！同时也预祝师生教学相长，新春快乐！

演讲者首先介绍了这次联欢会的缘起，并对演出者致以诚挚的谢意。接着，演讲者讲述了师生的精彩演出对官兵们的鼓舞作用，展望了军民共建的美好明天，听起来令人心情振奋。最后，演讲者以欢呼式的热烈语气再次感谢师生的表演，把联欢会推向了高潮，产生了良好的现场效果。

第三节　课堂讲授

教师职业演讲是面对特定的对象，在特定的场合，根据特定的目的和内容进行的。教师的课堂演讲和课外演讲是广义范畴的演讲，不同于在一般社交场合、宣传鼓动场合的演讲，它有着自身的特殊要求。

一、强调科学性

教师进行教学演讲的主要目的是向学生传授科学知识，进行思想教育。由于演讲的对象是青少年学生，他们正处于求知阶段，知识积累较薄弱，分辨能力亦不如成人，因此，教师的讲授绝对不允许出现科学性、知识性以及思想性的错误，否则将会误人子弟，甚至谬误流传。这就要求教师对科学知识的把握要准确无误，不能有任何反科学或似是而非的地方；对概念的表述要准确，不能引起歧义。比如，一位教师在讲课时说了这样一段话："同学们，我认为，凡是在学问和科研上有成就的人，不少是在客观物质条件十分艰难的情况下，经过顽强刻苦的努力，才获得成功的！"这段话对于正在学习语言的学生来说，就可能引起思维的混乱。因为"凡是"表示无一例外，总括全体，常与"都""总"呼应，"不少"只表示部分，与"凡是"矛盾，二者不能搭配。著名语言大师皮萨烈夫说得好："语言运用得不正确，会导致思维发生错误，进而造成实际生活中的失误。"记住这一条，对于教师演讲尤为重要。

二、讲求思想性

教师是人类灵魂的工程师。教师在课堂内外演讲不能不考虑所讲的话会对青少年产生什么影响，起到什么作用。这与针对成年人的一般演讲是有区别的。例如，有位中学物理教师在讲电学时，把正、负电荷的"异性相吸"现象比喻成男女同学互相爱慕，最后就"吸"在一起了。这种讲法是很不恰当的，所造成的影响也是不好的。鲜明的思想教育性是与特定的教育对象分不开的。这是对教师演讲的特殊要求。

三、具有规范性

用带有方音的话来演讲，对一般演讲来说是允许的，可对教师职业演讲来说，原则上是不允许的。国家规定教师要讲普通话，普通话是法定的教学语言。所以教学演讲中，不宜掺杂方言、土话之类。为此，国家教委还规定：教师过"教材关"，合格教师考核以及民办教师转正和吸收新教师考察，原则上都应把汉语拼音和普通话作为一项具体内容。教师语言的规范性除指语音规范以外，还指使用的词汇要规范，讲述的话要符合语法的规范。在教师进行演讲时，不管教师本人是否意识到，他的语言本身就是一个规范、一个榜样。如果想带给学生好的影响，教师就必须说规范的话，也就是讲希望学生所模仿的那种话。

四、具有兼容性

教师演讲运用的语言不是一般意义上的口头语言和独白语言，而是下述语言成分、语言表达方法的融合体。

（一）教师语言是一种带有书面语言色彩的口头语言

教师语言既有书面语的严密性、简括性、条理性和丰富性，又有口头语的传声性、通俗性与生动性。它是口头语与书面语的完美融合，是教师根据教材书面语词汇的提示进行的口语转化。这是一种语言的再加工，也是一种创造。一些新上讲台的教师往往把教材里的书面语句未经加工就读出来，讲的全是"字儿话"，学生听起来很吃力，也感到乏味，这不叫真正的教学演讲。例如，一位教师在讲《诗经》中的著名诗篇《氓》时，就按教学参考书中写的话去念："诗人在这首诗中系统地、具体地、详细地给我们介绍了一个遭遇不幸的妇女与那个坏男人相识、恋爱、结婚以致后来被虐待、被遗弃的完整过程。"一口气把这个复杂长句讲了出来，学生听了后半句，忘了前半句，教学效果不好。而有经验的教师却懂得运用长句化简的技巧，把它改为："诗人在这首诗里，叙述了一个遭遇不幸的妇女的故事。先写了她同那个坏男人相识、恋爱，接着写他们结婚成家，最后写她被虐待、遗弃。整个过程写得详细具体，系统完整。"这样把书面语予以口语化处理，必要时再加上一些解释的话，学生才会听得明白，记得清楚。

（二）教师语言是一种带有会话语言色彩的独白语言

一般的演讲使用的都是独白语言，即一个人面对听众作成套的、不间断地讲说。教师演讲却不能"独白"到底，而应当边讲边谈。边讲——按照教学目的的要求，向学生讲述教材内容；边谈——用谈话体不断向学生发出设问语，（如"《桃花源记》描述了一个人迹罕至的理想世界，如果在今天真有这么一个地方，你们愿意去吗？"）询问语（如"我这样讲，同学们明白吗？""《荷花淀》里的水生嫂是一个勇敢而有爱国心的农村妇女形象，可是在参军一节里，却写到她的哭，这会不会影响水生嫂的正面形象呢？谁来说说这个问题？"）以及提示语（如"好，我们刚才学习了长方体体积的计算公式，下面我们再研究一下长、宽、高和长方体体积的关系，请大家注意。"）等。在教师演讲中，如果缺少这种有来有往的谈话，就成了"目中无人"的"满堂灌"了。成功的教学演讲是会话体与独白体的完美融合。

（三）教师语言是一种带有感情色彩的庄重语言

教师职业及教师特殊的身份使他们往讲台上一站，一般都要以庄重的语气讲话。尤其是在讲述科学知识时，更不能以漫不经心的、轻浮的语气讲授。教师也不应像某些激越型的演讲者那样，在学生面前慷慨陈词，或是激动起来手舞足蹈，声泪俱下。

教师应当沉稳、庄重、娓娓动听地讲授，但又不可面无表情、死板地照本宣科。教师不是一台无血无肉的讲课机器，他应当在深刻钻研教材的基础上，将自己的理解上升到体会、体验的高度，再选用富有感情色彩的语汇进行讲述，这样讲的课才能感人。下面是一位特级教师在讲授《再见了，亲人》这篇课文时的一段讲说词：

《再见了，亲人》是在志愿军即将离开朝鲜分批回国，与日夜战斗在一起的朝鲜人民告别的时候写成的。当时是一个怎样激动人心的场面呢？这一夜，多少朝鲜亲人没有合眼，他们黎明前三点钟就起床了，走出家门等待着欢送亲人志愿军回国。出发号吹响了，人们举起了火红的枫叶，孩子们撒着雨花般的纸屑，"万岁"的口号声响彻云霄。志愿军的脚步移动了，人们的眼睛湿润了。当战士们握着老妈妈的手，叫一声"再见了，阿妈妮！"时，老妈妈再也忍不住了，紧紧地握着战士的手哭出了声，接着是孩子们，姑娘们，连男人们也低声抽泣起来……战士们简直是在朝鲜人民送行的泪雨中行进。这不是眼泪，这是中朝人民用鲜血凝成的战斗友谊的象征。在这友谊的巨流中，半小时过去了，一小时过去了，战士们还没有走出半里地。志愿军又是怎样跟朝鲜人民依依惜别的呢？这就是我们今天要学的课文《再见了，亲人》。（板书：《再见了，亲人》)

这不是一般性地概括课文的大意，而是将自己的感情、体验熔铸在饱含激情的词语中进行讲述，情真意切，言辞感人，一下就把学生带进课文的情景之中了。

五、具有变通性

教师的演讲很难按准备好的讲稿一字不易地讲说。带有较强的变通性与随机性，是教师演讲的又一特殊要求。青年学生活泼好动，思维活跃，课堂上的信息沟通又是瞬息万变，再加上教师本人讲着讲着常萌发出一些新的想法、见解，或是补充一些新的材料，或是压缩一些次要内容，或是插入一些逸闻笑料，这些因素使得教学演讲经常要进行变通、取舍、选择，从而表现出言语表述的多样性与丰富性。那种不管场景变化、气氛变化、对象变化，不懂得言语调控技巧的教学演讲，往往收不到良好的教育效果。

第四节　辩论演讲

辩论是会话口语中的最高形式。在社会生活中人们为了推进人际关系的和谐、社会的发展、科学的进步、工作的顺利开展，随时要与周围的人达成思想和感情共识，因此辩论活动在政治、经济、军事、科学等社会的各个领域中无处不在、无时不有。20 世纪 90 年代以后，全世界都掀起了辩论热潮：政治游说、法庭辩论、论文答辩、艺术争鸣、商务谈判、社会问题的争辩等，人们已充分认识到辩论是一种必不可少且行之有效的解决矛盾、统一认识的语言交流活动。

一、辩论的概念和特点

（一）辩论概念

辩论也称论辩，是指意见相悖的双方就同一问题展开面对面的争辩，确立自己的观点，驳斥对方的观点的一种口语形式。

从这个解来看，第一，辩论是一种交谈活动，必须有两个或两个以上的人参加才能形成交锋；第二，辩论是建立在意见分歧的基础上的，双方需就某一问题引起争执；第三，辩论的方法是"论"和"辩"，论，就是议论，阐明事理、表明主张，重在"立"，即确定自己主张的正确性，辩，即驳辩，分清是非，重在"驳"，否定对方观点的成立；第四，辩论的结果和目的是要运用各种论证手法使对方接受自己的主张；第五，辩论的形式一般没有严格要求，只要两方形成对立，进行了有来有往的答辩的都可称做辩论。但正规的比赛则有一定形式和规则的要求，一般三至四人为一队，主辩一人，其余为副辩，两队就某一问题各持正反两种意见，双方轮流发言，第一阶段为阐述论点阶段，主辩每人四分钟，副辩每人三分钟，按顺序各发言一次；第二阶段为自由辩论阶段，双方各有四分钟，可自由发言（包括质疑）、激烈争论，最后决出胜负。

（二）辩论的特点

（1）对抗性。辩论的对抗性特点首先体现在双方观点的对立性上，当人们对某一问题产生意见分歧时，就具备了辩明是非对错的需要。辩论双方所持的观点往往是针锋相对，非此即彼的，这种认识上的矛盾性就成为双方对抗论争的焦点。

辩论的对抗性特点还表现在语言上的直接交锋，辩论双方要面对面地进行争论，各抒己见，努力论证自己的观点、批驳对方的观点，呈现出一种攻与守的对抗状态。

（2）逻辑性。逻辑的力量在辩论中表现得最为显著，观点的论证就是一个逻辑推理的过程。辩论时需要根据人们的逻辑思维习惯摆事实、讲道理，用已知的概念和判断推出预计的结论。因此辩论最常用的方法就是逻辑推理，指出对方论证逻辑上的漏洞则比任何否定都更彻底，逻辑是辩论的生命。

（3）策略性。辩论又被称为论战，战则有术，术即谋划策略，辩论中要想捍卫自己的观点令他人信服就需要讲究方式方法，讲究策略，怎样进攻、怎样防守、怎样反击才能克敌致胜，使真理得到传播，是需要巧妙精心地策划的。

（4）临场性。辩论的进程是受到辩论双方制约的，任何一方都不能绝对控制谈话的内容和进展。虽然辩论之前可进行充分的准备，但对方的情况我们不可能完全准确掌握，只能在辩论现场听取了对发言之后灵活处理、随机应变、临场发挥。此外辩论者临场的竞技状态与现场气氛对辩论过程和结果也会产生影响，比如辩论者的身体状况、心理倾向、个人喜好、意外变故等都会使辩论形势发生变化。

（5）紧张性。辩论与一般的交谈、讲话、朗诵相比是比较紧张激烈的，因为辩论双方的语言交锋要求思维敏捷，保持高度的紧张，双方要在有限的时间里辩明是非、决出胜负，就要做到组织进攻迅猛快捷，迅速捕捉信息并作反应，不容许有丝毫的犹疑，思维节奏和语言节奏都是比较快的，因此造成现场气氛严肃紧张而又激烈。

（6）犀利性。辩论的语言风格是简洁明快犀利有力的，这是辩论的对抗性特点所决定的。为了发挥出强烈的攻击力，说理要入木三分，批驳要直言快语，语气要铿锵有力，从气势上压倒对方，赢得听众。

二、辩论前的准备工作

（一）提出合理的论点

正确合理的论点是辩论获胜的基础，论点的正确能使对方难以找到辩驳的缺口，使己方增添获胜的信心。确立论点要注意科学全面，要符合辩证法的原则，任何事物都有正反两面且时刻处于运动变化之中，美与丑、真与假、善与恶是相对的、有条件的，我们对事物的认识不能绝对地断然下结论，否则就会犯主观片面的错误，应在一定条件下谈论其正确性与合理性。例如，1986年亚洲大专电视辩论赛决赛场的辩题是《发展旅游业利大于弊》，反方北京大学队的论点是"在现实的客观条件下盲目发展旅游业弊大于利"，对发展旅游业的程度及条件给予了限制，他们提出论点的角度很有利于己方的论证和对对方的驳斥，是一个站得住脚的论点。论点提出以后还应反复推敲，站在对方的立场上吹毛求疵，直至无懈可击，这样的论点才经得起一辩，并且观点本身也具有了说服人的力量。

（二）收集有利的材料

辩论中需要收集大量的材料来作为己方观点的支柱和驳斥对方的武器，辩论材料有以下几个方面的要求。

（1）典型性。作为论据的材料必须与观点之间有必然的逻辑联系，具有论证的力量，切不可模棱两可，令人产生歧义，否则不仅起不到论证的作用，反而还会给予对方反击的机会。例如，在《发展旅游业利大于弊》的辩论中，反方代表为说明盲目发展旅游业带来的弊端，很恰当地列举了澳门赌博业和泰国色情业造成的悲剧的事例，就非常典型有力。

（2）真实性。虚假的或假设的材料是不堪一击的，真才可信、才具有说服力。

（3）现实性。生活中发生过的，人们所熟悉的材料易于被人理解，能够引起共鸣，并使对方无从否定。

（4）权威性。是指辩论材料最好选择那些已被实践证实是正确的材料，这样材料可信度高、驳击力强。

（5）丰富性。材料越丰富，论点的支柱就越坚实，辩论者应广泛收集材料，古今中外触类旁通，事例、数据、名人事迹、名人言论等都可成为我们信手拈来的武器。

（三）充分估计对方形势

辩论双方是就同一个问题展开对抗，双方都需要找寻于己有利的论点、论据、论证，基于这一点，一方可以揣测出另一方的战略战术，以便设计对策有备而战，增加获胜的把握。

（1）站在对方的立场作深入的探究。估计对方可能提出的论点，论点中的概念和判断的内涵外延和逻辑性科学如何；估计对方可能占有的论据，论据的真实性、概括性和适用范围如何；估计对方可能使用的论证方法，论证的严密性如何等。对这些问题进行细致的分析有助于找出对方的破绽，研究相应的对策。

（2）揣摩对方的个性、心理。在有条件的情况下对对方的辩论员进行一些了解也有助于我们知己知彼，例如通过观看对方其他场次的比赛来了解他们的个性、心理素质、知识水平、语言风格、惯用的策略、弱点等情况，以便避长击短，合理安排我方人员，提早予以防备。

（四）设计严密的辩论战略

在辩论中取胜只凭正确的论点、充分的材料还不够，还需考虑"怎么辩"的问题，如何将我们所掌握的信息综合起来，得到合理的安排，使之发挥出最大的作用，因此辩论前要对整个辩论过程作一番周密的计划。

（1）设计辩论程序。是指辩题论证的进程、攻守破立的时机、材料的分配、四位辩论员的任务一般是：第一、辩论员阐述全部观点，表明己方立场，以立为主；第二、三辩论员分别就不同的分论点进行强化，并在听取了对方的发言后进行驳辩，破立结合，承上启下，既巩固前面的战果，打击对方的论证，还要为后面的队友开辟道路，制造机会。第四辩论员作总结发言，既要全面总结我方的观点，又要总结对方的错漏。四位辩论员在各司其职时还应注意分工合作，每位辩论员不是作为独立个体，而是作为整体中的一员来参赛的，应观点一致、团结协作、首尾相连、浑然一体。

（2）选择辩论方法。辩论方法的选择要根据论题的特点、攻守防的战术需要、双方交锋的形势等因素来确定。常用的辩论方法有归纳法、演绎法、类比法、反证法等立论法，驳论点、驳论据、驳论证等反驳法。

三、辩论技巧

辩论前的准备工作无论怎样细致周到，都只是一个宏观上的计划，至于在辩论中如何有效地实施这个计划，还需要根据现场情况随机应变，以智取胜。因此，熟悉掌握一些辩论技巧有助于临场的辩答得心应手。

（一）进攻技巧

进攻主要是指主动发起对对方论点、论据、论证的驳斥。在辩论中经常组织有力的进攻能使自己处于主动地位，可加强气势，避免被动挨打，并能给场上评判和观众一种有实力、已占上风的好印象。下面列举几种进攻技巧。

（1）先发制人，以攻为守。辩论开始立即发起进攻，争取主动，给对方一个下马威，可以镇定自己的情绪，打乱对方的部署。例如，1986年亚大辩论决赛一开始，正方主辩首先发难："我想请问对方辩友，如果按照你们的观点发展旅游业弊大于利，为什么中国大陆、香港、澳门和新加坡等地都在大力发展旅游业呢？"这个问题提出了一个不容否认的事实，难以正面回答，这样的开头给对方的立论增加了难度。

（2）抓住错漏穷追猛打，扩大影响。在辩论过程中不可能不出现失误，这是展开攻势的最好时机，要抓住漏洞狠追狠打，把对方逼进死胡同，不给喘息和掩饰的余地。有时辩论中的错误并不很显眼。或者是关系不大的微小失误，辩论者也不应将其放过，而应高度警惕，一针见血地指出错漏，必要时还应大造声势，使其错误更显著达到打击对方的目的。例如，1988 年亚大辩论决赛场复旦队第四位辩论员在总结发言时一口气列举了对方五处错误；1986 年亚大辩论决赛场北大队第四位辩论员连续列举了对方三处错误，都措辞强烈，打击力强，给人留下了深刻的印象。

辩论中常见的错误主要有：

①出现口误，正反颠倒。

②概念使用不当，名实不符，前后不统一。

③逻辑推理不正确，因果之间没有必然联系，或使用简单列举法时论据片面等。

④队友之间的配合不好，出现观点前后矛盾的现象。

⑤引用不当，断章取义。

（3）集中力量打开缺口。在双方势均力敌、难分胜负时，力量分散会使人疲惫、急躁毫无进展，这时应该集中力量攻坚，选择对方相对比较薄弱的环节，紧密配合，志在必得，一旦对方无招架之力了，便打开了缺口，增强了气势，确立了己方的主动地位，以下的辩论就比较容易进行了。

（4）迂回曲折，攻其不备。一般在强攻不下、正面无从下手时，应避开锋芒，迂回前进，寻找其他途径攻其不备。常见的方法有：

①运用归谬法。先假定对方貌似有理的论证是对的，再巧妙加以引申得出错误的结论，那么对方的理论也就站不住脚了。例如，《一场精彩的辩论》中，甲方提出母亲私拆女儿的信件是本着了解女儿的思想状况对女儿负责的目的的，是可以理解的，乙方为了反击这种观点先假定他是对的，但接着反问："如果她（母亲）是一位单位的领导，她要了解职工的思想情况。那么请问：她有权私拆人家的信件吗？"其答案将是不言自喻的。

②耐住寂寞积蓄力量。有时不可急于求成，在力量还不足时要善于蓄势，待时机成熟、水到渠成，再给予有力的进攻。

③转换问题的焦点。避开一时难以攻击的论断，突然转入被对方忽略的没有防备的其他论断，打个措手不及。

（二）防卫技巧

辩论中的防卫有两方面的含义：一是指在对方进攻之前做好防护工作，二是在对方进攻之后做好防御工作。前者是尽量不给对方可乘之机，后者是赶紧补漏，防止一损俱损。常见的防卫技巧主要有：

（1）加固"堡垒"，令对方望而却步。最直接的防卫措施就是加强我方观点的坚固性，在获得了初步胜利时不能满足，而应进一步巩固成果，或不时地重复已公认的于己有力的证词进行强调，或补充新的材料，加固观点的支柱，将人们的支持牢牢地吸引到我方这边，总之要使对方在我们固若金汤的"堡垒"面前望而却步，攻而不下。

（2）借对方之"石"攻己之"玉"。辩论中矛盾的两方面是既对立又统一的，一个辩题正反两方的结论都有其相对的科学性及片面性。例如，发展旅游业的利弊问题其实是难以绝对衡量出来的，正方"在一定条件下发展旅游业利大于弊"和反方"盲目发展旅游业弊大于利"的观点其实质是相同的，因此在辩论中有些材料变换一下角度即可为双方利用，这时如能巧妙地借对方之"石"为己用，便能收到很好的效果。例如，关于旅游业的利弊问题双方都用了赌博、色情这个例子，反方立刻表示"刚才正方同学在许多方面都同意了我方的观点，我表示感谢"，这给对方吃了一枚无法吐出来的苦果。

（3）紧密合作互相配合。辩论中队友之间的互相配合非常重要，任何一个环节的失误都意味着整体的失败。队友间默契配合无形中加固了自己的"堡垒"。第一，及时对队友发言不够全面深入之处给予补充；第二，当队友出现错误，要想法补救；第三，队友受到攻击要立刻援救；第四，队友进攻顺利，要大肆张扬，有所呼应，扩大战果。

（4）就地取材，获得"哗众取宠"效应。灵活的辩论者较善于从现场寻素材，而且往往能获得强烈的反响。例如，《发展旅游业利大于弊》的辩论中正方谈到发展旅游业会促进国民修养的提高，就特别说了一句"使每一个人都变得像朱主席（主持人）一样风度翩翩"，惹起了一阵笑声，如果说这是哗众取宠，用在这里却非常恰当有效，观众的笑声可以使评委理解为是一种支持，也表现了队员幽默风趣。

（5）扬长避短，避重就轻。辩论中不宜在于己不利的问题上过多纠缠，否则会疲于应对，步步后退，而应扬长避短，在自己的强项上与之周旋；另外面对对方的责难应避重就轻，避开严重的错误、致命的追问，对那些无伤大局的问题给予轻描淡写的回答后，便立刻转换话题，转入对自己有利的方面。

（三）反击技巧

有进攻就要有反击，只有瓦解了对方的攻势才能确保己方的实力。面对对方的进攻，辩论者要冷静沉着，寻找反击的机会。

（1）针锋相对，连连发问。在激烈的语言交锋中，连珠炮似的发问有如重磅炸弹的狂轰滥炸，会使对方应接不暇、进攻受挫，在心理上造成慌乱和紧张。

（2）反面事例，以一当十。事实胜于雄辩，面对对方的进攻最好的办法是列举一些反面的为人所熟知的事例，这些事例的客观性、真实性比一般理论都更有威力。例如，旅游业的利弊谈中反方适时地举出越南、菲律宾等国政局动荡，在这些国家发展旅游业哪里有利可谈，很好地反击了对方的进攻，这个例子让人觉得正方所罗列的发展旅游业的利的基础是摇摇欲坠的。

（3）善于类比，后发制人。对对方的责难，可用类比的方法进行逻辑推理，得出一个否定的结论，使对方的论证不攻自破。例如，关于旅游业的利弊之争中，正方用发展旅游业能带来外汇来类比，是否能说发展色情、赌博业也利大于弊呢？接着正方也用了一个类比：如果今天我方获胜，得了奖金，狂欢致病，能说组织这场辩论赛是错误的吗？这一来一回的类比都让人难以应答。

（4）巧妙转移论题的矛盾焦点进行反驳。在一次关于金钱是否万能的辩论中，有这样一段对话：正方："有钱能买到布达拉宫吗？"反方："没钱能建成布达拉宫吗？"这里双方两次转移了论题的矛盾点，从买转移到建再转移到信仰问题。这种辩论方法比较适合于那种难以正面驳斥的问题，变换一下角度，事物就显示出了另一方面的特性，虽然最终可能不了了之，但不至于被一棍子打死，用暂时的迷惑性缓解对方的攻势。

（四）诱导技巧

诱导是指在强攻不下的情况下，巧妙地构设陷阱，诱"敌"深入。可以制造一些似乎对对方有利的条件，利用其急于求成的心理，引其就范。

（五）语言技巧

辩论是以语言为武器进行交战的，要在较短的时间内讲清一个道理并要令人首肯，是需要掌握一定的语言技巧的。

（1）掌握好语言节奏，气势逼人。由于辩论对抗的激烈性及信息传递节奏的快捷性，使观众的情绪都比较亢奋，在这种情况下慢吞吞的长篇大论会引起反感，因此辩论者除了吐字清晰、声音清亮外，还应根据观众的心理节奏掌握好语言节奏，做到抑扬顿挫、起伏有致，才能多姿多彩，充分发挥语言的魅力。创造有气势的语言节奏要注意以下几点：

①多用排比句、反问句、设问句、短句等，干脆有力，显得精彩雄辩。

②多用成语，既通俗易懂，又精练华丽、富于文采、言辞铿锵，语言的听觉感受非常好。

③注意利用停顿制造效果，比如在对方大举进攻之后正自鸣得意之时，我方略作停顿再发言，一方面可使会场安静、集中注意力，一方面造成一种蓄势效果，增强听

众心理上的期待，然后再胸有成竹、从容不迫地予以反击，能造成一浪高过一浪的效果，即所谓以柔克刚，这样一来观众的反响会更强烈。

（2）语言生动形象，巧用修辞。虽然理论性强是辩论的特点，但如果认为只要讲清道理就能多劳多得胜，那你就会陷入纯说理的枯燥乏味之中，辩论语言只有生动、形象、个性鲜明才有感染力，才能赢得喝彩。

①多用比喻，形象具体。例如，发展旅游业利弊谈中正方把发展旅游业比作一个人吃饭，正常饮食能促进身体健康，暴饮暴食则会致病，这比喻很生动地说明了"发展"与"盲目发展"的区别，比单纯的概念解析、判断推理要通俗易懂得多。

②多用大众化语言即口语化语言。凡是听众懂的俚俗语、歇后语、名言、格言都可入文。

③幽默耐人寻味，令人捧腹。一句笑话、一首打油诗、一串歇后语能表现出辩论者诙谐智慧、从容不迫的风度，掀起听众情绪的高潮。

（3）感情充沛要感染听众。辩论中辩论者应全身心地投入进去，应充满激情，用自己有声有色的说话技巧去感染听众，用感人之事、肺腑之言与听众进行情感交流，使人能从辩论者的举止言谈中感受到他对主持人和评判团的尊重之情，对听众和对方辩友的友好之情，对自己论点的坚信之情，从而获得好感、赢得支持，使人情不自禁地走入了辩论者的思路中。

总之，以上所列举的技巧都是要求辩论者既能遵从预先的设想，又能机智灵活、随机应变。此外，辩论还应遵守良好的辩论道德，不胡搅蛮缠，不做人身攻击，不抢话插话，应保持大方得体、宽容有礼的风度，使辩论真正成为人们思考问题、解决矛盾的文明手段。

四、辩论中的诡辩

诡辩是用欺诈性的手段在推理形式上仿真，将实际上是错误的逻辑推理说成是有理的。它实际上是一种强词夺理，是辩论者玩弄的花招，只是它比较隐蔽，稍不留意便会使其得逞，上了诡辩者的当。因此，我们应注意识破诡辩术并揭穿其欺骗性的伎俩。

（一）诡辩形式

（1）偷换概念。这是利用概念的内涵和外延做文章，有些概念的内涵和外延在不同的情况上会发生变化，诡辩者故意混淆它们之间的区别而改变推理方向，或是将两个多义词混为一谈而得出似是而非的结论，这是违反了同一律的诡辩手法。例如，医院里，青年将痰吐在墙上，医生说："你没看到'不准随地吐痰'的牌子吗？"青年说："我没有随地吐痰呀，我是吐在墙上的。"这里青年就是用偷换概念来狡辩的，医生的"地"是个集合概念，泛指到处，而青年的"地"仅指地面，缩小了外延，两个"地"已不是一个概念。

（2）转移论题。转移论题是指一方故意将话题转移到与原话题有所联系的另一个论题下来回避自己的不利，其欺骗性就在于两个论题是有关联的，或是原论题的引申、联想，或是同一事物的不同角度等，但实际上已经改变了问题的焦点。例如，杭州西湖岳王坟是著名的旅游景点，岳王坟前秦桧等小人的塑像常被人吐痰、扔果皮，弄得醒龊不堪，管理人员进行劝阻，要求保护文物，一些游客反驳说："这些家伙就应该蹲在肮脏的地方！""这说明大家有正义感，我吐的是义痰。"游客的反驳实际上偷换了论题，从是否该保护文物转移到了对待秦桧这样的小人的态度上了。既然焦点转变了，那么评价是非的标准当然也就不同了。

（3）以点代面。这是一种利用不完全归纳法进行的诡辩，诡辩者有意利有局部的真实掩盖其余部分的虚假，得出一个片面的结论。例如，《晏子使楚》中讲了一个故事，晏子出使楚国，楚王问："这人犯了什么罪？"差人说："他是强盗，是齐国人。"楚王听了对晏子说："原来齐国人都是惯做强盗的。"这里楚王故意以偏概全，为难晏子。

（4）机械类比。机械类比是将两个有某些相似属性的事物进行类比，以其局部的或偶然的相似为依据推论出一个错误的结论。例如，旅游业能带来外汇收入，所以应该大力发展旅游业，赌博业也能带来外汇收入，所以也应该大力提倡赌博业。实际上，旅游业和赌博业完全没有可比性，两者的性质截然不同。

（5）二难诡辩推理。二难诡辩推理指诡辩者巧妙地变换了判断事物的标准，使得同一问题的正反两种答案都有成立或不成立的可能。例如，古希腊一位雄辩家在招学生时规定：如果在学生毕业后的第一次辩论中赢了老师可以免交学费，于是学生说："如果我赢了按照规定可以免交学费；如果我输了，说明老师教得不好也应该免交学费。"老师接着说："如果你输了按照规定要交学费；如果你赢了说明老师教得好，你也应该交。"师生两人都运用了二难推理，在是否学得好与是否教得好上做文章，标准不统一，谁也说服不了谁。

（6）臆想推理。推理的因果关系不成立，前因与后果之间的联系是假想出来的。例如，人有两个耳朵、一个嘴巴，所以要多听少说。没有逻辑关系的推理，其结果自然是荒谬的。

（7）循环论证。这是故意违反充足理由律的一种手法。既使用未被证实的"论据"来证明论题，又用这一论题反过来证明"论据"，显然是行不通的。例如，诡辩者说：他为什么会聋，是因为耳朵有毛病，有人再问：他耳朵有什么毛病？回答说：他耳朵聋。

（8）复杂误诱问语。复杂误诱问语是指带有诱导性的提问，问话中隐含着一个或几个判断，使回答者不能简单地回答"是"或"否"。例如，对一个没有犯罪的人提问："你是否已经交代了你的罪行？"问题中隐含了"你曾犯罪"的意思，被问人怎么回答都会偏离真相。

（9）假造论据。诡辩者为了获得有利于自己的结论，虚构一个不真实的论据，比如法庭上的伪证就是假造论据的行为。

以上列举的是欺骗性比较隐晦的诡辩，此外还有强词夺理、人身攻击、恃强凌弱、胡搅蛮缠等明显不讲道理的诡辩，是人们比较容易识破的。

（二）揭穿诡辩术

我们对待诡辩的态度：一要冷静、明察秋毫，时刻警惕不要掉进诡辩者散布的迷雾中；二要机智，反应敏捷，巧妙地揭穿诡辩者的伎俩。具体应做到：

（1）对概念的理解要准确，注意区别概念间的细微差别，以防诡辩者偷换概念。

（2）熟练掌握逻辑知识，用逻辑知识去理解问题分析问题，才能不被假象迷惑，洞悉诡辩者的逻辑漏洞。

（3）学会巧妙应对，以毒攻毒，令其诡辩不攻自破，例如归谬法、反二难推理法、列举反例法等都是以其人之道还治其人之身的灵活手法，这种作正面冲突的反驳能使诡辩者自食其果，效果更佳。

（4）要充满自信，不轻易退却，不能在诡辩者的狡诈嚣张面前丧失信心，而应保持清醒的头脑，积极思考，抓住诡辩者的荒谬之处，予以反击。

第五节　竞聘演讲

竞聘演讲也称竞职演讲，是演讲的一种，在市场经济社会里是领导者不可或缺的一项基本功。总体上看，竞聘演讲不仅具有口语性、群众性、时限性、临场性、交流性等演讲的一般特点，又由于它是针对某一竞争目标而进行的，所以还具有自己的个性化特点。

一、竞聘演讲的个性化特点

（一）明确的目标

这是竞聘演讲区别于其他演讲的主要特征。主要表现在两个方面：一是演讲者一上台就要鲜明地亮出自己所要竞聘的目标（或厂长、或校长、或秘书、或经理），另一个就是所选用的一切材料和运用的一切手法，也都是为了一个目标——使自己竞聘成功（使听众能投自己一票）。

与此相比，其他类型的演讲虽然都有一定的目的，但其目标却有一定的模糊性、概括性和不具体性。

（二）竞争性的内容

与其他演讲相比，竞聘演讲的全过程都是听众在候选人之间进行比较、筛选的过程，竞聘者如果谦虚、不好意思说自己的长处，表示自己也是一般般，就不能战胜对手。因此，演讲者必须"八仙过海，各显神通"。无论是讲自身所具备的条件，还是表述自己的施政构想，都要尽最大可能显出"人无我有"、"人有我强"、"人强我新"的胜人一筹的"优势"来，甚至还要把本来是"劣势"的东西换一个角度讲成"优势"。

（三）主题的集中

所谓主题的集中，是指所表达的意思单一，重点突出。这就是说，在表达意思时，必须突出一个重点，围绕一个中心，而不要搞多重点、多中心，不能企图在一篇演讲中解决和说明很多问题。

实践中，主题集中就是要求竞聘者应围绕一个中心问题展开演讲，避免立意分散，要"立主脑"、"减头绪"、"镜头高度聚焦"，以使听众心中燃起共鸣之火，达到演讲的根本目的。

（四）实用的材料

竞聘演讲是竞争，但并非是比赛谁能吹、谁能用嘴皮子哄人的活动。听众在听演讲的同时，也会掂量演讲者的"话"是否能在现实中发挥作用取得效果，而只有发自肺腑讲究实际的措施才是听众最欢迎的。所以，必须采用实用的材料，即所选材料既是符合实际的，又是对自己竞争有利的，也就是无论讲自己所具备的条件还是谈任职后的构想，都要从自我出发、从实际情况出发。

请看下面的竞聘演讲片段就做到了这一点："恕我直言，我无力为你们迅速带来财富，提高你们的工资，增加你们的奖金，我能做到的只能是：第一，诚恳地倾听你们的呼声，热忱地采纳和奖励你们的合理建议，我准备成立一个由新老工人和技术人员一起参加的'智囊团'，让大家提出优良的改革方案和科学的管理措施。第二，现在咱厂瘫痪的原因是收不上来几百万的外欠款，我要是当了厂长，我一方面要用法律解决问题，一方面设立奖励制度，谁要是能完成任务，就奖励20%。当面点清，说话算数。第三，目前当务之急是把积压的产品推销出去。这就要调动全厂工人的积极性，要把专业推销员和业余人员结合起来，按效益提成……"

（五）准确性的语言

在竞聘演讲中，准确性的语言往往显得更为重要。它不仅要求演讲者要恰如其分地表情达意，还有另外两层意思：一是所谈事实和所用材料、数字都要"求真求实"，准确无误；二是要注意分寸，因为竞聘演讲的角度基本上是以"我"为核心，如掌握不好分寸，夸大其词，就会让人产生逆反心理，从而影响自己的演讲效果。

（六）程序性的思路

竞聘演讲不像一般演讲那么"自由"，它除了题目和称呼外，还要讲究思路的程序性。所谓"程序"，是指演讲中先讲什么后讲什么的顺序；而思路就是演讲者的思维脉络。

实践中，竞聘演讲一般可分为五步：一是开门见山讲自己所竞聘的职务和竞聘的缘由；二是简洁地介绍自己的情况，如年龄、政治面貌、学历、现任职务等一些自然情况；三是摆出自己优于他人的竞聘条件，如政治素质、业务水平、工作能力等；四是提出假设自己任职后的施政措施；五是用最简洁的话语表明自己的决心和请求。

（七）条理性的措施

所谓条理性的措施，就是指演讲者在讲述自己的措施时，一定要注意条理清楚，主次分明。在通常情况下，为了把措施讲得有条理，演讲者可用列条的方法，如"第一点"、"第二点"或"其一"、"其二"等表示。同时，在每一"步"之间要用"过渡语"来承上启下。如当自我介绍之后，可以说"我之所以敢于来竞聘，是因为我具备以下条件"来引起下文，如此等等。这样不仅能做到条理清楚，还能使演讲上下贯通，给人浑然一体的感觉。

二、竞聘演讲的一般内容

与其他演讲相比，竞聘演讲的一般内容有以下几个部分：

（一）介绍自己应聘的基本条件

所谓基本条件，就是政治素质、业务能力和工作态度等。这一部分实际上是要说明为什么要应聘，凭什么应聘的问题。竞聘者在介绍自己的情况时，一定要有针对性，即针对竞聘的岗位来介绍自己的学历、经历、政治素质、业务能力、已有的政绩等。介绍基本条件并非要面面俱到，而应根据竞聘职务的职能情况有所取舍。

（二）简要介绍自身的不足之处

竞聘者在介绍自己应聘的基本条件时，要尽可能地展示自己的长处，但并不是对自身的不足之处闭口不言。

（三）表明自己任职后的打算

评选者更关心的还是竞聘者任职后的打算。因此，竞聘者在竞聘演讲时，一定要用简明扼要的语言亮明自己的观点，也就是说，要紧紧围绕着听众关心的热点、难点问题，提出明确的工作目标和切实可行的措施。

（四）给人以希望的结尾

好的结束语能加深评选者对竞聘者的良好印象，从而有利于竞聘成功。竞聘演讲常见的结尾方法有：

一是表明对竞聘成败的态度。这种方法能使评选者感受到竞聘者的坦诚。例如，"作为这次竞聘上岗的积极参与者，我希望在竞争中获得成功。但是，我绝不会回避失败。不管最后结果如何，我都将'堂堂正正做人，兢兢业业做事'。"

二是表达自己对竞聘上岗的信心。例如，"我今天的演讲虽然是毛遂自荐，却不是王婆卖瓜，自卖自夸。……如果各位有疑虑，那就请给我一个机会，我决不会让大家失望"。

三是希望得到评选者的支持。例如，"各位领导、各位评委，请相信我，投我一票！我将是一位合格的……"

三、竞聘演讲稿的写作

演讲稿的撰写，是竞聘上岗演讲的一个不可忽视的重要环节，值得每一位竞聘者注意。竞聘演讲稿在写作的过程中一般需要注意以下几个环节：

（一）真诚老实的态度

"毛遂自荐"，就要求演讲者应该将自己优良的方面展示出来，让他人了解自己。但要注意的是，态度要真诚老实，有一分能耐说一分能耐，不能为了自荐成功而说大话、说谎话。

（二）先声夺人的气势

因为存在竞争的特性，所以竞聘演讲的一个重要实质，就是争取听众的响应和支持。而做到这一点的有效方法之一，就是要有气势，"气盛宜言"。这气势不是霸气，不是骄气，不是傲气，而是浩然正气。有了渊博的才识、正大的精神，演讲者就不难找到恰当的语言表达形式。

（三）内心要充满自信

只有充满自信，竞聘演讲才能打动人。因为，充满自信的人站在演讲台上，在面对众人时就会从容不迫，就会以最好的心态来展示你自己。著名演说家戴尔·卡耐基就曾说过："不要怕推销自己。只要你认为自己有才华，你就应该认为自己有资格担任这个或那个职务。"当然，自信必须建筑在丰富的知识和经验的基础上。

（四）简练有力的语言

前文已多次指出，演讲的语言应力求精练，而竞聘演讲则更要胜之。也就是说，竞聘演讲虽是宣传自己的好时机，但也决不可"长篇累牍"，应该用简练的语言把自己的思想表达出来。正如老舍先生所说："简练就是话说得少，而意包含得多。"

第九章 口才概述

某领导同志在考察香港时，有记者提问："你在讲话中强调了团结的力量，这是不是指香港不够团结？"刁钻的问题被从反面提出来，全场顿时安静，目光汇集到这位领导身上。这时领导笑了，反过来问："如果我祝你身体健康，是不是你的身体就不健康呢？"继而他又转向其他记者："可不可以这样理解呀？"偌大的厅堂中笑声四起，甚至有人禁不住鼓起掌来。由此可见，口才对一个人的生活和事业是极其重要的。如果一个人口齿不清，说话词不达意，那么很难想象他能充分发挥出自己的聪明才智，对社会、对国家作出更大的贡献。

第一节 口才基本知识

人们常常以说话的水平来评估某人的价值。我们每天都在说话，但未必人人都说得好，说得得体。所以，学习说话，讲究说话的技巧和艺术，是非常必要的。

一、口才的含义及特征

简要地说，口才是口语交际中说话的才能。具体地说，口才就是人们在交际过程中，凭借自己的知识和阅历，力求准确地表达自己的态度、见解和感情，以期充分发挥交际功能的口头表达能力。它是一个人的知识水平、思维能力、反应能力、表达能力的综合表现。

口才是在人际交往和社会实践中表现和发挥出来的，一般具有以下特征。

（一）目的的明确性

口语交际中表达者说话的目的虽然多种多样，但一般来说，不外乎以下几种：

（1）传递信息或知识。如课堂教学、学术报告、现场报道、产品介绍、展览解说等一类的说话。

（2）引起注意或兴趣。多是出于社交目的，或为了与人接触，或为了与人沟通，或为了表明自身的存在，或为了取悦于人，如打招呼、应酬、寒暄、提问、拜访、导游、介绍、主持人讲话等。

（3）争取了解和信任。如人们交谈、叙旧、拉家常、谈恋爱等，往往旨在交流感情，增进友谊，密切关系。

（4）激励或鼓动。旨在加强人们现有的观念，坚定信心，振奋精神，有时也要求得到行动上的反应，如赞美、广告宣传、洽谈、请求、就职演说、鼓动性演讲，以及聚会、毕业典礼、各种纪念活动和庆祝活动中的讲话等。

（5）说服或劝告。例如谈判、辩论、批评、法庭辩护、竞选演说、改革性建议等，大多力图改变对方的某种观念或信念，阻止对方采取某种行动。

（二）灵活性

在交际中，口语表达情形是复杂多样的。只有具有高度灵活性的表达，才能培养出良好的口才，否则将会适得其反。

（三）综合性

优秀的口才是一个人素质和能力的全面综合反映。这里的素质，主要包括思想境界、道德情操、知识学问和天赋秉性。能力则主要包括观察能力、思维能力、决断能力、记忆能力、表达能力和交际能力等。从根本上讲，好的口才是表达者学识、素养、能力和艺术的综合表现。

二、口才素质的形成

人生来并不具备口才，没有哪一个婴儿的第一次发声是玉润珠圆的词句，所以"能说话"只是口语表达的一种基本条件，"会说话""说得好"才是口才突出的特征。一个好的口语表达者需要具有以下素质：

（一）知识积累

英国哲学家、政治家培根说："知识就是力量。"欧洲文艺复兴时期著名的意大利美术家、哲学家达·芬奇也说过："对一件东西的爱好是由知识产生的，知识愈准确，爱好也就愈强烈。要达到准确，就须对所爱好的事物全体及组成的每一个部分都有透彻准确的知识。"所以说,多学知识,是提高口语表达能力的前提。因为知识是口才的基础,没有知识就肯定没有口才。要想使自己的表达更有价值,首先,要提高自己的品德修养;其次,要提高自身的知识素养;最后,要提高自己的思维能力。下面主要介绍品德修养和知识素养。

(1)品德修养。品德是指人的思想品质和道德观念,是一个人立于天地之间不败的脊梁。"其身正,不令而行;其身不正,虽令不从"(《论语》),这正说明了"德"对一个人的重要影响。

良好的品德修养可以给人以信任和安全感。人们都愿意与具有真诚守信、谦虚大度、虚怀若谷、宽容他人等良好品质的人交往。不欺诈、守信用、诚恳谦和、胸襟诚笃、坦荡为人、乐于助人的品格自然为人所喜欢,具备这种品质的人必然会有很强的人际吸引力。

另外,谨慎也是口语交际中必备的素质。谨慎就是不放肆,不粗心大意。不能把谨慎仅仅看成是自我保护的需要,其实,它是贯彻尊重、诚实、友善等种种原则的必要条件。在交际实践中,讲一百句该讲的话和正确的话,不见得能收到好的效果;错误的话和不该讲的话只要讲一句,就足以伤人害己。因此,努力塑造自己良好的道德品质,对增强人际吸引力极为重要。

假如一个口语表达者缺乏正直的道德品质,言行不符,表里不一,是没有办法具有很强的说服力的。正如美国第16任总统林肯说过的一样:"你能在所有的时候欺骗某些人,也能在某些时候欺骗所有人,但不能在所有的时候欺骗所有人。"

修养和知识是有区别的,知识是外在于你的东西,是材料,是工具,是可以量化的"知道"。必须让知识进入人的本体,渗透其生活与行为,才能称之为修养。对一个良好的口语表达者来说,拥有好的品德修养尤为重要。这个社会,需要的是"真诚"的交际家,而不是利欲熏心和粗暴恶俗的诡辩者。

语言是灵魂的镜子,是行动的影子。一个人的行动和为人是最好的语言。我们每个人都知道,把语言化为行动,比把行动化为语言困难得多。所以,一个人要想成为合格的口语表达者,成为受人欢迎的交际家,就必须多学做人,树立起良好的形象,展现出人格的魅力。

(2)知识素养。丰富的知识能开发智力,启迪思维。最佳口才是用知识的甘露滋润听众的心田,用知识的钥匙开启听众的心扉。因此,知识渊博,学贯中西,博古通今,往往可以使口语表达左右逢源,雅俗共赏。没有知识无法组织语言,没有知识不能正确地表情达意,没有知识无法产生丰富的联想,没有知识无法形成正确的思想,更不可能有智慧。有这样一个笑话：小王平时就爱滥用成语。一天，他去祝贺朋友结婚，新娘新郎向来宾敬酒。小王见新娘俏丽无比，便赞美道："你今天真是'面目全非'。"接着他举起酒杯又对新郎说："来，让我们'同归于尽'吧！"短短的几句话，出现了很多常识性错误，令人哭笑不得。可见，没有知识就不会有正常的表达，更谈不上进行高水准的口语表达。

知识素养主要是通过学习积累而成的。培根在其著作《谈读书》中认为："读书足以怡情，足以博彩，足以长才……读史使人明智；读诗使人灵秀；数学使人周密；科学使人深刻；伦理学使人庄重；逻辑修辞之学使人善辩。凡有所学，皆成性格。"一个人知识素养的形成，主要体现在其对专业知识和其他学科知识的综合掌握与运用上。

①专业知识。俗话说"干啥的吆喝啥"。作为一名优秀的口才家，要熟练地掌握所从事专业的全面的系统的知识，对专业知识能形成自己消化后的理论体系，这样在表达时才会做到信手拈来，游刃有余。

②其他知识。专业的知识只能表现一个人口语表达上的科学性，口才的形成还必须有更加宽泛的社会人文知识、自然科学知识等其他学科知识，才能做到得心应手。诸如掌握心理学、行为学、教育学、人际关系学、德育学等方面的知识，能够懂得各类人的情感、气质、性格等心理特征，掌握人际关系的发展规律，从而自觉地有针对性地开展言语交际活动。

另外，对生活常识、乡土人情、风俗习惯、名人名言、成语典故、名篇佳作、逸闻趣事等知识的掌握和了解，都可以成为思维过程中精彩的闪光点，从而丰富口语表达的内容，使言谈产生深入浅出的神奇魅力，取得理想的交际效果。

（二）心理素质

心理素质是一个人的志向、意志、情绪、兴趣、气质、性格等的心理特征。在社交场合中，那些自信、富有幽默感和待人接物随和宽容的人，常常成为人们注意的中心和乐于交往的人，这样的人也更容易找到朋友，赢得大家的好感。可见，良好的心理素质对口语表达的正常进行和成功至关重要。基本的心理素质是可以通过交际实践不断提高和优化的。对青年学生来说，影响高水准口语表达的常见心理因素主要有两个：一是自信心，二是自制力。

（1）自信心的培养。美国著名心理学家威廉·詹姆斯教授曾说："我们失去了原有的自然的欢乐，那么，通往欢乐最佳的方法，即是快快乐乐地站起来说话，表现得好像欢乐就在那里。如果这样的举动不能让你觉得快乐，那就别无良方了。所以，感觉勇敢起来，表现得好像真的很勇敢，运用一切意志达成那个目标，勇气就很有可能会取代恐惧感。"

自信是人类一切创造活动的心理前提，也是口语交际正常进行的心理动力和心理支柱，没有自信就不会有主动、成功的表达。拿破仑有句名言："因为我决心要成功，所以凡是我做的事都得到了成功。"如果自信心不足，就会在口语表达过程中出现情绪波动，甚至在演讲或比赛等场合中因胆怯而选择放弃。

要建立自信，首先要避免与人过度对比。对自己要求高一点是值得肯定的，或者说是值得鼓励的。但是同时也应该清楚口才和其他才能一样，不可能一蹴而就。那些口语交际能力优秀的人之所以有如此高的水准，是因为他们一直在坚持不断地练习，逐步提高自身能力。

另外，要多参加一些交际活动，多锻炼自己。例如，多参加一些演讲比赛，以提高自己的应变能力。在这样的场合中，表达者在表达过程中会不断接收到来自外界的各种信息（如静寂、嘈杂、笑声、交头接耳等），而后进行判断、决策、反馈。这是一个复杂的处理过程，能够逐步培养自己应对问题和处理问题的能力，提高展示自己表达能力的自信心。

（2）自制力的培养。自制力是指克服自己不良情绪的心理能力。心平气和则心清智明，心清智明则百法萌生。被自己的不良情绪控制，心眼就被堵塞了，什么方法技巧都是使不出来的。过度的兴奋、忧虑、恐惧、厌恶，尤其是过度的愤怒，不仅常常抑制人的交际智慧，还常常使人失去理智而说出不得体的话。只有面对不同的语言环境随机应变，控制好自己的情绪，才能取得最佳的表达效果。

当令人难堪的事实已经发生，过度的愤怒并不能解决问题，而运用自嘲则能使你的自尊心通过自我排解的方式受到保护，同时还能体现出说话者的大度。人们在有些时候会因某些事不尽如人意而烦恼和苦闷，说出去可能会造成不得体的态势，运用自嘲，既可宽慰自己，又能避免被别人笑话，可谓一举两得。

（三）言语能力

口语表达成功的关键是运用语言的能力，主要包括准确流畅的语音、足够多的语汇积累与较高的语感水平等。具有较高的语言素养，才有可能表现出较强的运用语言的能力。语音与语汇在前文已经介绍过，这里主要讲解的是语感水平。

口语语感是口头语言的感受能力，主要包括对色彩、意义、使用情境的感知水平。当一个人的语感达到一定水平以后，便能够不假思索地遣词造句，也能够很迅速准确地接收并理解对方所传达的情感意思。如果一个人在传达或接收语言信息时需要进行鉴别分析，就说明他没有语感或语感很差。在实际的口语交际中，主要表现为说话不够得体，表情达意不清楚。

其实，我们平时也常遇到下面的情况：一个句子读来觉得别扭，却不知道毛病出在哪；一篇文章写得很美，却不一定能说出道理来。这些都是语感水平在人们表达中的表现。

人们常说"文如其人"，实际上言亦如其人，因为交际口语是口语表达者人格素养的自然流露。所以，做人是口语交际的根本。要提高口语表达水平，就要花工夫提高自己的各种素养，同时根据交际规律多实践，多锻炼。

第二节　口才训练

一、加强品德修养

语言如同一面镜子，反映着一个国家、一个民族的精神面貌和社会风气。因此，一名优秀的演讲家能否很好地运用语言艺术，也反映着这个人的思想品德修养的程度。

作为一名优秀的演讲家，必须具有高度的思想品德修养。这是由"语言是思想的直接表现"的性质和演讲的任务所决定的。纵览中外历史上著名的演讲家，大都是以坚定的信念和诚挚的态度向听众宣传真理，以自身高尚的品德和行为去感染和鼓动民众的。为了执著于真理与正义，宁可要朴实无华的语句，而决不要华而不实的谎言。

古人曾有"其身正，不令而行；其身不正，虽令不从"的说法，是说一个人应有高尚的品德、情操的修养。德国大诗人歌德也曾说过："一般来说，作者个人的人格比他作为艺术家的才能对听众要起更大的影响。"可见，古今中外同样重视品德、情操的修养。

要向人们进行宣传教育，演讲者本身必须先受教育，必须严以律己。"以其昏昏"是无法"使人昭昭"的；言行不一、夸夸其谈的说教，群众是不会接受的。

作为一名优秀的演讲者，要有高尚的人格，要言行一致、表里如一，要严以律己、宽以待人。从一定意义上讲，演讲者的品德、情操的修养要比演讲技巧的修养更重要，因为演讲的目的是说服听众，赢得听众，而要想教育人、影响人，身教更重于言教。

为了昭示真理和推进正义的事业，演讲者往往既是人民大众的代言人，又是开发民智、倡言社会理想的鼓动者。所以，演讲者必须认真树立先进正确的世界观，具有科学的政治倾向，做到言行一致，反对空谈；在冷静的观察和刻苦的实践过程中，要善于发现当时社会矛盾中最为敏感的课题，并且敢于在大庭广众面前直抒己见。这样，演讲者的思想水平和品德胆识才能不断地得以提高。

古希腊罗马时期的德摩西尼、西塞罗，文艺复兴时期的闵采尔，法国资产阶级革命时期的罗伯斯庇尔，美国南北战争时期的道格拉斯，中国近现代的孙中山、鲁迅、闻一多、马寅初等，都是在轰轰烈烈的社会斗争中与人民同呼吸共命运的，因而他们的演讲情真意切，胆识过人，不仅受到当时民众的欢迎，而且可以作为一种思想品德修养的典型范例载入史册，受到人们永久性地承认和鉴赏。

二、要有广博的知识

丰富的演讲内容来自于深厚宽广的知识积累。古今中外许多著名的演讲家都是具有丰富的知识和经验的人。他们在日常生活中学习和积累了大量哲学、历史学、文学、美学、逻辑学、心理学、社会学、伦理学及自然科学等方面的知识。在宣传真理的时候，他们旁征博引，纵横驰骋，恰当地引证古今中外的相关知识，使人听后感到内容充实、论据确凿、寓意深刻、回味无穷。

广博的知识对人的思想品德的形成影响很大，因为"知识就是力量"，"知识能塑造人的性格"。只有博学，才能上识天文，下晓地理，前论历史，中评当世，后议未来，才能站得高，看得远。

我们的时代是"知识爆炸"的时代，各门科学知识都在急速地发展着。在这样的时代里生活，要想站在时代的前面，不被时代所淘汰，就必须勤奋学习，刻苦钻研，勇攀科学文化知识的高峰。演讲本身是一门具有综合性知识和应用性特征的社会科学，它牵涉哲学、美学、社会学、伦理学、教育学、心理学、逻辑学、语言学和文章学等广泛的知识领域。所以，演讲者要想学会演讲，并成为优秀的演讲家，就必须博览群书。对古今中外的史料传记、名人逸事、风土人情、宗教信仰等都应该有所了解，要使自己成为一个知识丰富的"杂家"。

例如，胡耀邦在一次剧本创作座谈会上的讲话中，就运用了丰富的知识：他引用了许多领袖和文学家的言论；与听众同温了《战国策》中《邹忌讽齐王纳谏》的故事；评论了马雅可夫斯基的《开会迷》和我国的相声《假大空》；批评了南北朝时庾信《哀江南赋》中的两句话"天道周星，物极必反"所表达的悲观情绪；赞扬了果戈里的《钦差大臣》对沙皇时代官场的深刻揭露；概述了托尔斯泰修改《复活》的精益求精的态度；明引了晋朝陆机《文赋》中的名句"横骛八极，心游万仞"和杜甫的"读书破万卷，下笔如有神"；暗引了李清照的词《声声慢》的起句大意。这样旁征博引，纵横联系，开拓了听众的思路，明确了剧本创作的方向。

研究人类思维的科学家告诉我们，人通过大脑接收信息，通过记忆把丰富的知识储存起来，形成了大脑中的"块"与"潜知"。虽然有时备而不用，但是"块"与"潜知"的积累越丰富，行为主体的视野和思路也就越开阔。所以说，博古通今、学识渊博是成功地进行演讲的重要因素。

一名优秀的演讲者应该广泛地摄取各方面的知识，但归纳起来主要是两个方面：

（1）一般知识。丰富的社会经验、生活常识，包括天文地理，都是演讲口语表达中不可缺少的辅助材料。人情风俗，历史典故，逸闻趣事则可成为演讲过程中思路流程里精彩的浪花。这些东西信手拈来，皆成妙趣，能使听众如醉如痴，使演讲产生动之以情、晓之以理、纵横捭阖、深入浅出的神奇魅力。如果缺乏了这些，则既难以对丰富多彩的世界有深刻的认识，也会使演讲口语表达变得单调、枯燥、呆板。

（2）专业知识。演讲者在口语表达时，要熟练掌握本专业、本行业的基本知识及其在历史上的沿革与当前的现状，掌握相关学科、边缘学科、分支学科的知识，作为信息储备；还要了解本专业、本行业在当前的"热门话题"以及公共意识的走向——这不是为了赶时髦、凑热闹，而是为更好地发挥主体的创造性作准备。缺乏必要的专业知识修养，不可能给人以知，启人心智。不但在学术性、专业性的演讲中（如军事的、教育的、政治的、科学的等）如此，就是在一般的演讲中也不例外。坐井观天、闭目塞听、疏于学习、懒于动脑，是演讲的大敌。庄子曾说"水之积也不厚，其负大舟也无力"，这句话对演讲者来说是非常适用的。

总之，有无深厚的知识功底，是能否成为一个受听众欢迎的演讲家的重要条件。学识丰富、视野开阔，才能厚积薄发，旁征博引，左右逢源。有专家指出：演讲需要的知识体现在"博、深、实、新"四个字上。所谓博，就是要拥有丰富的演讲资料，这样才能从中提炼出更为新鲜准确的主题思想，才可以使演讲内容宏富笃实；而学识浅薄、孤陋寡闻，则会导致思路狭窄，不可能达到"口若悬河"的良好效果。所谓深，就是要在某些切中热点的课题和论题上有独到的见解。这就需要刻苦钻研，较为熟练地掌握辩证唯物主义的一般原理。一次成功的演讲在很大程度上取决于演讲者分析复杂事物的方法是否超人一等。有人说："学问是苦根上长出来的甜果。"治学之苦首先就苦在一个"深"字上。所谓实，就是要掌握信息源的总特点，包括信息的正确程度、可靠程度等。如果只凭一个道听途说得来的材料，进行加工并拿出来对听众讲，顶多只能取得卖弄噱头的滑稽效果，很难赢得听众发自内心的笑声和赞许。演讲者对手中资料的来源（包括时间、地点、主要过程等）要有较为明确的概念，据此进行加工，才可能达到具体情况具体对待的要求。所谓新，就是资料要有新意，不能拾人牙慧，老调重弹，要注意生活之树新发了哪些芽，新开了哪些花，新结了哪些果。听众总是喜欢听最新鲜、最富有人生哲理价值的东西。所以演讲者不仅要看理论书籍，还要常翻翻报刊，特别应当注意本地听众所感兴趣的那些新闻媒介。这样实地体验以后，再准备演讲时就会知彼知己，给听众以最需要的东西了。

三、热爱生活，拥抱人群

生活的海洋是丰富绚烂的，但也隐藏着暗流和礁石。人的一生绝非总是轻舟顺水，春光明媚；生活中既有真善美，也有假恶丑。作为生活在中国新时代的演讲者，应当热爱生活，笑对人生，对生活的明天充满希望，并以全力创造更加美好的生活。

人们常说，"活着要像条龙，不要像条虫"，就是说人要热爱生活，活得有生气，做生活的主人。尽管热爱生活的含义是非常广泛的，但绝不包括纸醉金迷、低级庸俗的生活。热爱并追求生活中高尚的东西，以获取心灵意趣上的崇高和享受，人生将达到一个更高的境界。相反，人一旦成为金钱或物质的奴隶，就会降低人格，仅作为生命体只是活着而已。然而人与动物的区别就在于"人是生活，而动物只是生存"。

早期俄国革命民主主义者、唯物主义哲学家、作家车尔尼雪夫斯基曾断言："美即生活！"做生活的强者，应是演讲者的最高生活原则。近代学者王国维的"三种境界"说能给我们的演讲者以生活的启示。他说："古今之成大事业、大学问者，必经过三种之境界：'昨夜西风凋碧树，独上高楼，望尽天涯路'，此第一境也。'衣带渐宽终不悔，为伊消得人憔悴'，此第二境也。'众里寻他千百度，蓦然回首，那人却在灯火阑珊处'，此第三境也。"总之，热爱生活，体味生活之甘苦，是演讲者的重要修养之一。此外，喜爱人群是谈话高手必备的条件。你不妨自问：你喜不喜欢人群？如果答案是肯定的，那么在口才方面你已经领先别人一步了。如果你觉得别人多半善良、热心而有趣，或能提供丰富的信息，你自然希望与别人谈话，对方也能感受到你的热切，而乐于与你交谈。

无论是说话还是聆听，说话高手总是表现出极大的热情与活力。许多说话高手原本都很腼腆，但他们会学习喜爱说话的艺术，并掌握个中精要。由于他们博学多闻，因此从来不乏说话题材，他们会大量阅读，尤其不放过每天的报纸，因此总有谈不完的话题。

许多说话高手会去打保龄球、扑克牌、网球以及打猎、钓鱼，或是听音乐，而且为了让别人参与谈话，说话高手会去谈论自己平日不做的活动。

专门从事艾滋病研究的科学家鲍威尔医生说："除了研究本身外，说话能力是科学家传达研究结果的次要技能。"鲍威尔除了到各地旅游、发表报告外，更是位探险家，他潜水攀岩、露宿荒野，还驾驶自己的飞机。无论身处荒岭还是身穿正式礼服，甚至是女子派对中的唯一男士，鲍威尔都一样自在。

当众讲话的能力往往是从小培养的。有些说话高手从小就在家里养成了讨论的习惯，有些人则不然。

销售员张先生是一位成功的多重沟通者，他说话时兼打手语，善于倾听，更是位细腻风趣的说话高手。他认为，家中兄妹和母亲的鼓励对自己的说话技巧很有好处。他说，母亲常发表对某些事情的看法，然后问他们："想象一下，如果这种事发生在你身上，你会有什么感觉？"

还有一名在北京工作的妇女，将自己的销售成就归功于卓越的说话技巧以及家乡的成长经验。她说："京城实在很大，我会遇到成千上万的人。不过，我只要准备好四五套说话的方式，轮番派上就行了。反正对不同的人来说，每次都是新的对话经验。可是，在我们家乡就行不通了。我得扎实地学会说话技巧，在沟通中谈出点深度，因为当地'小国寡民'，大家不时碰面，谈话的机会非常多，谈的话题也多。"

四、记忆演讲词的诀窍

演讲，顾名思义，是演与讲的统一体。但是以讲的内容为主，以演的形式为辅。要作一次成功的演讲，在演讲稿写成之后，首先就是把演讲词烂熟于心。

（一）记忆演讲词的步骤

记忆演讲词一般可以分为三步。

第一步是识读，即阅读。就是大体了解整体与细节，对稿子有个宏观和微观的了解，把握题旨，掌握例证阐述的关节，包括引述的事实、名人名言等，其中最有说服力的是准确无误的数字。

第二步是响读。朱熹说过，凡读书，需要读得字字响亮，不可误一字，不可牵强暗记，这样才能达到他所说的"逐句玩味""反复精读""诵之宜舒缓不迫，字字分明"。只有如此，演讲词才能从有理有据、有情有感、有声有色的响读中加以体会和记忆；同时才可以设计演讲的动作、表情和姿态，琢磨演讲时的临场情境、与听众交流的心理和生理反馈，甚至一个字的读音、一句话的抑扬顿挫、标点的作用、语气的恰到好处也无不在其中。

响读是演讲词记忆的关键，也是"立体记忆"的一个必要的途径。

第三步是情读。就是要理解和感受演讲词的情调，注意适度和真实。缺乏控制的感情抒发会令人产生厌恶感，虚伪的感情表演则会丧失听众的信任。

当代演讲家李燕杰说过，演讲绝不是从记忆移入记忆，把现成的字句移到别人的心中，而是要使自己心中与听众心中的火并燃。演讲词里有情调，喜怒哀乐应分明。演讲即使是阐述真理，也不应冷漠地板着面孔说教。对事理的深刻剖析无疑是一篇演讲词成功的主要标志，应当加深记忆，但如果其中同时能有真诚激情的适度渗透和确切体会，则不仅能以理服人，还能以情动人。这种体会无疑是一种特殊的引发性记忆。

可见，演讲词的记忆一要用眼睛——阅读，二要使口舌——响读，三要发动心思——情读。只有整体的、综合的、全方位的记忆，即"立体记忆"，才能深入人脑，打动人心。

（二）掌握演讲词的文体特点及思路

演讲词一般属于议论文范畴。演讲词的论点也称观点，论据也称材料。没有观点，就等于没有灵魂，演讲要告诉人们的东西也就不存在了；没有材料，观点不被证明，也说服不了人。因此，观点要明确，材料要记牢。但这还是不够的。要记住演讲词，还要把握用材料论据阐述思想观点的过程，即论证过程。对这个过程的记忆，关键是抓住它的逻辑构成。抓住演讲词的逻辑构成，即演讲心态的思想轨迹，也就抓住了记忆的要领。

演讲词的思想轨迹基本有两种，一是基本型，二是变化型。

基本型，通常表现的思路序列分为三部分：

（1）提出问题，即观点（论点）的提出、表示和强调。

（2）分析问题，即论证观点（论点）正确与否。这要用材料——例证加以证明，事实真实可信才能令人信服。

（3）解决问题，即得出结论，印证提出的观点，明确结论。

变化型，按其思维路线有三种形式：

（1）简化式。也就是演讲词的三段式。一是序论，相当于基本型提出问题部分；二是本论，相当于基本型分析问题部分；三是结论，相当于基本型解决问题部分。常见的演讲词，尤其是即兴演讲，按照这种方式进行演讲比较快捷方便。

（2）互置式。也就是将基本型解决问题部分放在开头，直截了当地把结论告诉听众，然后进行提出问题和分析问题部分的演讲。这样首尾互置是为了达到明显的强调效果。

（3）散论式。即兴演讲常用此法。这种演讲词一般较短，只要抓住感情表达的线索即可。

总之，对演讲词的记忆，要抓住它本身的特征以及感情的表达方式，把握逻辑构成的基本型和变化型，眼、口、心综合记忆，记忆力就会提高，其中响读尤其重要。

五、自说自话训练法

"自说自话"即自己对自己说话，原是形容人在异常心境下表现出的一种情态。在这里，它是一种训练口才的方法。大体做法是：读完一段材料，自己试着复述出来；听完一段话，自己学着说一遍；想妥了一个意思，自己试着讲一次；写出来一篇讲稿，先练习说一说……这些都是在没有听众的情况下进行的，所以，我们称之为"自说自话"训练法。

这种训练法的特点是：简单、易学、收效快。一般每天坚持练半小时的人，经过一百天后，口才便会明显提高；原先在公众场合说话紧张，语不成篇、话不达意的学生，百天之后，就能有头有尾、有条有理、有情有趣地说上一席话了。它对口才提高之快，令许多人惊奇不已。这种方法的侧重点在"自我"二字：以我为主，自己说，自觉练，自己琢磨，自己总结，反复实践，在实践中求提高。

（一）训练过程

自说自话训练法的主要训练过程是：

（1）自备。为"自说自话"准备材料：或读一篇可供讲述的文章，或细听一段他人完整的讲话，或默想好一席有中心、有头尾的内容，或写好一份发言稿或讲话稿。

在上述"读""听""想""写"四种"自备"过程中，应做到"三要"：一要明确目标，目标明确了，才能有意识地使准备的东西适合讲述的需要。二要注意条理。把讲述材料的每段、每层的意思一一理出，编成讲述提纲，才能醒目易记。三要分清主次。抓住了重点，讲述时才能主次分明，运用自如。

（2）自讲。找一僻静之处——或田野山林，或河畔海滨，或斗室镜前，总之要四周无人，这样才便于"自说自话"。把准备好的内容自讲一遍或数遍。可以把山水草木、风云雨雪、桌椅床几等模拟为听众。讲述时要做到：

①假戏真做。不能假戏假做，否则就达不到目的。心中常抱一个"真"字，只有"真"才能使自己获得实战经验。

②有声有色。这是承接上一条而来的。只有"假戏真做"，才能使自己在"自说

自话"时伴有丰富而恰当的神态、表情。著名播音员陈醇说过："艺术就是感情。我用感情塑造形象。口才是交融感情，沟通人际关系之才。真挚的情感比金子还贵重。没有感情，话就难以讲好。"用感情统率语言，使之有声有色。这在练习口才时是绝不可少的。

③手舞足蹈。要以手势助说话。"自说自话"时，用脑、眼、嘴、手、头、脚等多种感官协同动作，既能使自己对所讲的内容有更深的印象，又能熟悉并牢记各种词汇、句式和其他语言材料，强化讲话时的语感，还能使自己在今后讲话时熟练地使用体态语言。

（3）自讼。意为"自己告自己的状"，目的在于抓住自身讲话的错处。"自说自话"时，可以录音，讲完后细听。此时你就像一个严格的法官，严肃地审查录音中的每句话、每个意思，对中心是否突出，构思是否精巧，内容是否丰富，言辞是否有趣，语句是否流畅，声音是否洪亮等许多方面——检查。检查完后归纳成几条，记入"自讼笔记"，力促日后不重犯类似错误。

（4）自结。定期小结，总结经验，吸取教训，以利再战。一般是三天一"小结"，十天一"中结"，三十天一"大结"，百日一总结，以百日为一期，把总结内容写成一篇小文章，作为训练口才的阶段性的归结。这样，一步一个脚印，步步为营，节节提高，就不愁练不出好口才。

古今中外，很多口才家都是运用"自说自话"训练法而获得成功的。

以雄辩著称的第 16 任美国总统林肯，青年时代常徒步 30 英里，到一个法院去听律师的辩护词，看他们如何用手势，如何慷慨激昂地作辩护。在回家的途中，他常停下步子，面对成行的大树、成片的大树桩、玉米，"自说自话"，或复述刚听到的律师的辩护词，或发表自己想妥的一篇腹稿。久而久之，林肯练就了滔滔不绝、出口成章的雄辩之才。

曾任日本首相的田中角荣口齿流利，擅长交谈，但他在少年时代却是个口吃患者，课内答题时常会窘得满脸通红，结结巴巴，说不出话。后来，他除了常朗读诗文外，还独自对着镜子纠正口形和舌根部位；或者跑到山间，迎着狂风，高呼"有志者事竟成"，力争把这句话一口气说完，不停顿，不口吃。这种"自说自话"式的训练使他的说话慢慢变得流畅了，最后成了一位口才出众的外交家、政治家。

我党早期青年运动领导人萧楚女原是茶馆跑堂，文化低，没口才。为适应革命的需要，在担任师范学校教师期间，他每天清晨带着一面镜子来到树林中，把镜子挂在树上，对着镜子大声讲课。尽管面前没有一个学生，但他仍一本正经地"自说自话"，眉飞色舞，边讲边看镜子，检查自己的表情、动作。发现有脱漏，就立刻翻开课本查看并补讲。结果他的口才大大提高，讲课很受欢迎。他 28 岁就担任了黄埔军校政治教员，29 岁担任了农民讲习所专职教员。他那声情并茂的宣传鼓动震撼了千万青年的心。

像这样的实例还可举出很多。总之，自说自话训练法是一种行之有效的提高演讲能力的方法。

（二）思维能力的训练

自说自话训练法为什么能如此明显地提高口才呢？最主要的原因是人们通过"自说自话"锻炼了思维能力。表面上看，"自说自话"是在练嘴，实际上是在练脑，是在训练思维能力。

（1）训练思维的清晰性。说话要有条有理，积词成句，积句成段，积段成篇。任何讲话都要一句句、一段段有步骤地说出来。

叶圣陶先生曾谆谆告诫习作者"想清楚然后写"，"谁都可以问一问自己，平时写东西是不是是非曲直想清楚然后写的？要是回答说不，那么，写不好文章的原因之一就在这里了（当然还有其他原因）。往后就得自己努力，养成这个好习惯"。

说话也与此同理，想不清楚必然说得糊涂。"自说自话"就是在以学习性的"说"训练自己把问题的层次、重点等一步一步想清楚、想透彻，使思维变得清晰。

（2）训练思维的灵敏性。把想到的内容用语言说出来，即由内部语言转化为外部语言，这里面有一个遣词造句的语言运用的功夫。这既要有对词汇、句式等语言的熟练使用能力，又要有灵敏的思维。这样才能根据表达的需要，迅速准确地驾驭语言。"自说自话"就是通过多次练习，训练思维的灵敏性，思维灵敏了，口头表达能力自然就提高了。

（3）训练思维的适应性。说话要有听众，而听众会有不同反应。很多演讲者怯场，是因为缺乏在大庭广众之间说话的适应能力，缺乏面对许多人讲话的临场经验。"自说自话"训练法中，常把室内的各种摆设或自然界的草木山水等模拟为听众，经过多次模拟练习，适应听众、临场不慌的能力就会逐步增强，在各种场合就能镇定自若地思维、自然而然地说话。

第十章　实用口才技巧

第一节　社交口才

一、社交口才的基本要求

社交中受人欢迎、具有魅力的人，一定是掌握社交口才技巧的人。社交口才的基本技巧表现在适时、适量、适度三个方面。

（一）适时

说在该说时，止在该止处，这才叫适时。可有的人在社交场上该说时不说，他们见面时不及时问候；分手时不及时告别；失礼时不及时道歉；对请教不及时解答；对求助不及时答复……

反之，有的人该止时不止。他们在热闹喜庆的气氛中唠唠叨叨诉说自己的不幸；在别人悲伤忧愁时嘻嘻哈哈开玩笑；在主人心绪不安时仍滔滔不绝发表宏论；在长辈家里乐不可支地详谈"马路新闻"。

请设想一下，假如你在社交中遇见了上面这种人，你会对他产生什么样的印象呢？

（二）适量

捷克讽刺作家哈谢克的名著《好兵帅克》里有一个克劳斯上校。此人以说话啰唆闻名。他有一段对军官的"精彩"讲话："诸位，我刚才提到那里有一个窗户。你们知道窗户是个什么东西，对吗？一条夹在两道沟之间的路叫公路。对了，诸位，那么你们知道什么叫沟吗？沟就是一批工人所挖的一种凹而长的坑，对，那就叫沟。沟就是用铁锹挖成的。你知道铁锹是什么吗？铁作的工具，诸位，不错吧，你们都知道吗？"克劳斯上校的这番话，虽然是作家加工过的，但生活中、社交场上说话啰唆也不乏其人。因此说话适量也是社交口才的基本技巧之一。

适量既指说话的多少适当，也包括说话的音量适宜。应该指出的是，适量并不都是少说为佳，更不是指那种语量没有变化的老和尚念经，适量与否应以是否达到了说话目的为衡量的标准。

请看下面几段话：

（1）您看，这么晚了还来打搅您，真过意不去。您要休息了吧？真对不起，对不起……

（2）我不同意这个意见！我明确表示不同意。不管你们怎么看，我就是不同意。

（3）那不是我说的，我怎么会那么说呢？您想，我能说那种话吗？那确实不是我说的。我怎么会那么说呢？您想，我能说那种话吗？那确实不是我说的。

上面的几段话，初听起来似乎有些"废话"，但都是为了增强表达效果不得不说的"废话"，是必要保留的语言的"冗余度"。第一段是表示道歉的话，重复几句显示了态度的诚恳；第二段话中的重复是为了表示说话人态度坚决和不容置疑；第三段则是说话人急于表白自己心情而采取的必要的重复。这种语言现象在社交场合经常出现。由此看来，社交口才的多少适量，并不排除为达到说话目的的必要重复，而是指根据对象、环境、时间的不同，该多说时不少说，该少说时不多说。有的人自我介绍啰啰唆唆，祝酒时说上半个钟头还不停，批评起来没完没了……这样既影响说话效果，又影响自己的社交形象。

适量的社交口才还包括声音大小适量。大庭广众之中说话音量宜大一点，私人拜访交谈音量宜适中，如果是密友、情人间交谈，小声则可以表现亲密无间、情意绵绵的特殊关系，给人一种亲切感。这些都是在社交场合与人交谈应该掌握好的。

（三）适度

1988年美国总统竞选，民主党在选民中造成了布什是毫无独立主张的这一印象，他们甚至称"布什是里根的影子"。在交谈时，民主党人总爱用挖苦的口气问："布什在哪里？"这个问题该如何回答才恰到好处呢？布什的竞选顾问、老资格政治公关专家艾尔斯，为布什设计了一个回答："布什在家里，同夫人芭芭拉在一起，这有错吗？"

这一回答，体现了强烈的针对性和恰如其分的分寸感的结合，有很高的艺术性。试想，如果你在社交场上遭到别人挖苦时，就马上抓住对方弱点，给以迎头痛击，那将产生什么效果呢？也许你自认为是胜利者，可在别人眼里，你却是一个心胸狭窄不善言辞的人。而艾尔斯为布什设计的回答，却为布什的政治家风度增添了不少光彩。

社交口才的适度，主要是指根据不同对象把握言谈的深浅度，根据不同场合把握言谈的得体度，根据自己的身份把握言谈的分寸。其次，体态语也要恰到好处。

二、社交口才实用技巧

在现实生活中的社交活动，内容纷繁，形式多样，千姿百态，功能各异。要在社交活动中合理地使用自己的口才，就要对交际活动特点进行深入的分析，掌握内在的规律与技巧。

（一）介绍的技巧

人与人之间的介绍，是社交中人们相互认识、建立联系必不可少的手段。一般来讲，介绍主要分为自我介绍、介绍他人和集体介绍三种形式。

1. 自我介绍

自我介绍是进入社交的一把钥匙，人与人之间的相识交往往往是从自我介绍开始的。

（1）介绍内容繁简要适宜。自我介绍包括以下基本内容：姓名、年龄、籍贯、职务、工作单位或地址、文化程度、主要经历、特长或兴趣等。在自我介绍时，要根据具体情况，决定介绍的繁简。一般偶尔碰面、联系工作、宴会、发言前的自我介绍宜简明扼要；而在应聘、交友等场合应详尽一些。"繁"到什么程度，"简"到什么样子，完全要视对象和目的而定。

（2）选准机会。自我介绍要想取得成功，给对方留下深刻的印象，应首先考虑当时的场合是否适宜进行自我介绍。若对方正忙于工作、与他人交谈，或大家的精力正集中在某人、某事上，则不宜作自我介绍；而对方独处，或春风得意时，进行自我介绍则会产生良好效果。

（3）自我评价褒贬有度。自我介绍时一般都涉及自我评价，自我评价一般不宜用"很"、"最"等表示极端的词。不要过分夸耀自己，当然，也不必有意贬低自己。关键是要适度。

（4）态度自然亲切。进行自我介绍，态度务必自然、友善、亲切、随和。要充满信心和勇气，敢于正视对方的双眼。介绍时语气要自然、语速要正常、语音要清晰、响亮，对一些容易听错读错的字音要特别加以说明，以免造成误会。在自我介绍时畏怯紧张、结结巴巴、目光不定、面红耳赤，会给人缺少经验、缺乏自信的感觉，为他人所轻视。

（5）借助名片。当今社会对名片的使用越来越广泛。在使用名片时事先把自己的名片放在便于拿到的地方，以免在需要时手忙脚乱。递送名片时要双手递给对方以示尊敬，并附带说一句"请多关照"或"多多联系"。接到对方名片时，要认真看一下，再郑重地放进口袋。切不可接过名片看也不看就随意扔在桌上，那会伤害对方的自尊。如果自己没带名片，要向对方说明情况，并借此作自我介绍。例如，一位销售部经理在一次社交集会中这么自我介绍："我是××公司跑供销的，我叫王××，希望今后各位经理多加指教。"话毕面带微笑，向周围的人双手送上自己的名片。这番自我介绍很简单，却很有艺术性。自然语言与态势语言巧妙配合，口头上非常谦虚地说自己是跑供销的，具体职务、官衔让名片替他补充。这比"我是供销科科长"这种直露的介绍更巧妙，更易给人留下谦恭得体的好印象。

2. 介绍他人

在社交活动中，我们随时随地都会碰到老朋友，结识新伙伴。当陌生人见面时就需要有人为你介绍，或者你为他人介绍。得体的介绍不仅立即使社交场中的人们彼此沟通了解，而且还能让陌生的双方一见如故；如果介绍不妥，也可能使双方或一方感到尴尬，造成不快，影响人们之间的进一步交往。

（1）注意先后顺序。为对方作介绍时，要确立"把谁介绍给谁"的观念。应牢记"受尊敬的一方有优先了解权"这一介绍基本准则。如先把男士介绍给女士；先把职位低的人介绍给职位高的人；先把未婚者介绍给已婚者；先把年轻人介绍给年长者；先把宾客介绍给主人；有后来者，可先介绍后来的，然后逐一介绍在场的人，也可有选择地介绍。

介绍的先后顺序绝不是可有可无的形式问题，而是涉及到个人修养与组织形象，以及社交活动的目的能否如愿达成的问题。

（2）称谓要恰当。恰当地称呼被介绍者，有利于双方彼此了解，会使人获得心理方面的满足。一般来说，公务员、企业家重视职衔，学者、艺术家重视职称，老百姓重视辈分，介绍时不可忽视这些。

（3）态势语要得体。作为介绍者，无论介绍哪一方，都应手势动作文雅，手心朝左上，四指并拢，拇指张开，胳膊略向外伸，指向被介绍的一方，并向另一方点头微笑，上体前倾 15°，手臂与身体呈 50°～60°。在介绍一方时，应微笑着用自己的视线把另一方的注意力引导过来。态度热情友好，语言清晰明快。

（4）介绍语要礼貌。社交口语必须遵循礼貌、合作的交际原则。介绍语要文雅、有礼，切忌随便、粗俗。

作为被介绍者，当介绍者询问自己是否有意认识某人时，一般不要扭扭捏捏，或加以拒绝，而应欣然表示接受。实在不愿意时，应说明理由，表示歉意。当介绍者为自己介绍时，一般情况下应起立，注意优美的站姿，女士、长者有时可不用站起。宴会、谈判会，只略欠身致意即可。

3．集体介绍

集体介绍，是指为一个以上的众人所作的介绍。也就是说，被介绍者不止一人，甚至是许多人。

（1）顺序要求。进行集体介绍的顺序，若有可能，应比照他人介绍的顺序进行。若实难参照，则可酌情参考下述顺序。应当强调的一点是，越是正式、大型的交际活动，对集体介绍的顺序就越是不可马虎。

①少数服从多数。"少数服从多数"的含义，是指被介绍者双方地位、身份大致相似，或者难以确定时，应当使人数较少的一方礼让人数较多的一方，一个人礼让多数人，先介绍人数较少的一方或个人，后介绍人数较多的一方或多数人。

②强调地位、身份。若被介绍双方地位、身份之间存在明显差异，特别是当这些差异表现为年龄、性别、婚姻状况、师生以及职务有别时，则地位、身份为尊的一方即使人数较少，甚至仅为一人，仍然应被置于尊贵的位置，最后加以介绍，而先介绍另一方人员。

③单向介绍。在演讲、报告、比赛、会议、会见时，往往只需要将主角介绍给广大参加者，而没有必要一一介绍广大参加者。

④人数较多一方的介绍。若需要介绍的一方人数不止一人，可采取笼统的方法进行介绍，例如，可以说"这是我的家人"，"他们都是我的同事"，等等。但是最好还是要对其一一进行介绍。进行此种介绍时，可比照他人介绍时位次尊卑的顺序，由尊而卑，如先长后幼，先女后男，等等。不过，这一顺序的标尺一定要正规、单一，且为众人所认可。

（2）内容要求。首先，不要使用易生歧义的简称。比如，不要讲"人大""消协"，而应道明是"中国人民大学"、"消费者协会"，或是"市人大常委会"、"消防协会"。又如，将范局长简称为"范局"，就会使人听上去好似"饭局"。至少，要在首次介绍时使用准确的全称，然后再采用简称。其次，不要开玩笑、捉弄人。进行介绍时，要庄重、亲切，切勿随意拿被介绍者开玩笑，或是诚心出对方的洋相。比如，在介绍时这样讲"这位是大名鼎鼎的张南先生，大家看，张先生肥不肥"，就是很不文明的。

（二）拒绝的技巧

在纷纭复杂的社交活动中，无论你扮演什么角色，都少不了会有人向你提出某种请求，希望得到满足。虽然助人为快乐之本，但在对方提出不合理的要求时，不由自主地答应下来，一定会给自己的工作和生活带来消极的影响，同时也给自己带来精神上的烦恼。拒绝是一道难题，也是一门艺术。在生活中，如果学会拒绝的艺术，就能化难为易，化险为夷，有时还可能化敌为友，使友谊永存。

拒绝他人总的原则是：礼貌尊重，诚心诚意，不能伤对方的自尊心，不能使对方难堪，拒绝而不得罪对方。必须让对方知道你的拒绝是无奈之举，尽可能地避免误会，避免对方遭拒绝后的那种抗拒感。具体在运用拒绝语言时，要掌握以下几方面的技巧。

1. 直接拒绝

对那些不能接受的要求，应该直截了当予以拒绝，不能犹豫，不可含糊，切忌模棱两可，以免对方产生误解，仍抱有幻想。但语气要诚恳，要向对方耐心地解释你拒绝的理由，表示歉意，请求对方谅解。当然，对那些无理的、过分的要求，应严词拒绝。

2. 先声夺人

一般人都不会直截了当提出请求，而先以寒暄话过渡，把困难引出，再慢慢切入正题。因此，应在其"言归正传"之前，主动出击，获得话语的主动权。例如，甲听说乙要向他借一大笔钱，他知道借出去就是肉包子打狗。于是，等乙一进家门，就说："你来得正好，我正想去找你呢。这两天可把我急坏了，有一批货非常便宜，可我怎么也凑不齐这笔资金，正想找你借几万呢。"对方一听这话，知道自己走错门了，只好敷衍几句走人。

3. 含蓄委婉

如果明确直言的拒绝会让双方感到尴尬，不妨采用一些巧妙委婉的拒绝方式，既表达了自己的愿望，又将对方失望与不快的情绪控制在最小范围内，不至于影响彼此间的关系。

4. 幽默拒绝

用幽默的语言拒绝，可以避免尴尬及冲突，对方也不至于生气。幽默是一种人生大智慧，能让我们淡化生活中不必要的严肃，可化解烦恼，愉悦身心，巧妙应用，益处多多。

5. 将错就错

这种拒绝方法是先假定对方是正确的，然后按照这个思路做出一个新的结论，而这个新结论又是明显错误的，这样，后者的显然不成立也就证明了前者的错误，从而实现否定的目的。

6. 转换话题

当对方求你办不想做的事，可以用转换话题的方法巧妙拒绝，顾左右而言他，先分散对方的注意力，从而使其通过冷静的思考，最终领悟到如何用正确的方法去处理自己的事情。

7. 拖延时间

对方提出请求后，不必当场拒绝，可以采取拖延的办法。你可以说："让我再考虑一下，明天答复你。"这样，既使你赢得考虑如何答复的时间，也会使对方认为你是很认真对待这个请求的。如有人想约你，问你："今天晚上八点钟去跳舞，好吗？"你可以回答："今天不巧，回头再说吧，到时候我跟你联系。"

8. 诱引拒绝

需要否定时，人们不妨在言语中安排一两个逻辑前提，不直接说出逻辑结论，逻辑上必然产生的否定结论留给对方去得出。这样的逻辑诱导拒绝法如果是在面对上级组织，身处领导地位的公众时使用，效果往往比较理想。

无论拒绝的方法多么礼貌，多么富于人情味，拒绝终归不能像承诺那样引起对方的好感，对方总会有乘兴而来、败兴而归的心理感受。所以，在使用拒绝语言时，应该注意以下事项：

（1）具体说明拒绝的理由。在拒绝别人的请求时，如果你只是说："我很忙。"很可能会被对方说成是那个人真是"不爱帮助别人"，"求他什么事都是一脸的不高兴"。所以，在拒绝别人时要具体说明一下不能接受的理由。

（2）把握拒绝话语的尺度。拒绝的分寸和尺度就在于既要礼貌地顾及对方的心情，又要带有一种遵守原则公事公办的透明性。既要充满人情味，又要明确地拒绝。说话时只有掌握这种尺度，拒绝才能成功。例如下面三种拒绝的话语：

谢谢你对我的信任，非常感谢。可是我现在手头上已有两份紧急文件了，我真是没法帮你了，真是遗憾不能与你合作！

没看我正在忙着吗？告诉你我没空！

你要我帮助你，表示了你对我的信任。我真的很想帮你，但我最近好像没空。看看吧，可能过两天我就有空了。

将这三种不同的拒绝方式对照后，我们不难发现，第一种的表达效果较好，它既表达了拒绝之意，又做了相应的"善后处理"。而第二种虽然拒绝明确，但太过冷淡，不易让人接受。第三种表达感情化的词语太多，拒绝之意不很清楚，会让被拒绝的人心存杂念。由此可见，后两者的拒绝效果远远不如第一个。

（3）不要找借口开脱。拒绝别人有一种常见的习惯性做法，那就是找借口开脱。这种做法的初衷是良好的，但效果往往不好。原因就在于临时找到的开脱借口没有太坚固的理由根基，很容易让对方抓住把柄，然后被对方用来攻击你。比如你不想答应帮某人做事，推说："今天没有时间。"他就会说："没关系，你明天帮我做好了，事情就拜托你了。"又如你要拒绝对方想转让给你的一件物品，你推说："钱不够。"那么对方可能会说："钱够了再说好了。"这种给对方制造可乘之机的拒绝方法应该尽量避免，否则会陷入自造的"谎言"里。

借口开脱的拒绝办法也不是不可以用，但首先在于你应该有百分之百的理由确信自己的借口是攻不破的，否则还是不用为妙。

（4）说话忌绵软无力。拒绝别人时若说话绵软无力甚至哼哼唧唧，会很容易让人产生一种厌恶感，认为你不是帮不了他，而是根本不想帮他，因为一般而言只有心虚的人说话才会如此吞吞吐吐。所以，当别人的请求你无法满足时，就迅速作出反应，友善、真诚地谢绝他，不留任何回旋的余地。

总之，在社交中，遇到一点儿麻烦不足为奇，大可不必杯弓蛇影。只要掌握了拒绝的技巧，相信一定可以在复杂的社交活动中彰显自己的智慧与魅力。

（三）赞美的技巧

莎士比亚说过："我们得到的赞扬就是我们的工薪。"的确如此，在社会交往中，绝大多数人都期望别人欣赏、赞美自己，希望自身的价值得到社会的肯定。赞美是一种卓有成效的交往艺术。国外有些社会心理学家把赞美看做"仙人的魔棒""点石成金之术"。但是如果运用得不恰当，也会引起不良的心理反应。因此，赞美绝不是随便说几句好听的话就能奏效的，而必须讲究艺术。

1. 赞美的类型

作为社交语言中一种常见的语言交际形式，赞美语言可以从不同的角度，做不同的分类。

（1）从赞美的场合上分类。从赞美的场合上分类可以把赞美分为当众赞美和个别赞美。当众赞美，是指面对特定的组织、团体、群体等，对某人或某事的赞美。常见的形式如表彰会、庆功会、总结大会等。这种形式能充分调动全体人员的积极性，鼓动性强，宣传面广，影响面大，能产生一定的轰动效应，营造热烈、向上的气氛，但它受时间、场所限制，运用不好，容易流于形式和走过场。个别赞美是指在会下针对个别人谈话予以表扬的形式。这种形式使用方便，自如灵活，针对性强，做思想工作比较细致，能解决一些具体问题，效果比较好，时间、地点不受限制。

（2）从赞美的方式上分类。从赞美的方式上分类可以把赞美分为直接赞美和间接赞美。直接赞美，即用自己的言语当面赞扬对方。只要客观、真诚，就会有好的效果，且不会造成传达和理解上的障碍。这是常用的赞扬方式。例如，有一次，几位朋友到小李家聚会，有人带来了一位新朋友王女士，作为主人的小李自然过来打招呼，与她坐在一起。初次见面，寒暄过后一时无语，但很快小李就发现王女士的皮肤特别白嫩，光彩照人。于是，小李羡慕地说："您的皮肤保养得真好！白里透着亮泽，配上这套橘红色的裙子，衬托得脸色特别好。"话刚说完，王女士眼里一亮，原来她对皮肤保养颇有心得，两人从皮肤保养谈起，聊得十分投机。间接赞美是指通过第三者来赞美某人或某事的形式。使用这种形式，要注意分寸，讲究策略，往往是当面不便直接开口，或者是找不到合适的时机去说，而借用对方转达自己赞美他人的话语。在一般人的观念中，"第三者"所说的话大多比较公正、实在。因此，聪明的赞美方式是以"第三者"的口吻来赞美，如此更能赢得被赞美者的好感和信任。例如，德国历史上著名的"铁血宰相"俾斯麦，当时为了拉拢一位敌视他的议员，便故意在别人面前赞美这位议员。俾斯麦知道，那些人听了自己对这位议员的赞美后，一定会将话传给他。果然不久，这位议员和俾斯麦成了不错的政治盟友。

（3）从赞美的用语上分类。从赞美的用语上分类可以把赞美分为正面赞美和反语赞美。正面赞美是指对好人好事用正面语言加以赞美的形式。这种赞美开门见山，直截了当，使用灵活，形式多样，应用范围广泛。反语赞美是指用反语来赞美某人或某事的形式。在人际交往中，反语成了表达批评和讽刺的语言定式。实际上，赞扬时恰当使用反语，新奇、含蓄、耐人寻味，能收到比一般赞美更好的效果。例如，某制药厂厂长赞美一位药剂师大胆实验、大公无私的献身精神，说："为了减少药物的副作用，在正式投产前，你长期泡在实验室里，对新药不择手段，抢吃抢喝，多吃多占，在自己身上反复实验，我这个厂长真是拿你没有办法。"这种反语赞美的形式，令人感到新奇巧妙，别有情趣。

2. 赞美的技巧

一般来说，赞美是一种能引起对方好感的交往方式。赞同我们的人与不赞同我们的人相比，我们更喜欢前者，这符合人际交往的酬赏理论。但令人遗憾的是，许多人在使用赞美语言的过程中，往往难以取得预期的效果，这就需要我们掌握使用赞美语言的一些相应技巧。

（1）背后称赞法。要赞美一个人，当面赞美固然能起到作用，但往往背后赞美的效果更明显。如果我们当面说别人好话，说得不当可能会被认为我们在奉承他、讨好他；然而在背后说这些相同的好话时，被赞美者就比较容易接受我们的赞美之词。

（2）幽默称赞法。用幽默的口吻赞美对方，既使对方容易接受，又能够将气氛变得活泼愉悦。

（3）以面代点法。这种赞美方式也是不直接赞美对方，而是针对对方的优点，赞美其优点所在的层面。这样以面代点，言在彼而意在此，不露痕迹，却能让对方如沐春风。

（4）设喻传情法。用比喻的方法，表达赞美别人之意。只要比喻得当，话语就生动形象，还常常会新颖有趣。

（5）出人意料法。若赞美的内容出乎对方意料，就容易引起好感。卡耐基在《人性的优点》中讲过他曾经历过的一件事：一天，他去邮局寄挂号信，从事着年复一年单调工作的邮局办事员显得很不耐烦，服务质量很差。当他给卡耐基的信件称重时，卡耐基对他称赞道："真希望我也能有你这样的头发。"听到这话，办事员惊讶地看着卡耐基，接着脸上泛出微笑，热情周到地为卡耐基服务。显然这是他接受了出乎意料的赞美的缘故。

3. 赞美的注意事项

赞美对被赞美者来说是一个极大的鼓舞，用好这种表达技巧十分重要。我们在掌握技巧的同时，还应该注意以下的问题：

（1）要实事求是。这是要求将赞扬建立在客观事实的基础上，例如明明这个人的学习成绩不如人，你却说他"名列前茅，百里挑一，才智过人，聪明绝顶"，听了这些话他心里并不会舒坦。

（2）频率要适度。赞美的频率要适度是指在一定的时间内对他人或对同一事物、同一对象赞美的次数要适度，过于频繁的赞扬不但会降低赞扬的激励作用，而且会让人产生反感情绪。

（3）态度要恳切。态度恳切是影响赞美的首要因素，只有真诚的赞美才最能打动人的心灵。赞美别人实际上是对他人长处的学习、对他人成就的肯定和尊重。因此，赞美别人需要有一颗真诚、热情的心，善于发现、欣赏别人的优点和长处。有些人不会赞美别人，就是因为缺少这种恳切的态度，看不到别人的优点和长处，甚至总是看着别人的短处，或者不会欣赏别人的优点和长处。

（4）赞美的语言要得体。含糊其辞的赞美会让人觉得言不由衷、违心阿谀，产生被敷衍搪塞的心理感受。美国社会心理学家海伦·克林纳德认为，赞扬时使用的词语不当是引起窘迫、屈辱、自满等问题的原因。

不同年龄、性别、个性、知识层次的人，对赞扬的心理需求有很大的不同。因此，在具体的语言表达方式上要因人而异，如对年轻人要多夸奖，对德高望重的长者则应多些尊重，对思维敏捷的人三言两语点到即可。

（5）赞美的内容要具体。赞美的内容要具体是指赞美的对象，赞美的缘由要明确，并要实事求是、恰如其分。夸大事实的赞美不仅不能使人获得好感，而且容易有讨好之嫌，给人留下不良印象。

（6）要选择恰当时机。时机往往是事物的连接点和转化的关节点。赞美也一样，只有时机选择恰当才能获得理想效果。比如在了解到他人想为社会、为集体做一件有意义的事情时，适度赞美，有利于促使或激励其把良好的动机转变为行为，就比等他把事做完之后再赞美更有意义。

总之，赞美是人的一种心理需要，是对他人尊重的表现，是一剂理想的黏合剂，它给人以舒适感，使我们拥有更多的朋友。但"赞美引起好感"并不是绝对的、无条件的，它要受赞美动机、事实根据、交往环境等因素的制约和影响。因此在社交场合我们必须记住：一味地赞美并不可取。

（四）批评的技巧

批评是为帮助人、警醒人而指出别人的缺点和错误。人无完人，在这个世界上，任何人都会犯错误。但是，如果面对错误一味地指责别人或简单地说明自己的看法，那么除了得到被批评人的厌恶和不满外，可能一无所获。因此，要使批评达到理想效果，我们有必要掌握一些批评的技巧，使批评之言贴切中听。

1. 直接式

即直接表达自己的批评意见，不转弯抹角，不借助中介。直截了当地批评能表现双方的良好关系，表现批评者对对象的信任，因此，该直截了当的时候而不直截了当，反倒会影响批评的效果和双方的关系。

2. 弦外之音式

人难免会因一时的糊涂而犯错误，这就需要批评者在批评时把握分寸：既要指出对方的错误，又要给对方留面子。必要时，可巧妙地用"弦外之音"暗示一下他的错处，使他产生一种压力。

3. 幽默式

出于善意的幽默式批评不同于尖刻的讽刺、嘲弄，这是由批评者的出发点及态度决定的。幽默式批评应该做到不低级庸俗，语言形象、生动，深入浅出。

4. 暗示式

在生活中，并不是每句话都必须直说出来，有时候以暗示代直言，同样可以收到机智应变的效果。

5. 诱导式

不直接批评对方，而是用设问诱导的方法，一步步摆事实讲道理，将对方的观点驳得不留余地，却又合情合理，让对方在不知不觉中就接受批评意见。

6. 点到为止式

指正的话越少越好，能用一两句使对方明白即可，然后将话题转到其他地方。不要喋喋不休，唠叨个不停，让对方陷于窘境，产生反感。对方做一件事情，其中有错误的地方应该指出，但做得正确的地方也应加以肯定，这样对方才会因为你是非分明而心悦诚服。

7. 请教式

即用请教的口气包含批评的意思，给个台阶让人下来。

8．先甜后苦式

我们都知道，赞美能让人谦虚，又能建立友善的气氛。在批评别人前，应先提及别人的优点，对他赞美一番，这就犹如刮脸时先涂点肥皂一样，可使人感到轻松愉快，消除刺激和敌意，使后面的批评更易于被接受。

每个人都需要真诚的赞美，也需要善意的批评。要想让对方接受你的批评，改正错误，就必须在批评前先给对方点"甜头"，然后再给他批评的"苦头"，这样才会让你的批评更有效。

批评的方式很多，除以上介绍的几种，还有鼓励式、声东击西式、启发式及自责式等，这些技巧都需要我们在社交实践中逐渐学习掌握，进而灵活运用。

应用批评语言技巧时，应注意以下问题：

（1）态度要诚恳、心平气和。批评人时要做到诚恳、认真、冷静、耐心。要力求做到诚恳、具体和准确。

（2）时机和场合要恰当。一是待双方交谈比较融洽时再批评。二是等双方冷静后再批评。一方面，批评者本身冷静下来，言辞就会缓和，避免偏激；另一方面，被批评者冷静下来，可以比较客观、公正地反省自己，认识自己的错处。三是除非迫不得已，尽可能避免当众批评别人。

（3）批评方式因人而异。批评他人要注意区分对象，采取不同的方法和语气。如对年轻人，要语重心长；对中年人，宜于旁敲侧击，点到即止；对长辈和上级，要巧妙提醒，含蓄委婉；对那些不讲理者，要理直气壮，以正压邪，在严厉批评之后，再辅之以耐心说服。

（4）动机与效果要统一。从动机上说，批评者的出发点必须是善意的、真诚的，做到尊重、理解和信任被批评者，最好是对事不对人。一般不要这样说："我本来不想说的，可是……"，"说了你也许不高兴，但我又不得不说，所以……"应该做到有的放矢，不可抓住一点不放，把别人说得一无是处，应把重点放在改善目前不足的方面。从效果上说，批评者不仅要考虑如何把正确的意见告诉对方，还要考虑对方能否接受你的意见，效果如何。否则，对方要么当面接受，但是过后行为照旧；要么表面同意，心里不服，甚至当面顶撞，使批评者无法下台。

第二节 面试口才

一、面试前的准备工作

参加求职面试，除了随身要携带必要的证书、文凭、照片等必需品之外，还要事先做好四方面的准备工作。

（一）背熟自己的求职履历

常常遇到有些求职太过频繁，而自己的求职履历又是经过精心"包装"的人，轮到面试时有时连自己都记不清究竟"工作经验"是怎样"排列组合"的了，一上阵便迅速"露出马脚"，不战自败。

（二）准备好同所申请的职位相吻合的"道具"

身上穿的、手上戴的、浑身上下的衣着均能反映出求职者对所申请的职位的理解程度。试想如果一家五星级酒店招一名公关经理，而应聘者下雨天穿着高统套鞋去面试恐怕同所申请的职位形象相去甚远。所以面试时的"道具"也应有所选择。

（三）准备好同自己身份相吻合的语言

每个人都应对语言和遣词用字有所选择，面试不同于闲聊，张嘴就来，可以不加思索。每句话，每一个词都应有所挑选。如不少不谙世面的求职者参加面试时张口闭口"你们公司怎么怎么"，听多了肯定会引起别人的反感。应该十分有礼貌客气地说"贵公司"，礼多人不怪嘛！

（四）准备好同选择的职业和身份相吻合的行为规范

面试时的细小行为最能说明一个人的真实情况，一个个人物品杂乱无章，甚至连钢笔都找不到的人，是很难得到面试考官的青睐的。

二、面试的开场白

走进面试考场，你应尽量放松自己，表情自然，面带微笑，给人以真诚、亲切的印象。通常情况下，主考官都会以一句充满感情色彩的客气话，把你引入试题。如"欢迎你应聘我们某某公司，我们期盼你考出好成绩！"这里，你可以微笑着点头致意，也可以说声"谢谢"。

在主考官没有请你就座之前，你不要急于坐下。主考官说过"请坐"之后，你再坐下，挺直身子，目光注视着考官。主考官会很快切入正题："请你简单谈谈自己的经历和特长"。

这是每个应聘者都应精心准备的内容。开头开得好不好，主要看你怎么回答这个问题。现实招聘面试中，不少求职者回答这一问题时，显得琐碎、啰唆、没有条理。有的从上小学谈起，初中、高中、进厂、干什么工作、表现怎样等，过于详尽；有的甚至什么时候结婚、什么时候生孩子等家庭情况也详细介绍，不仅占用过多时间，而且让人觉得乏味。

那么，应该怎么介绍自己呢？

下面是一位求职者面试时的自我介绍："我的经历非常简单。1985 年，18 岁的我高中毕业没有考上大学，招工进入某厂当上了一名车工。从此，我操刀切削十多年。其间 3 次参加全市车工岗位技术大比武，荣获两次第 3 名，一次第 2 名。去年企业破产，我下岗失业。下岗后参加过 3 个月的电脑培训，3 个月的英语培训，取得两个上岗证书，为我掌握现代化的数控车床打下了基础。听说贵公司招聘技工，我觉得我是比较合适的人选。"主考官微笑着频频点头。

从上例中可以看出，介绍自己简历时可以从参加工作时讲起，不要拉得太远；经历中重点介绍自己从事什么工种，有何特长，凡与此无关的都可省略；能够显示自己优势的，可以讲详细些，而且与招聘内容联系起来。例如，三次参加技术比武获奖，两次参加技术培训，都显示了应聘者的技术水准，可以说正投招聘者所好。所以，立刻引起主考官的兴趣。当然，介绍自己的经历中的成绩时，要注意口气，既巧妙地表露出来，又不显示出自我吹嘘的痕迹，给人以自信、谦逊、不卑不亢的印象。在应聘前的准备过程中，要注意把握好分寸。

三、面试说话技巧

求职面试时，为了能在较短的时间内成功地推销自我，应试者的讲话策略与口才是一个关键因素。下面介绍几种面试口才的实用技巧。

（一）三思后答

面试场上，考官们经常采用的一个基本策略就是尽量让应试者多讲话，目的在于多了解一些应试者在书面材料中没有反映的情况。

有一位求职者在面试时，当考官问"你有什么缺点"时，他按事先准备好的答案作了回答。但他一看考官听了之后没有吱声，就以为是自己答得不好，又怕冷场，于是又讲了一个缺点。可是考官一直静静地听着还是不说话，就这样，求职者一个又一个地讲了不少，而且讲出来的话都是没有经过预先考虑过的。

俗话说："言多必失。"这样应答是不明智的，其结果吃亏的往往是应试者自己。

你在面试时一定要注意把紧自己的嘴巴，如果认为已经回答完了，就不要再讲。最好不要为了自我推销而试图采用多讲话的策略来谋求在较短的时间内让招聘方多了解自己，事实上这种方式对大多数人来讲并不可取。该讲的讲，不该讲的决不要多讲，更不要采取主动出击的办法，以免画蛇添足、无事生非。

（二）随机应变

面试当中，对那些需要从几个方面来加以阐述，或者"圈套"式的问题，应试者要注意运用灵活的语言表达技巧，不要一开始就把话讲死。否则，很容易将自己置于尴尬境地或陷入"圈套"之中。

当考官提出"×××，你认为应抓住几个要点？"之类的问题时，你的应答最好这样开头："我认为这个问题应抓住以下'几个'要点。"在此用"几个"而不用具体的数字"三个""四个"或"五个"来回答，给自己预留了灵活发挥的空间，可以边回答边思考边丰富。反之，如果话一讲死，一旦出现卡壳，就会慌乱、紧张，本来完全可以应答的问题也就答不好了。

当考官提出"据说你对'××'问题很有研究，不妨谈些你的看法"这样一些诱导式的问题时，你的应答须特别谨慎。因为考官提出问题的时候，就把你界定在一个特定的背景下，实际上是为了对你作深入了解所设定的"圈套"。即使你真的对"××"问题很有研究，也切不可自以为是，否则你将面临难度更大的追踪性问题。你不妨这样回答："谈不上很有研究，只是略知一二，可以共同探讨一下。"这表面上是对考官的谦恭，而实质在于给自己留下回旋的余地，以便随机应变。

（三）沉着理智

有时面试时，考官会冷不防地提出一个应试者意想不到的问题，目的是想试试应试者的应变能力和处事能力。这时，你需要的是稳定情绪，千万不可乱了方寸。

有一家外贸进出口公司在一次人才交流会上招聘秘书，某小姐过关斩将，各方面的条件都符合招聘单位的要求，正当招聘单位欲拍板录用她时，一名考官灵机一动，又提了一个问题："小姐，如果在将来的工作中，你接待的客人要你陪他跳舞、你不想跳，但不跳又不行，你会怎么办？"

没想到考官的语音刚落，那小姐当即涨红了脸，对着招聘人员愤怒地说："你们是什么鬼单位，在这里摆摊招舞女！"说完，连求职材料也未取回就气呼呼地扬长而去。

其实那家公司是一个很正派、很有声望的企业，那位考官提出的问题可以说是工作中常会碰到的问题，并没有什么不健康，也不难回答。如果是你，不妨这样回答："我们这个公司是一个正规企业，我想不会碰上不三不四的人，正常情况下跳跳舞也不是什么坏事。"

（四）模棱两可

应试场上，考官时常会设置一些无论你作肯定的回答还是作否定的回答都不讨好的问题。比如，考官问："依你现在的水平，恐怕能找到比我们公司更好的单位吧？"如果你的回答是肯定的，则说明你这个人心高气傲，或者"身在曹营心在汉"；如果你的回答是否定的，不是说明你的能力有问题，就是自信心不足；如果你回答"我不知道"或"我不清楚"，则又有拒绝回答之嫌。真是左右为难！

别急，当你遇到这种任何一种答案都不是很理想的问题时，就要善于用模糊语言来应答。可以先用"不可一概而论"作为开头，接着从正反两方面来解释你的观点。不妨这样回答这个问题："或许我能找到比贵公司更好一点的企业，但别的企业在对人才培养方面或许不如贵公司重视，机会或许也不如贵公司多。我想，珍惜已有的是最为现实的。"这样回答，不仅能让自己置于一个有利的位置，而且会让考官领略到你的高明和"厉害"。

（五）自圆其说

在面试中，有时考官所提的一些问题并不一定要求有什么标准答案，只是要求面试者能回答得滴水不漏、自圆其说而已。这就要求应试者答题之前要尽可能考虑得周到一些，以免使自己陷于被动。

有一位商场的采购经理参加一次面试，当考官提出"请你举一个实例说明你的工作规范和流程"时，他回答："这有可能涉及我们的商业秘密。"考官说："那么好吧，请你把那些不属于商业秘密的内容告诉我。"这样一来，问题的难度更大了，他先得分清楚哪些是商业秘密，哪些不是，一旦说漏了嘴，则更显出其专业水平不够。不能自圆其说，很可能会被逼入"死角"。

有两个典型的考题，在面试场上出现的频率最高。一是"你最大的优点是什么"，二是"你最大的缺点是什么"。这两个考题貌似简单，其实很难答好。

因为接下来考官会追问："你的这些优点对我们的工作有什么帮助？""你的这些缺点会对我们的工作带来什么影响？"之后，还可以层层深入，"乘胜追击"，应试者是很容易陷入不能"自圆其说"的尴尬境地的。面试在某种程度上就是一种斗智，你必须圆好自己的说辞，方能滴水不漏。

（六）思维多变

面试中，如果考官提出近似于游戏或笑话式的过于简单化的问题，你就应该多转一转脑子，想一想考官是否另有所指，是否在考察你的 IQ、EQ 或 AQ；如果是，那就得跳出常规思维的束缚，采用一种非常规思维或发散式思维的方式去应答问题，切不可机械地作就事论事的回答，以求收到"歪打正着"的奇效。

有一位学历并不高的女青年到一家大公司应聘管理人员的时候，一位考官突然提问："请问，一加一是多少？"女青年先是一愣，略一思索后，便出其不意地反问考官："请问，你是说的哪种场合下的一加一？如果是团队精神，那么一加一大于二；如果是单枪匹马，那么一加一小于二。所以，'一加一是多少？'这就要看你想要多少了。"由于女青年采取了非常规性应对方式，在众多应试者中，她便脱颖而出了。

（七）委婉机敏

应试场上，考官往往会针对求职者的薄弱点提出一些带有挑战性的问题。比如，对年轻的求职者会设问："从你的年龄看，我们认为你担任经理这个职务太年轻了，你怎么看？"对年龄稍大的求职者又会设问："我们觉得你的年龄稍大了点，恐怕在精力方面不如年轻人，你怎么看？"等等，面对这样的考题，如果回答"不对""不会""不见得吧""我看未必""完全不是这么回事"，等等，虽然也能表达出自己的想法，但由于语气过于生硬，否定过于直接往往会引起考官的不悦。

比较好的回答应该是"这样的说法未必全对""这样的看法值得探讨""对这样的观点可以商榷""这样的说法是有一定的道理，但我恐怕不能完全接受"，等等。

总之，面对这样一些带有挑战性的考题，你一定要心平气和，较为委婉地加以反驳和申诉，绝不可情绪激动，更不能气急败坏，以免引起考官的反感而招致应试失败。

（八）大胆假设

面试中，偶尔也会出现一些近乎怪异的假想题，这类题目一般都具有不确定性和随意性，这也使应试者在回答时有了发挥想象的空间和进行创造性思维的领域，你只要充分利用自己积累的知识，大胆地以"假设"对"假设"，就能够争得主动，稳操胜券了。

一位华裔小姐到一家美国公司应试，在"微软"众多稀奇古怪的问题中，她遇到了这样一道怪题："在没有天平的情况下，你该如何称出一架飞机的重量？"这是一个假设性的问题，刁钻怪异得近乎天方夜谭。

你瞧，这位华裔小姐来了个"以牙还牙"，也用假设法作了应答"这要看你用中国式还是美国式的方法了。假如是中国人，他会从古老的'曹冲称象'中得到启迪；假若是美国人，他或者现实一些，拆下零件来分别过磅就是，也可以浪漫一些，发明一种特大型吊秤也并非不可能。"这种颇有想象力且极富创意的应答，令考官不得不为之惊叹，于是她顺理成章通过了面试关。

（九）含蓄大度

一些女性应试者在应聘诸如公关小姐、秘书、演员等特殊岗位时，经常会遇到考官提出的比较敏感的问题，一般来说，应试者可以采取较为模糊、含混而又大度的方式予以回答。因为这种情形下，考官的用意主要在于测试你的应变能力或智商，所以，模糊、含混一些非但无伤大雅，有时反而还能起到证实应试者智力和应变力的作用。

一位少女到某影视传播公司应试，考官提出这样一个匪夷所思的问题："如果你被录用了，遇到这样一个剧本，其中有裸体的镜头，你该如何对待，是接，还是不接？"

面对这令人难于启齿的问题，少女脸一红，旋即答道："这要看哪种情形了。如果跟剧情关系不大，仅仅是为了招徕观众，取悦观众，我是不会主动接它的。当然，如果确实是因剧情需要，我想，我也会要求导演用其他方式来处理，比如，画面的朦胧感、镜头的调整等等。"

这种既不肯定又不否定的应答，看似模棱两可，却在护卫自己人格的同时，又巧妙地避开了问题的实质。难怪，考官们被她的聪明所打动，使她顺利走向了银屏。

（十）针锋相对

应试场上，若遇考官"刁难"，善于"较量"也是一个"撒手锏"。

一位华裔女生前往牛津大学面试，为了一个实验课题，她与主持人发生了争执。

主持人有些愠怒道："你以为这就能说服我吗？不，不！"应试的华裔女生平静地说："当然不一定，因为我还没出生时，你就是心理大夫了。不过，如果没有人来做这个实验，那就永远不会有人知道我和你谁对谁错。"

主持人仍然不依不饶："就凭你那个实验方案？它有十处以上的错误！"华裔女生道："那只能表明它还不成熟；正因为这样，我才向您拜师来了啊。"

主持人愣了一下，又说："你以为我会指导一个反对我的人吗？"华裔女生笑了："我选择这个课题，是因为你在自己的专著里提出了这样一个问题：'行为治疗的目的，是给饱受痛苦折磨的人一个正常人生活的权利。'老实说，您书中的其他话我不一定赞同，可这句话却成为我前来求学的动力。"

在一番"针锋相对"的"较量"之后，主持人不得不对这位东方女性刮目相看，他欣然录取了这位颇有胆识与个性的华裔女生。显然，这里的"撒手锏"无疑是应试者在"较量"中巧妙地引用了主持人的专著。

第三节 谈判口才

日常生活中，我们都有过这样的经历：在农贸市场买东西时讨价还价；骑自行车闯红灯，交通警察过来干涉，你跟他解释；夫妻为买家用电器而争论……

凡此种种，每个人都会遇到，这些都是在不知不觉中进行着谈判。美国著名谈判专家荷伯·科恩说："世界是一张巨大的谈判桌，每个人都有可能成为谈判者。"

谈判作为一种人际沟通方式应用非常广泛，它已经成为人们必须掌握的一项基本技能。这里首先介绍一下谈判语言艺术的基本知识。

一、谈判基本知识

（一）谈判的含义及特征

什么是谈判呢？广义上的谈判是指人们为某事进行交谈、协商的所有活动。从狭义上讲，所谓谈判就是指在正式、专门场合中就重大利益问题进行的协商性会话，即重大问题的协商。

谈与判是两个紧密相连的过程。谈，就是各方充分地阐述其追求的目标、利益需求，应承担的义务和权利、建议、意见等；判，则是对双方共同认可的事项的确认。所以，谈是判的基础，判是谈的结果。

谈判口语不同于日常说话，它具有以下特征：

1. 平等性

虽然谈判过程中可能存在强势与弱势、主动与被动的分别，但双方在法与理上是平等的，一方不能将意见强加给另一方。

2. 功利性

驱动谈判的动力是需要，谈判双方皆为满足自己的需要而走向谈判桌。世界上每时每刻都有谈判者在为着不同的功利需要进行着言语交锋，无论是哪一个层次的谈判——个人间的、组织间的或国家间的。

3. 时效性

谈判注重效率，在战术上具有很强的时效性。谈判之初，参谈双方都有自己预定的谈判决策方案，其中包括各谈判阶段所安排的内容、进度、目标，以及谈判的截止日期等。这种时效性特征也可用作迫使对方让步的武器。

4. 随机性

谈判必须根据不同的谈判对象、不同的谈判内容、不同的谈判阶段、不同的谈判时机，随时调整话语的表述方式，采用不同的句型、不同的语气、不同的修辞，随机应变地运用自己的口才技巧，与对方在谈判桌上周旋。

5. 策略性

谈判与辩论一样，既是口才的角逐，也是智力的较量。或言不由衷，微言大义；或旁敲侧击，循循暗示；或言必有中，一语道破；或快速激问；或絮语软磨……出色的谈判大师总是善于鼓动如簧巧舌，调动手中筹码，而取得意外的成功。

6. 反馈性

谈判的双方斗智斗勇，往往会出现许多稍纵即逝的取胜机会。谈判者不仅要反应敏捷，而且要做出正确判断和回答。抓住了机会，也就抓住了成功。所以，谈判的语言一方面要就己方的谈判条件争取到最大的满足；另一方面要迅速捕捉对方谈话中的矛盾或者漏洞，不失时机地加以利用，这就是谈判语言迅捷的反馈性。

7. 复杂性

谈判是一个错综复杂的口语表达过程。影响决策的因素很多，如上级的干预、谈判同事的影响、竞争对手的影响、各种社会关系的影响等；难以预见甚至无法预见的因素也很多，风险大，稍不注意就会造成大的损失；双方都会运用心机，因此可能出现假象或迷雾，使情势复杂化。

总而言之，谈判是一门高深的科学，是一门复杂的技术，是一门语言艺术。

（二）谈判前准备

在真正成功的谈判中，知己知彼是一种必需的准备，只有在这种准备的基础上，才能选择具体而有效的谈判方式，反击对手，使自己立于不败之地。

1. 谈判人员准备

谈判人员的选择直接影响到本方与对方的关系，影响到本方人员之间的协同配合，影响到本方把握谈判机会的能力和谈判的最终结果。

（1）广博的知识。谈判人员除了应该精通谈判心理学和行为学，具有丰富的谈判经验与应付谈判中复杂情况的能力等，还要掌握有关商品法规，以及国际法和国际惯例知识、相关各种专业知识等。这些知识为谈判者谈判准备了充分的前提，也是一个合格的谈判者应具备的基本素质。有了这些知识，谈判者才能充满自信地走向谈判场——自信是谈判者良好气质和风度的表现。

（2）良好的仪表。良好的仪表首先表现在服饰方面。谈判者切忌不修边幅或服饰过于华丽、新奇，以防止过分影响对方的情绪，有碍谈判的进行。发式方面，男士要常修剪头发，保持整洁，不要留长发或怪发型。发式自然且梳理整齐，给人以干练、庄重之感。女士的发式多变，但不可怪诞。

（3）优雅的谈吐。在谈判过程中，谈判人员的谈吐要大方得体。一个优秀的谈判人员说话时要不温不火、不卑不亢。反之，若言语表现急于求成，或唯唯诺诺，则容易受制于人。除此之外，在谈判中说话的音调抑扬顿挫，也能增加语言的内容和效果。如果语调冷漠平板，则给人以拒人于千里之外的感觉。若谈话时音调自然、饱含感情，就容易使双方消除紧张情绪，在谈笑中从容应答，给谈判带来一个完满的结局。

（4）大方的举止。出席谈判的人员举止要自然大方，优雅得体，具体表现在以下几个方面：

①站——要身体挺直，双目平视，男性两脚分开不超过肩宽，女性脚跟并拢，双

手交叠置于前腹或自然垂直。这样的站姿会显得精神焕发，挺拔而庄重。

②走——要挺胸收腹，步态稳健，步伐适宜，显得持重文雅，敏捷轻松。

③坐——谈判时坐在谈判桌前的时间较多，应该注意：一般是从椅子的左侧入座和离座；主方人员不要先于客方人员落座；女士入座时，需抚平裙摆，通常只坐椅面的三分之二，不要仰靠椅背；坐下后身体挺直，目光注视说话者，双手可十指交叉平放在腿上或桌子上。

④握手——握手时要主动、热情、有度、规范，让对方感到友好和尊重。

（5）友好的态度。谈判人员的态度直接影响谈判双方的情绪和谈判效果。如果一方态度恶劣或过于强硬甚至攻击对方，往往使谈判陷入僵局。如果双方态度中肯、亲和，则容易营造融洽的交谈气氛。同时，谈判者的举动也反映了谈判的效果。

总之，谈判者应多参加社交活动以掌握社交礼仪，增加社交经验，还要多参加谈判活动以积累丰富的谈判经验。同时，积极总结教训，查找不足并及时地加以补正，这有利于谈判者在下一次谈判中更从容镇静，更具有风度和培养慑人的气质。

2. 信息准备

信息准备是谈判决策的必要条件和谈判成功的重要基础。掌握信息越迅速、越及时、越准确，所作的决定、规划就越科学、越合理，而谈判就越主动、越有效。

不打无准备之仗。谈判依赖于事前的调查。谈判前需要调查的内容很多，诸如谈判所需的文字、图表、数据、音像等资料的收集整理，谈判地点的选择，谈判协议的草拟，谈判人员的衣、食、住、行，等等。另外，选好谈判代表，规定谈判目的，确定最佳结果和最低限度，提出多种思路并预先设计好方案，拟定谈判日期、程序及使用的策略和技巧，分析对方可能采用的策略和战术并制定一套相应的对策，所有这些都是谈判者应当事先考虑到的。

在真正成功的谈判中，了解对手是一种必需的准备。只有在这种准备的基础上，才能选择具体而有效的谈判方式反击对手，使自己立于不败之地。要真正地了解对手，必须明确谈判对手属于哪一种类型，这样才能在谈判桌上采用行之有效的手段和方法，既可节省精力又可一击而中。

有些人在谈判中爱虚张声势，动不动就对对手进行威胁、恐吓，这是一种强硬型的谈判方式。强硬型的谈判对手的情绪往往表现得十分激烈，态度强硬，在谈判中趾高气扬，不习惯也没耐心听对方的解释，总是按照自己的思路，认为自己的条件已经够好了。面对这样的谈判对手，最好做好心理准备，以应付各种尴尬场面，并在耐心的基础上，理直气壮地提出本方的理由。

进行反击之前，最好先了解一下对手的情况：他如此强硬的原因是什么？是否根据上级的指示，亦或许这只是他的一种谈判技巧？是否是由于谈判者个人的性格和作风造成的？只有摸清了这些情况，才能从容地进行有效反击。

一般的强硬型谈判对手通常是仅仅采取防御姿态坚持自己的原则立场，而攻击型谈判对手则不然，他们往往有目的、有针对性地向对方发起进攻，迫使对方屈服，甚至会不给对方反抗的余地。攻击型的对手表面上看起来并不都是那么吓人，击败他的关键之处是要找到其要害，也就是其理由不足之处。

还有一种谈判对手是搭档型的谈判者，他们在谈判的过程中若隐若现，虚实相间，最令人防不胜防。搭档型谈判对手的表现通常是：当谈判开始时，对方只派一些低层人员作为主谈手。等到谈判快要达成协议时，真正的主谈手突然插进来，表示以前的己方人员无权作出这样的决定，或是以前所谈的价格过低，或是时间难以保证。当你表示失望或觉得一切都完了的时候，对方会说："如果你确实急需，我也可以与你成交，但至少在价格上要作些调整……"你此时往往会无可奈何。因为谈判进行到这个时候，你已完全摊开了底牌，对方掌握了你谈判的一切秘密，如果你想达成协议，除了作出让步别无他法。

逼迫型谈判者也是很难对付的一种谈判对手，他们通常会采取各种方式来威胁对方，使对方就范，如利用期限进行逼迫，利用对方的竞争对手进行逼迫，利用拖延战术进行逼迫，甚至还会用无中生有的方法进行逼迫等。这些逼迫方式只要运用得巧妙，其效果往往是不错的，有时甚至比正面的强迫威逼效果还要好。

在谈判中，一方面要识破对方的威逼手腕，并采取相应的方法将其攻破；另一方面，也可以适当地使用一些威逼的方法，迫使对方就范，使谈判形式朝着有利于自己一方的方向发展。

如果进行的是涉外谈判，除了要了解对方的业务信息以外，还应考虑到对方的文化习惯、语言和价值观的不同，采取相应的应对措施。

（1）与日本人谈判。首先，日本人十分重视看得见的东西。因此，直观材料，包括样品、图解、图表、图片等，都有助于说明、强调甚至代替书面材料来说明己方观点。其次，如果己方作出了某种让步，不要建议日本人也作出相应的让步。这是日本人自己的事，要由他们自己决定。当然，你可能会说："如果你在这个问题上妥协，我们就给你这种好处。"但是，日本人喜欢提出建议，至少在谈判时如此。你可以通过某一个中介或你的中间人私下向日方传达你的希望，但是当日本人在你面前提出某项建议时，即使那主意是你的，也要显得是他们自己想出来的主意。

另外，注意不要公开批评日本人，如果他们在同事和对方的面前丢了脸，会感到羞辱和不安，谈判也会因此而终结。同时，不要与日本人正面交锋或攻其不备，对于公开的挑战，日本人通常不会立即作出反应。他们对临时找借口感到不自在，还可能由于你的话让他们无法回答而感到难堪。因此，如果有什么使对方感到不安的问题或需要澄清的事项，最好是在会谈之外正式提出来。如果属于棘手问题，就让中间人来提，这样就会得到较好的答复，而日本人也会欣赏你的敏锐和机智。

（2）与美国人谈判。美国人对时间非常吝啬，他们有句谚语："不可盗窃时间。"在他们的观念中，时间也是商品，时间就是金钱。他们常以"分"来计算时间，比如一个人月薪 10 万美元，他的每分钟就值 8 美元。他们在谈判过程中连一分钟也舍不得去做无聊的会客和毫无意义的谈话。假如你占用了他 10 分钟，在他看来，就是你偷了他多少美元。因此"不可盗窃时间"就成为每个美国生意人和谈判者的格言。

美国人喜欢一切井然有序，不喜欢与突然闯进来的"不速之客"去洽谈生意。美国商人或谈判代表总是注重预约洽谈。何日何时，在何地点，谈多长时间，都要预先约定。双方见面之后，稍作寒暄，便开门见山，直接进入谈判正题，很少有不必要的废话。

（3）与英国人谈判。与英国人交谈，忌讳涉及爱尔兰前途、共和制优于君主制的理由、欧盟和北大西洋公约组织中承担义务最多的国家，以及大英帝国的崩溃原因等话题。英国人很保守，沉默寡言。流行的谈话题目是天气。切忌将"女王"说成"英格兰女王"，面对威尔士和苏格兰人时更不能这么讲，正规的说法是"大不列颠及北爱尔兰联合王国女王"。

在与英国人谈判时，注意不要只顾自己滔滔不绝地讲下去。因为按他们的文化习俗，打断别人的讲话是不礼貌的，但他们被迫听下去时，往往会显得局促不安，眼睛发呆，失去光彩。英国人素有绅士风度，谈判中即使形势对他们不利，他们仍然彬彬有礼。不能只看其表面上的风度而作出错误估计。

英国人谈判比较灵活，喜欢对方提建设性意见。因此，应当利用其"修养与风度"，耐心细致地启发诱导，并佐之以说服力强的证明材料，有理有据、平和委婉地点出其技术、价格上的问题，使其出于面子不得不放弃原有立场而向我方靠拢。另外，根据英国人谈判比较灵活的特点，还应多提积极性的意见或方案，就对方在方案的选择、斟酌中趋向统一。此外，与英国人谈判，凡事都应有一定的程序，不能操之过急。

3. 制定方案

制定周密、细致的谈判方案可使谈判人员各负其责，协调工作，有计划、有步骤地展开谈判。同时，谈判方案也是保证谈判顺利进行的必要条件，是取得谈判成功的基础。

首先要制订谈判计划，它包括主题、目标、议程、进度和基本策略。其次要选择好谈判的时间和地点。谈判时间的长短、时机都是需要考虑的因素。谈判地点的选择包括国家、地区的选择和场所的选择。主场谈判、客场谈判、第三地谈判都会产生不同的影响。此外，谈判场所的布置，谈判室及室内用具的准备，甚至谈判桌的摆放及座次安排，以及食宿、交通安排等都应有详细的计划。

二、谈判口才技巧

美国语言学家、哈佛大学教授约克·肯说："生存，就是与社会、自然进行的一场长期谈判，获取你自己的利益，得到你应有的最大利益，这就看你怎么把它说出来，看你怎么说服对方了。"作为一种复杂的智力竞争活动，谈判口语表达技巧选用得是否得当、能否成功，直接影响着谈判目标的实现与否。

（一）谈判提问技巧

提问是有力的谈判工具。边听边问可以引起对方的注意，引导他思考的方向；可以获得自己不知道的信息，尽量让对方提供自己未掌握的资料；可以传达自己的感受，引起对方的思考；可以控制谈判的方向，使话题趋向结论。为了获得良好的提问效果，需掌握几种常见的提问方式。

1．限制型提问

它能帮助提问者获得较为理想的回答，减少被提问者说出拒绝的或提问者不愿接受的回答。这种提问形式的特点是限制对方的回答范围，有意识、有目的地让对方在所限范围内作出回答。例如，有一次，华盛顿家里丢了一匹马，他获悉是一位邻居偷走了，就同一位警官去索要。但邻居声称那是他自己家的马。华盛顿灵机一动，走上前去，用双手捂住马的眼睛，然后对邻居说："告诉我，你的马哪只眼睛瞎了？""右眼。"邻居答道。华盛顿放开蒙右眼的手，马的右眼并不瞎。"我说错了，马的左眼才是瞎的。"邻居急着争辩道。华盛顿放开蒙左眼的手，马的左眼也不瞎。"我又说错了……"邻居还想狡辩。"是的，你错了。"警官说，"现在已经证明马不是你的了，你必须把它还给华盛顿先生。"

2. 婉转型提问

这种提问是用婉转的方法和语气，在适宜的场所向对方发问。这种提问是在没有摸清对方虚实的情况下，先虚设一问，投一颗"问路的石子"，避免因对方拒绝而出现难堪局面，又能探出对方的虚实，达到提问的目的。例如，"这种产品的功能还不错吧？你能评价一下吗？"

3. 引导型提问

引导型提问是指具有强烈的暗示性和引导性的提问。例如，"经销这种商品？如果不给 20%的折扣，我方利润很少，很难接受。"这类提问几乎使对方毫无选择余地，只能按发问者预先设计的提问作答。

4. 借助型提问

这种提问方式是指借助于权威人士的观点、意见，影响谈判对手的一种提问。例如，"我们请教了××先生，对贵公司的这种产品有了较多的了解，请您考虑是否把价格再降低一些？"

采用这种提问方式时应当注意，所借助的人或单位应是对方所了解的，能使对方产生积极影响的，如对方不了解借助人，或对他有看法，就可能引起反感，效果反而会适得其反。

5. 协商型提问

如果你要对方同意你的观点，应尽量用商量的口吻向对方提问。例如，"你看这样写是否妥当？"这种提问，对方比较容易接受。而且，即使对方不能接受你的条件，谈判的气氛仍能保持融洽，双方仍有合作的可能。

6. 澄清式发问

针对对方谈话内容，促使其证实或补充的发问。这种发问可使对方的回答更清晰、具体，而且有利于发掘更充分的信息。例如，"上述情况没有变化，是不是说你们可以按期履约了？"

7. 虚设型提问

虚拟假设，其作用一是分析利害，迫使对方选择让步；二是诱使对方进入圈套，以便自己如愿以偿。例如，美国著名谈判专家荷伯·科恩一次飞往墨西哥城主持一个谈判研讨会。抵达目的地时，旅馆告之"客满"。此时，荷伯施展了他的看家本领，找到了旅馆经理问："如果墨西哥总统来了怎么办？你们是否要给他一个房间？"

经理回答："是的，先生。"

荷伯接着说："好吧，他没有来，所以，我住他那间。"结果他顺顺畅畅地住进了总统套房，不过附加条件是，总统来了必须立即让出，而这个概率是很小的。

除了方式不同外，谈判提问时还必须注意以下几个问题：

（1）适时地提问

在对方发言时，如果我们脑中闪现出疑问，千万不要中止倾听对方的谈话而急于提问题。这时我们可先把问题记录下来，等待对方讲完后，有合适的时机再提出问题。通过总结对方的发言，可以了解对方的心态，掌握对方的背景，这样发问才有针对性。此外，不要在对某一话题的讨论兴致正浓时提出新的问题，而要先转移话题的方向，然后再提出新的问题，这样做有利于对方集中精力构思答案。

（2）恰当地提问

如果按问题规定的回答方式能够得到对方接受的判断，那么这个问题就是一个恰当的问题，反之就是一个不恰当的问题。所以，在磋商阶段，谈判者要想有效地进行磋商，首先必须确切地提出争论的问题，力求避免提出含有某种错误假定或敌意的问题。比如，一位牧师问一位长老："我可以在祈祷的时候吸烟吗？"他的请求遭到严厉的拒绝。而另一位牧师是这样问的："我可以在吸烟的时候祈祷吗？"他被允许了。

（3）有针对地提问

问题要有针对性，也就是说一个问题的提问要把问题的解决引导到某个方向上去。例如，当买主不感兴趣、不关心或犹豫不决时，卖主应问一些引导性问题："你想买什么东西？""你愿意出多少钱？""你对我们的消费调查报告有什么意见？"等。提出这些引导性的问题后，卖方可根据买方的回答找出一些理由来说服对方促成对方与自己成交。

（二）谈判答复技巧

答复更趋向于承诺，是谈判中最重要的方面之一。答复不准确，就会给自己造成极大的被动。所以，答复时应掌握好以下技巧。

1. 有备而答

古人云："凡事预则立，不预则废。"谈判者对答复必须"有备"方能"无患"。

为了使回答问题的结果对自己更有利，在回答对方的问题前做好准备，以便构思好问题的答案。回答的准备工作包括三项内容：一是心理准备。即在对方提问后，可以利用喝水、翻笔记本等动作来延缓时间，以稳定情绪，而不是急于回答。二是了解问题。即要弄清对方所提问题的真实含义，以免把不该回答的问题也答了出来。三是准备答案。答案应只包括那些该回答的部分。

2. 局部作答

谈判中并非任何问题都要回答，有些问题并不值得回答。在谈判中，对方提出的问题或是想了解己方的观点、立场和态度，或是想确认某些事情。对此，我们应视情况而定，对应该让对方了解或者需要表明己方态度的问题要认真作答；而对那些可能会有损己方形象、泄密或一些无聊的事情，不予理睬就是最好的回答，但要注意礼貌。

3. 含糊应答

这种答复的特点是借助一些宽泛模糊的语言进行答复，使自己的回答具有弹性，即使在意外情况下也无懈可击。它可以起到缓和谈判气氛、使谈判顺利进行、保护己方机密的作用。例如：

甲："阁下的声明是否表示贵国政府对××协定的成效有所怀疑？"

乙："我不准备这样说，当然你可以按自己的理解去解释。"

乙虽对协定的成效有所怀疑，但没有正面回答，而是含糊其辞，不给对方抓住把柄，避免对己方不利。

4. 拖延回答

在谈判中如果对方所提的问题动机不明，或己方觉得"从实招来"于己方不利，或问题很棘手，而对方又频频催问，我方不便表示拒答，则可以实行"缓兵之计"拖延回答。日本有几个人是世界上著名的谈判专家，被称为谈判高手。他们谈判成功的诀窍之一就是具有很强的耐心，对许多问题绝不会立即作答。有一次，日本一家航空公司就引进法国飞机的问题与法国的飞机制造厂商进行谈判。为让日方了解产品的性能，法国方面做了大量的准备工作，各种资料一应俱全。谈判一开始，急于求成的法方代表口若悬河，滔滔不绝地进行讲解，翻译忙得满头大汗。日本人埋头做笔记，仔细聆听，一言不发。法方最后问道："你们觉得怎样？"日本代表有礼貌地回答道："我们不明白。""不明白，这是什么意思？"法方代表焦急地问道。日方代表仍然以微笑作答："不明白，一切都不明白。"法方代表看到一切都要前功尽弃，付诸东流，沮丧地说："那么……你们希望我们怎么办？"日方提出："你们可以把全部资料再为我们重新解释一遍吗？"法方不得已，又重复一遍。这样反复几次，日本人把价格压到了最低点。

日本抓住法方代表急于达成协议的弱点，以"不明白"为借口，施以拖延战术，迫使对方主动降低价格。

5. 答非所问

当有些问题不好回答时，回避答复的方法之一是"答非所问"，即似乎在回答该问题，而实际上并未对这个问题表态。例如：

"你提的这个问题我方也认为确实重要，我们的看法是必须切实解决，而这就涉及一个更为关键的问题，这就是……"

6. 巧用反问

即在倾听完对方的问题后，通过抓住关键的问题向对方反问以掌握主动。这种应对方式不但简短明了、切中要害，而且能表现强烈的感情色彩，在否定中显露锋芒。例如：

买方："请谈一下贵方价格比去年上涨 10%的原因。"

卖方："物价上涨与成本提高的关系是不言而喻的。当然如果你对这个提价幅度感到不满意的话，我很乐意就你觉得不妥的某些具体问题予以解释澄清，请问什么方面使你觉得不妥？"

（三）谈判说服技巧

说服的目的是要设法让对方改变当初的想法而接受自己的意见，这是谈判工作中最艰难的一步。谈判者说服对方时，是依靠理性的和情感的力量去使对方心悦诚服并转变态度的。说服注重的是心灵的呼应，它与那些依靠强制性的手段或欺骗性的手段来获得对方的服从有着根本的不同。谈判中应掌握以下说服技巧。

1. 把握说服的时机

在对方情绪激动或不稳定时，在对方的思维方式极端时，在对方敬重的人在场时，暂时不要进行说服。这时首先应设法安定对方的情绪，避免让对方丢面子，用事实适当地给其教训，然后才可进行说服。

2．运用诚挚的言辞

如果想赢得人心，必须使他首先相信你是最真诚的朋友。在谈判中进行说服应努力寻求并强调与对方立场一致的地方，对立场上的某些分歧，可以提出一个美好的设想，以提高对方接受劝说的可能性。要诚挚地向对方说明，如果接受了意见将会有什么利弊得失，既要讲明接受意见后对方将得到什么样的益处，也要讲明接受意见后对方的损失是什么、我方的损失有哪些。这样做，使人感到所提的意见客观、合乎情理，易于接受。

3．保持耐心委婉的态度

说服必须耐心细致，不厌其烦地动之以情、晓之以理，把接受你的意见的好处和不接受你的意见的害处讲深、讲透。不怕挫折，一直坚持到对方能够听取你的意见为止。在谈判实践中常遇到对方的工作已经做通，但对方基于面子或其他原因，一时还下不了台的情况。这时谈判者不能心急，要给对方一定的时间，直到达到谈判目的。

4．以共同点为突破点

在谈判中，要尽量多收集对方资料，如果找到了自己与对方的共同点，在谈话受阻碍时，就可以以这个共同点为题材来打开僵局，也更容易说服对方。

5．多用事实或经验

在说服艺术中，运用历史经验或事实去说服别人，无疑比那种直截了当地说一番大道理要有效得多。善于劝说的谈判者懂得人们做事、处理问题都是受个人的具体经验影响的，抽象地讲大道理的说服远远比不上运用经验和例证去进行劝说。

6．适时地使用幽默

在谈判的紧张气氛中，适时地加入一些幽默的元素，不仅能缓解剑拔弩张的气氛，而且能有效地使对方放松戒心。

7．恰当使用挑剔性语言

挑剔性语言的运用能够动摇对方的自信心，往往可以得到意想不到的结果。但需要注意的是，挑剔性语言的运用是有一定限度的，不能过于苛刻，漫无边际，不能与通行的做法和惯例相距太远，否则，会被人认为没有诚意而使己方受到损失。

8. 合理运用对比说理

对商务谈判来说，对比说理是将己方公司与一些类似的公司作比较，突出本公司的优势，诸如产品质量高、售后服务好、交货时间快等，使对方从对比中明白你的优势。因为强弱优劣的对比可以使事物之间的差异性更强烈地表现出来，从而在这种强烈的反差中大大强化优势，加强对方的印象和认识。

在谈判中出现障碍时，应当合理地运用对比说理，让对方认识到错过这次合作的机会将是多么可惜，从而打动对方。

9. 循序渐进的方针

说服要由浅入深，从易到难。谈判中的说服，是一种思想工作，因此也应遵照循序渐进的方针。开始时，要避开重要的问题，进行那些容易说服的问题，打开缺口，逐步扩展。一时难以解决的问题可以暂时抛开，等待适当的时机再行说服。

除此之外，要切记不能用胁迫或欺诈的方法说服。说服不是压服，也不是骗服，成功的说服必须体现双方的真实意见。采用胁迫或欺诈的方法使对方接受意见会给谈判埋下危机。

（四）谈判拒绝技巧

谈判中，当无法接受对方所提出的要求和建议时，如果直截了当地拒绝，就可能立即造成尖锐对立的气氛，对整个谈判产生消极的影响。在对对方说"不"时，必须讲究技巧。

1. 幽默法

直接地拒绝对方有时会难以说出口，如果能恰当地使用幽默等手法会使拒绝不再尴尬，而且不失风度。

2. 问题法

面对对方的过分要求，提出一连串的问题。无论对方回答还是不回答这些问题，都可以使他明白他提出的要求是不合适的。

3. 条件法

简单直接地拒绝对方必然会恶化双方的关系。不妨在拒绝对方前，先要求对方满足你的条件。如果对方能满足己方的条件，则你也可以满足对方的要求；如对方不能满足己方的条件，则你也无法满足对方的要求。这种方法的好处是既巧妙地拒绝了对方，又使对方没有理由对自己发火。

4. 模糊法

巧妙地使用模糊语言也可以避免矛盾激化，变被动为主动。模糊地回答可以避开一些敏感话题，避免泄密，还可以为自己以后的行为留有余地。

5. 补偿法

补偿法是在拒绝对方的同时，给予某种补偿。这种补偿往往不是"现货"，即不是可以兑现的金钱、货物、某种利益等，相反，可能是某种未来情况下的允诺，或者提供某种信息、某种服务等。这样就在拒绝的同时，保持着和平友好的关系。

除此之外，谈判中运用拒绝口语表达时还应注意，要多使用敬语，在客客气气中拉大双方的心理距离，让对方在受尊敬的同时有一种被拒之于千里之外的感觉，从而知难而退；对对方的话题进行分析，然而一句不漏地予以批驳，将"不"蕴涵在批驳之中，使对方在被拒绝后，仍无话可说；为使否定的回答不致带有很大的威胁性，努力用肯定的话讲出来。例如：

"是呀，但……"

"如果……这当然是可以的了。"

"我很喜欢你这个想法，但是……"

谈判中拒绝的技巧很多，但其原则只有一个，既要明确地表达出"不"，又让对方能够理解和接受。避免给对方造成伤害，为以后的合作保留一定的余地，把心有余而力不足的遗憾心情淋漓尽致地表现出来。拒绝的内容一定要明确，切忌模棱两可，让对方心存幻想。

谈判口才是一门艺术，又是一门学问，它实践性很强，功利性也很明显。生活中充斥着大大小小的谈判，每个人都可能遇到，因此，有必要通过学习丰富的书本知识、积累熟练的实践能力，使自己具备一定的谈判能力，在激烈竞争的人力资源、经济利益的谈判桌上立于不败之地。

第四节　推销口才

管理学家瞿鸿燊曾说:"什么叫营销?就是满足人的需要。中国的'儒'字就是'人+需'。推销商品首先要推销自己,顾客接受你了,自然会接受你卖的商品。"每个人的一生都在自觉或不自觉地推销自己。在我们生命的每一天,我们每一个人都是推销员,我们都在向我们所接触到的人推销我们的理念、计划、能力和热诚。

一、推销概述

推销是面谈交易,整个推销活动中,从接近顾客到解除疑虑,直到最后成交,都离不开口才。

(一)含义及特征

推销活动历史悠远,在人类发展的不同阶段都有着形色各异的方式;从最早的物物交换的易货行为到穿越大漠的新疆驼队,及至今天推销人员的频频访销,形式各异,种类繁多。虽然形式上千差万别,推销活动的基本要素却不外乎推销人员、推销对象和推销产品。因此,推销活动可以看做是推销产品由推销人员向推销对象运动的过程。在这个过程中,推销者要能紧紧围绕顾客的利益,运用种种推销技巧来说服对方,以促成交易。

推销活动离不开语言,推销语言是传递商品信息的重要媒介。推销员就是要从双方获益的目标出发,通过直接对话,说服顾客接受他所推销的产品或服务。所以,这里我们可以给推销口才下一个定义,即采用一定的推销方式与技巧,向消费者介绍商品或劳务或理念,引导、启发、刺激、说服对方产生需求欲望,促成对方接受的口语交谈活动的能力。

推销口才一般具有以下特征:

1. 目的性

推销语言有明显的目的性,从同顾客打交道开始,其目的就是宣传产品、推销商品。在开口说话前,推销人员就在心里思考着自己的下一步行为,如怎样说,产生什么效果,自己将怎样应付,等等,绝不会毫无目的地乱开口。在一般情况下,推销语言的目的是单一的。某个时间，某个场合，对某个人说什么样的话，目的相当明确，只要获得了期望的效果，目的就达到了。

2. 真诚性

从心理学分析，顾客在推销开始时往往处于一种防御的心理状态，对推销人员的语言往往是抵触和防备的，因此，推销人员第一步的工作就是要打消顾客的疑虑，建立和维护与顾客的良好关系。情真意切的语言可以缩短推销人员与顾客间的情感距离，消除顾客对推销人员固有的戒备心理。做到一是一、二是二，不花言巧语，不故弄玄虚。

3. 通俗性

通俗易懂的语言最容易被大众所接受。所以，推销人员在语言的使用上要多用通俗化的语句，要让自己的客户听得懂。对产品和交易条件的介绍必须简单明了，表达方式做到直截了当。表达不清楚，语言不明白，就可能会产生沟通障碍，影响推销的效果。

4. 诱导性

一位美国推销员贺伊拉说："如果您想勾起对方吃牛排的欲望，将牛排放在他的面前，固然有效，但最令人无法抗拒的是煎牛排的'吱吱'声。他会想到牛排正躺在黑色铁板上，吱吱作响，浑身冒油，香味四溢，不由得咽下口水。""吱吱"的响声使人们产生了联想，刺激了欲望。顾客都想得到价廉物美的商品，这就要求推销人员在推销商品时积极发挥自己的语言能力，在尊重事实的基础上极力宣传商品的功用、性能和特点，以增强商品对顾客的吸引力。

5. 灵活性

不同的顾客有不一样的心理，这就要求推销人员要善于了解顾客和商品的不同状况，推销语言因人而异、因物而异，以灵活变通的语言针对不同顾客的特点介绍商品，投顾客之所好。

推销的语言艺术就在于可以对顾客产生一种魔力，使顾客在不知不觉中被吸引，自觉自愿地购买推销人员所推荐的商品。

6. 时代性

集结了人类社会一切文明成果、作为思维和交流工具的语言，在商品推销中的运用是最富有时代性的。在商品推销中，陈旧过时的语言被淘汰，新的语言逐渐产生并传播出来，因此说话的内容具有很强的时代性。

（二）推销前的准备

推销的成败，与事前准备用的工夫成正比。因此，在见客户之前，推销人员应该做以下几个方面的准备工作：

1. 推销人员自身准备

（1）具备产品专业知识。假如一位推销人员没有完整的产品知识，顾客一问三不知，这样就会马上令让客户失去信赖感。

（2）具有充分的自信。这一点至关重要。要坚信做买卖是双方互利的事情，推销是在为对象服务而不是在损害对象的利益，从而消除畏缩心理；在充分了解商品的前提下，要相信自己的商品物有所值，从而理直气壮地去推销商品，去讨价还价。

（3）树立一个适当的目标。这是推销人员在准备期中必要的准备之一。没有目标，是永远不可能达到胜利的彼岸的。一位成功的推销人员介绍经验时说："我的秘诀是把目标数表贴在床头，每天起床时把今天的完成量和就寝时把明天的目标额记录下来，提醒自己朝目标奋斗。"

（4）塑造良好的形象。一位推销员在推销商品之前，实际上是在自我推销。一个蓬头垢面的推销员不论他所带的商品多么诱人，顾客也会说："对不起，我现在没有购买这些东西的计划。"推销员的外形不一定要美丽迷人或英俊潇洒，但一定要让人感觉舒服。那么在准备阶段你能做到的是预备一套干净得体的服装，把任何破坏形象、惹人讨厌的因素排除，准备以最佳的精神面貌出现在顾客面前。推销大师原一平先生在见一位公司董事长之前，询问其公司的一些员工：这个董事长经常去哪些地方？经常穿什么样的服装？领带多为什么颜色？皮鞋喜好什么牌子？当他跟该董事长见面时，他的着装跟那位董事长差不多，那位董事长吓了一跳。原一平告诉他说两件事发生了：第一件是英雄所见略同；第二件是在见你之前我做了充分而大量的准备，因为我认为你是我的重要顾客，我要像对待上帝一样对待您。那位董事长认为这说明原一平的品位很高，而且在我还不是他的顾客时，他就这样关心我、重视我，我真的成为他的顾客时，其服务质量一定很高。

2. 了解自己的产品

推销人员在做好了充分的心理准备之后，应该对自己推销的产品进行了解、研究。如果你不了解自己的产品，那么人们就会对你所进行的游说产生反感。同时也要准备好产品的相关资料，如产品说明书、价目表、公司的介绍等。这些资料在推销过程中是必不可少的，缺少其中的某一个资料都有可能使原本要成功的交易失败。

3. 了解客户情况

客户的相关资料包括很多，例如姓名、年龄、职业、身份、教育背景、生活水平、购买能力、社交范围以及业余生活等。因为客户是千差万别的，每个客户又都认为自己是最重要的，因此，推销人员一定要尽可能地了解对方的信息。了解对方后，就要"投其所好"，采取恰当的方式接近对方，使对方觉得你很尊重他，很重视他。

二、选择动听的话语

推销活动靠言语沟通，是双向交流。效果如何，在很大程度上决定谈话的艺术和技巧。所谓"句句动听，声声入耳"，意思就是言辞谈吐高雅，让人听起来舒服，这也是推销口才艺术最为基本的要求。因为顾客十分注意推销员的言辞，看你讲得是否有道理。一般说来，从言谈话语中，往往能直接反映出一个人是否实在及办事的可信赖程度。谈吐之美，在于用词恰当，言之有物，如实介绍情况，有一种自然的吸引力，从而打动别人的心扉，使人听得入迷，自然就对你的推销深信不疑，买卖就能做成。如果胡乱鼓吹，表现无知，或卖弄华丽的辞藻，言之无物，文不对题，都会使人产生轻鄙的感觉，不予信任，推销自然不会成功。因此，哪些语句，我们尽可能避免使用，哪些话题，我们需多加运用，是推销口才的着重点。

（一）打招呼

首先必须明确这样一种认识——"有礼貌地打招呼是推销成功的第一步"。这一点看似容易，实际中却不容忽视。打招呼尽管人人都会，但要做到完善得体，还必须掌握一定的技巧。

在人们的交往中，为建立良好的人际关系，有礼貌地打招呼被视为一个不可或缺的重要因素。在西方国家，一般说来，即使是亲密的朋友之间，礼貌也是比较正式的；在我国，亲密的朋友之间关系较为随便一些，但起码的一些礼节还是必不可少的。

对推销员来说，所面对的客户多是初次见面的陌生人，第一次打招呼给人的印象较为重要。因而礼节是不容忽视的，应尽可能周全一些。

一般打招呼的方式，点一个头，或者稍微欠欠身就可以。但如果推销员面对的客户比较讲究礼节，那么他就可能认为这类打招呼的方式有失尊重，心里可能因为未能够被足够重视而感到很不是滋味——"我可是一个公司的总经理啊！""这家伙毛毛草草，不懂礼貌，怎么可以和他合作！"于是原本有的购买想法就会被放弃。对推销员来说，一次成交机会，可能就会因这一行为而失去了。所以，不用心注意而只是泛泛向顾客打招呼的推销员，成绩必然要打折扣。因此，毫不夸张地说，良好的打招呼是推销成功的首张通行证。

一般说来，礼节性的打招呼应注意以下几点：

（1）视场合表现有礼的举止。

（2）先主动向对方问候，发话。

（3）声音要有精神，给人以精力充沛的印象。

（4）称呼对方名字，让对方感到亲切。

（5）面带笑容，消除对方的紧张情绪。

此外，尽管我们强调口才的作用，但眼睛是人的心灵之窗，是人们传达心意的渠道。因此，作为推销员，打招呼时应该以充满真诚且明亮有神的眼睛注视对方。通过这种交流，使对方在不知不觉中打开心扉并对你产生依赖，从而容易接受你。这样，就可以说你已经获得了初步的成功，为开始推销做了较好的准备。

（二）避免使用导致失败的语言

无论哪一位推销员都希望自己成为一名成功的说服者，而不愿意失败。因此，我们都会本能地尽量避免使用带有负面性或者否定性含义的词语。所以在商谈时大家都会尽可能不使用引起对方戒备心理的话语，这样才不致使推销失败。

但另一方面，人们的潜意识里又常常有一种被侵害意识。即老是怀疑自己是不是会受到不利的对待，这种意识显然是否定的、负面的。通常，这种潜意识并不表现为明显的对话，而是作为一种恐惧、担心、紧张不安的心情表现出来，有时形成的模糊语言也多属"内意语"，即下意识他说出的一些话，比如：

（1）或许他又不在家。

（2）说不定又要迟到了。

（3）利润也许会降低。

（4）这个月也许不能达到目标。

据专家统计，我们在一天里使用这种否定性语句的次数为 200 多次。因此，这类的担心是普遍和正常的，重要的是在意识水平上战胜、抑制住这种心态，不让它表现在与客户交谈的话语中。许多成绩不好的推销员往往做不到这一点，于是在谈话中把自己的不自信、担心和急迫的愿望暴露无遗。这种负面的效应传递给对方，往往会使客户产生怀疑，使进一步的沟通变得非常困难，推销也就宣告失败。在推销中，以下话语应尽量避免使用：

（1）"会发生损失。"

（2）"我做不了这个决定。"

（3）"签约，请签约。"

（4）"这真令人担心。"

（5）"这样会成为您要支付的开支。"

（6）"困难，这太困难了。"

（7）"会失败。"

（8）"完了，完蛋了。"

（9）"买，请买。"

（10）"有责任，发生责任问题。"

（11）"受到伤害。"

（12）"有义务。"

（13）"不良、恶化。"

（14）"会成为负担，会负担。"

（15）"这样的做法是怠慢的。"

设想如果顾客面对的一个推销员老是说这类生硬的令人丧气的话，那么顾客对他产生怀疑是自然的结果，有时甚至还会产生反感，与他继续交谈的兴趣就会消失，更不用说购买的欲望了。

（三）动听话语的要点

以上列举了导致失败的用语，目的是引起注意，避免失败。成功推销的核心是运用肯定性的语言促使对方说出"是"、"是的"，从正面明确向对方表示购买商品会给他带来哪些好处。

言辞方面的肯定性表现，应该作为一个人内在积极性的流露。所以，要想取得理想的推销成绩，必须从根本上成为一位真正积极的人，本身应该自觉做到积极的正面性思考，正面性的发言，使自己从内到外真正积极起来。

在每个人的心目中，没有比自己更亲切、更重要的了，因而应尽可能叫对方的名字。当然，作为名字的替代，"您"字也应多加运用，而"我"字则应尽量少提。需要注意的是，为了表示与别人的亲切，我们可以适当地称赞对方，但切忌所有的话题都围绕客户，更不要吹捧过分，因为我们谈话的目的是要使客户对你产生好感，使进一步洽谈的气氛融洽。如果赞美对方太多，容易造成压迫感，甚至反而形成反感。

下列是促使成功的常用语，注意反复练习。

（1）"您。"（务必让对方感觉到对他的重视）

（2）"您会高兴。"

（3）"您能够了解。"

（4）"能够相信、可靠性高。"

（5）"这样可以节省。"

（6）"放心吧！可以放心。"

（7）"这样是安全的。"

（8）"可以获得好处。"

（9）"我们的态度是积极的。"

（10）"有价值。"

（11）"这是对的，正确的。"

（12）"这值得接受。"

（13）"和金钱有关。"

（14）"这是新的，新型的。"

（15）"我可以保证。"

（16）"可以引以自豪。"

（17）"这个挺生动的。"

（18）"前景比较乐观。"

（19）"这样更加容易一些。"

怎么样？如此的说法是不是容易接受得多？如果你是客户，是不是会有看一下实物的愿望？当然，要真正做到打动自己，打动别人，多加练习是必不可少的。用语并非固定不变，但是一定得牢牢把握说话的要点。

（四）入耳的话题

推销的谈话当然并不是一开始就完全切入正题。如果打一个招呼就开始介绍自己的商品，迫不及待地反复强调自己的商品是如何如何好，然后就请顾客购买，这种方式的推销很难会有好的结果。因此，选择适当的话题，缩短与客户的距离，使自己逐渐被客户接受，然后把话题引向自己的商品，这样才是推销口才的艺术。

那么，如何选择让客户入耳的话题呢？这里有一条原则不能忘记：在每个人看来，这世界上最重要的人就是自己，他所喜欢听的，当然是别人提他自己的事。

所以，如果想让客户接受你，就有必要多花些心思研究客户，对他的喜好、品位有所了解。可见，推销口才不仅是语言素质的提高，更是一个推销员综合能力的体现。曾有这样一位成功的推销员，为了在谈话中能够配合对方的嗜好，他总共努力培养了25种不同的兴趣和爱好。要知道，他是在了解到准客户对钓鱼、围棋、高尔夫、足球等有浓厚的兴趣，为配合与他们相关的话题而一一学习的。他的努力使他得到充分的回报，不仅实现了销售额的提高，还使他结交了许多商业中的朋友。

当然，关于对方嗜好的话题是最容易引起共同语言的，不过爱好毕竟是因人而异的，最有效的方法是培养那些可以引起人们普遍兴趣的项目。除此之外，还要搜集一些资料，比如对方的工作、时事、孩子以及家庭等，都是对方所关心的。这些都可以作为引起对方兴趣的话题，以此可以把推销导入成功的轨道。下面列出大多数推销员在洽谈时所选择的话题，各个项目后面的数字是该项目被作为话题的百分比，从中可以看出多数人的关心所在。

推销话题：

提起对方的嗜好：72%

提起对方的工作：56%

提起时事问题：36%

提起孩子等家庭之事：34%

提起影艺及活动：25%

提起对方的故乡及所就读的学校：18%

提起健康等：17%

提起理财技术及街谈巷议：14%

（五）句句动听，声声入耳

推销口才要做到句句动听，声声入耳可能是不现实的，因为我们不能够充分地了解信息以便表达我们的意思。即使推销的内容和中心意思比较接近，由于所用的说法不同，产生的效果可能会大不相同。因此，如何说得生动、亲切，让人易于接受，是一门深奥的学问。试看下面一个例子：

"请全家人一起来吃火锅，过一个温馨的周末吧！"这种说法让人备感亲切，因而极具诱惑力。相比之下，"这是正宗肥牛火锅，是最高级的牛肉"，这样的说法就显得蹩脚。

通常，只是反复强调一种商品的优点，未必能发挥太大的作用。因为不管什么商品。它的价值只有在使用之后才能得以证明，所以使用前的空洞说明往往不会具备太大的说服力，真正高明的做法应当是主动向客户详细、生动、准确地描述商品。

比如，"这种传真机目前的速度已经达到 12 秒了。"这种专业性的说明叫人难以感到什么直接的好效果。若换一种说法："使用这种传真机，每传送一张，在市内可以节省××元的费用，市外则可以节省××元。"这样说来，使人一听便可以知道它的好处了。

一般来说，说明购买某一商品会带来的益处时，应该围绕客户的需要，站在对方的立场上来考虑。一位顾客走进一家电器行，询问店员："我该买大一点的冰箱，还是小一点的好？"一位有经验的推销员告诉她说："这台大的比较好一些，夏天你不仅可以为每一个家人准备好冷毛巾，甚至还可以将您先生的家居服装放进里面，使他度过一个凉爽的夏天。相信您和您的家人都会为此感到高兴的。"于是，那位顾客欣然购买。可见，口才在销售方面具有多么重要的作用。

销售口才的动听入耳，不仅要考虑场合及说话的技巧，还要注意，说话声调的抑扬顿挫也会对说话的内容产生影响，从而影响听者的感受，影响了推销的效果。下面举一个简单的例子来说明声调的高低轻重对说话的内容及含义的影响。每句话下面加点的字为强调的部分。

（1）"我没有说冰箱可以保修！"

——没有强调任何部分，仅仅说明事实。

（2）"我没有说冰箱可以保修！"

——强调"我"，显然是别人说的。

（3）"我没有说冰箱可以保修！"

——否认自己说过。

（4）"我没有说冰箱可以保修！"

——给人的感觉是想说但没有说出。

（5）"我没有说冰箱可以保修！"

——表示不是冰箱，而是其他产品

（6）"我没有说冰箱可以保修！"

——虽然冰箱不能保修，暗示其他商品可以保修。

通过上面的例子，我们可以看出语气重点的不同会导致语义的差别。因此，真正要做到推销口才的入耳与动听，我们必须掌握各方面的知识。

三、善于提问

在做商品推销的过程中，经常穿插一些询问有关顾客对商品看法的问题，能让顾客觉得你对自己很关心、很热情，对顾客的意见看法也很尊重，有利于你的推销工作。

（一）提问方式的选择

引导顾客成交的提问方式有多种，大体上可以分成主导式、征询式、含蓄式、应答式和限定式几种。

（1）主导式提问：把你的主导思想说出来，在这句话的末尾用提问的方式把你引导成交的意图传递给顾客，例如：

"目前节约用电是个非常重要的问题，不是吗？"

"现在很多先进的公司都使用计算机了，不是吗？"

这些都是把你的见解放在一句话的前面的主导式提问。如果你说的话符合事实而又与顾客的看法一致，他当然会同意并且说"是"。只要运用得当，你会引导顾客说出一连串的"是"，直到成交。可以说，推销工作是一门正确提问的艺术。要牢记：要等到顾客表现出购买的主观愿望时你才能提出引导性的问题。如果他们没有表现出主观兴趣你就喋喋不休地提出一大堆问题引导他们购买，结果会适得其反。

举例说，我推销的产品是办公室复印机，我和桑达公司办公室主任约定会谈。

我想卖给他们的是一台"佳能"牌复印机。"佳能"的性能的确很好，不仅复印速度很快，而且分页装订也快。我认定他们一定会买一台。因此，我把复印机打好包装，捆在一台带脚轮的轻便小车上，而且还准备好一本精美的介绍材料。总之，我信心十足，以为万无一失。

会谈一开始，我就说："您想要一台复印精确逼真的复印机，是吗？您喜欢一台能同时完成分页和装订的复印机，对吗？"

办公室主任摇着头说："不，我们从来不在自己的办公室里装订任何东西。马路对面有一家设备完善的印刷厂，所有这些分页啦、装订啦的事情他们都包下来了。我们只要一台结构小巧、不出故障的、高质量复印机就行了。"

瞧，我把自己弄得多尴尬！

我不是问他想要什么，而是告诉他该要什么。我没有等顾客表达出购买意图就一头钻到死胡同里去了。内行的推销员要善于抓住买主的主观意图，而不是把自己的主观愿望强加于对方。不管我多么想把一台"佳能"带进这间办公室，我的推销失败了。

（2）征询式提问：以征求意见或请教的方式提出问题进行引导能给人较为亲切的感觉。这种提问方式与前面那一种方式恰好相反。比如，前面举过一个主导式提问的例子：

"现在很多先进的公司都使用计算机了，不是吗？"征询式的提问则是"现在有很多先进的公司都使用计算机了吧？"后者更为灵活，并且更让人感到亲切。

要做到非常熟练自然地向顾客提问需要反复练习。不要把这看得太简单。因为这是一种语言习惯，在不知不觉中影响着顾客的心理。你要在激烈的推销竞技场中站稳脚跟，就必须认真从基本功练起，即反复地、大声地背诵一些问句，训练自己在不同场合作出迅速的反应，才能掌握高水平的语言技巧，得心应手。

（3）含蓄式提问，把引导顾客成交的意图隐藏在你的提问中，含而不露。在这种提问中常常带有与时间有关的因素："此刻我们已经解决了那个问题，您是否打算……"、"下星期当您提货时，您的妻子不是会很高兴吗？"

"当您……"

"因为您打算把您的……使用更长的时间，要是能用……方法是否会更好一些？"

以上是比较含蓄的引导提问法。

（4）立即应答式提问：每当顾客对你的产品表示了某种有利的主观见解时，你要立即应答，把他的见解肯定下来，一步步地促使他下决心。这种应答的形式多半是简短的问句或反问句。

例如：

顾客："质量是很重要的。"

你："难道不是吗？"

销售时机往往来得很快，但也变化多端，我们应该迅速地做出对成交有利的反应。以下又是一个例子：

顾客："我喜欢绿色的。"

你："可不是吗？绿色是很动人的颜色。我们备有三种不同色调的绿色时装，您喜欢哪一种？巴黎绿、爱尔兰绿或新西兰绿？"

顾客："我看看巴黎绿的衣服吧，我觉得这种颜色最高雅。"

你："可不是吗？"

就这样亦步亦趋地用应答式短问句表示赞同，促使你的顾客下决心购买你的货物。

在和那些想在会谈中占支配地位的大主顾谈买卖时，这种应答式的提问技巧特别起作用。顾客的看法如果不利于成交，你可以不做声，不要贸然应答。只有在非常必要时你才去纠正某些错误的信息。你应集中精力引导主顾作出积极的回应。

主顾："你这种型号的机器看上去像个方盒子。"

你（对这种贬意的看法避免立即应答）："您看到的是我们的一般产品，先生。请到这边来，我想听听您对我们这种新出的屏障式切断机的意见。"

主顾："我认为这才是新的式样。"

你："我没说错吧？请告诉我，您觉得它怎么样？"

主顾："看上去它很轻便，而且工作速度不会慢。"

你："难道不是吗？您想它操作起来会怎么样？"

主顾："噢，我不知道——但我愿意试试。"

往下谈要看你是否掌握了他的情绪以及你的示范工作做得如何。在上述对话中你已经用应答式的短句让顾客一连三次表示了尚未肯定的"是"。那么，你得到最后肯定的"是"就有把握得多了。

（5）限定式提问：在一个问题中提示两个可供选择的答案，两个答案都是肯定的。

在推销工作中常常要和顾客约会。怎样才能订下约会呢？有经验的推销员从来不会问顾客"我可以在今天下午来见您吗"，顾客会说，"不行，我今天的日程实在太紧了，等我有空的时候再给你打电话约定时间吧"。

精明的推销员在提问时给顾客提供两种答案供选择："王经理，今天下午我正好要经过你们公司，您看我是在 2 点钟左右来见您还是 3 点钟来？""3 点钟来比较好。"当他说这话时，你们的约定就成了。成功的原因是你提示了两个让他作出肯定答复的问题，而没有给他机会说"不"。

假设你推销喷气式客机，如果你问："您打算付我多少定金？"那先生可能递给你一张 10 元的钞票，说："好吧，我只带了 10 块钱，这架飞机我定下了。"这能行吗？你必须根据公司有关的规定策略地问："先生，我们现在谈的是一笔重大的交易，您愿意付给我们 5%还是 10%的定金？"他会怎样回答你的问题呢？"5%。"

（二）刺猬效应

在各种促进买卖成交的提问方式中，"刺猬"技巧是很有效的一种。你可以设想一下，如果有人把一只刺猬装在网袋里丢给你，你会怎么样？

你一定会马上把它丢回给那个人。

所谓"刺猬"反应是指一种回答顾客提问的技巧。其特点是你用一个问题来回答顾客提出的问题。你用自己的问题来控制你和顾客的洽谈，把谈话引向销售程序的下一步。

你可能要问："如果我不直接回答顾客提出的问题，顾客是不是会生气？"

我可以给你一个"刺猬"式的回答："既然你所关心的是同顾客达成交易，让他们从你提供的服务中得到益处，你又何必如此害怕惹他们生气呢？"

在任何形式的推销工作中都会遇到一个共同的问题，即"商品或某种服务项目什么时候到手？"下面是一个例子：

顾客："我能在下月1号提货吗？"

你可以回答："噢，肯定的，这没有什么困难。"这笔买卖很可能就没有下文了。

一个内行的推销员会怎样回答这个问题呢？

他会笑着说："月初提货是不是对您最合适呢？"用这问题回答顾客提出的问题。因为他知道，如果顾客回答说"是"，就意味着他已决定要买下它了。

信不信由你，有些顾客并不期待迅速提货。或许是因为他们不想积压资金，也许想尽可能推迟提货以免交付太多的仓库费。如果是这样，"刺猬"就要设法让他们说出真实的想法。

让我们看看以下两个"刺猬"式的提问法：

顾客："这项保险单有没有现金价值？"

你："你很看重保险单是否具有现金价值的问题吗？"

顾客："绝对不是。我只是不想为现金价值支付任何额外的金额。"

对这个顾客，如果你一味向他推销现金价值，好像他懂得现金价值的好处，你就会把自己推销到河里一沉到底。这个人不想为现金价值付钱，因为他不把现金价值当成一桩利益。这时，你就该向他解释"现金价值"这个名词的含义，提高他在这方面的知识。

另一个例子：

顾客："这种式样有粉红色的吗？"

你："您喜欢粉红色的吗？"

一个好的推销员懂得怎样把"刺猬"式的反问提得亲切而友好。用生硬的语气把"刺猬"扔回去就会破坏"刺猬"效应。

（三）启发顾客考虑相关利益

顾客拥有了你推销的货物之后，除了考虑他从中获得的主要利益之外，还会考虑还能得到什么相关利益，你主动地先向他提出来，这就是启发式的问题。

例如，有一位主顾考虑买一架波音飞机。你问他："先生，您买这架飞机是专为自己的雇员使用还是把它出租？"

这就是一个启发式问题。这位先生在不用飞机的时候可以把飞机出租，从而能大大地回收成本。你让他在下决心购买之前就充分认识到这个利益，启发他加强自己的物主意识。

（四）探索式提问和引导式提问两者兼用

探索式的提问非常简单，以致我们常常看不到采用这种提问法容易犯的毛病。

您："我能帮您的忙吗？"

顾客："不用了，我只是看看。"

许多站柜台零售的推销员每天把上述问题问上几十次，上百次，就这样年复一年，日复一日地问答着。其实，只有他们不再提出这种让人家说"不"的问题时，他们在推销业中才能得到较高的位置。

你："早上好，如果您有什么问题请尽管问我好了。现在就请随便看看吧。"

顾客："……我正在看呢。你们有……吗？"

这个探索式问题的结果比较好。有的时候最好的探索式提问并不是以问号结束的，而是陈述式的谈话。它引出的回答往往比毫无掩饰的问题更令人满意。

如果你到外面推销，你永远不会有机会去问"我能帮您的忙吗"这种问题，但是你却难免要提出一些会引出"不"字的问题。

你："我可以为您下个月需要的喷料报个价吗？"

顾客："不，我们的喷料还能用很长时间呢。"

这个能引出"不"字的探索式问题，如换用下面方式将会好得多。

"您用 10 号喷料还是 12 号的？"

"您想要按月报价还是按周、按年报价？"

探索式问题的首要戒律是：永远不要让人说出"不"字的问题。

（五）用引导式的问题控制形势

在日常生活中，人们相信的事物就是真理。如果顾客认准某种牌子的产品是最好的，即使有许多不同牌子的同类产品和它一样好，他也不愿意买。这就是所谓的"相信就是真理"。比如，我们有一种商品，不仅耐用而便宜，而且具有其他同类商品所没有的特点。我们很清楚这种商品对这位顾客是再合适不过了，这是事实。但除非他相信了我们的介绍，否则他还是不愿意买我们的这种好产品。

我们怎样让顾客相信我们？

我们尽可以把这件产品的许许多多优点往顾客的耳朵里塞，不管他爱听不爱听。我们尽可以告诉他，他是多么蠢，竟然不相信我们说的是真话。但是不管我们怎么说，他还是不相信。而高明的推销专家是不会这样做的。他们遵循的是一种完全不同、既简单又准确的概念。

那就是：如果由我说出来，他们会怀疑我；如果由他们自己说出来，那就是真理。

这是高明的推销术的基础概念，也是有效地运用引导式提问法的基础。推销员掌握了这种观念，就不会让顾客产生以下这种想法：

"让你们这些推销员的三寸不烂之舌见鬼去吧！你这么说不过是想让我买你的东西。"

高明的推销专家对顾客说话时，心里想的是让顾客自己开口说话并针对商品提出询问，从而促进买卖成交。我们试看两三个例子：

"您对这件产品的质量很关心，是吧？"

当然，人们也可以用简单的"是"或"不"来回答这样的问题。但它不算是那种让人说"不"的问题，因为人们不会回答说"不，我对质量并不关心，我只关心这家伙的个头"。

又如：

"推销员的职业信誉很重要，您说是吗？"

有哪个顾客会说，"啊，不！我宁可从一个毫无经验的推销员手里买东西"。

从以上例子就能看出，为什么有经验的推销员不是喋喋不休地向顾客讲述应该如何如何，而是向他们提问题，让他们自己说。

一般而言，提问要比讲述好。但要提出有分量的问题并非容易。简而言之，提问时要掌握两个要点：

（1）提出探索式的问题，以便发现顾客的购买意图以及怎样让他们从购买的产品中得到他们需要的利益，从而就能针对顾客的需要为他们提供恰当的服务，使买卖成交。

（2）提出引导式的问题，让顾客对你打算为他们提供的服务产生信任。还是那句话，由你告诉他们，他们会怀疑；让他们自己说出来，就是真理。

三、巧妙答复

当顾客对商品提出了意见或其他各种各样的问题，似乎他们并不想购买此种商品了，你该怎么办呢？这时，许多推销员以为顾客对商品不感兴趣，就终止了销售进程。实际上！顾客提不同意见是正常现象，假如你能够巧妙答复，唤起顾客的兴趣，买卖是会成交的。顾客为什么要提出问题或表示不同意见呢？这正说明顾客对商品发生了兴趣。因此，我们必须善于抓住这一点。

（一）怎样处理顾客的意见

许多推销员一听到顾客说几句对商品不满意的话就很不高兴，其实这大可不必。这有许多原因：可能你在作商品介绍时顾客没听清楚；也可能顾客误解了你的意思；还可能你为他推荐的商品不合适。总之，要弄清具体的情况。

不管顾客对商品提出什么问题，推销员都要表现出虚心的态度，不能有任何不耐烦的表示。对待顾客的不同意见一定要有一个好的态度，这一点无论怎样强调也不过分。而作为推销员，不管遇到什么情况，回答顾客的意见要用悦耳的语调，不要摇着头，转着眼球，或提高嗓门，那样会使顾客反感。对顾客要显示出你真诚为他们服务的心情。当顾客谈起商品的缺点时，要认真听，表现出对他们的意见十分关注的神情。你对他们的态度越积极热情，他们就会越对你报以信任，信任程度越大越乐意购买你的商品，你销售成功的机会就会增加。

（二）答复顾客的一般步骤

推销员应时刻准备回答顾客提出的各种问题，至于什么时候回答和怎样回答只能取决于当时的情况和顾客的情绪。不过。答复问题有一个应遵循的一般程序，了解了这个程序，你就可以比较容易地和有效地回答顾客的问题。

（1）要对顾客表现出同情心。对顾客表现出同情心，意味着你理解他们的心情，并明白了他们的观点，但并不意味着你完全赞同他们的观点，而只是了解了他们考虑问题的方法和对商品的感觉。顾客对商品提出异议，通常是带有某种主观情感在里面，所以，要向顾客表示你已经了解了他们的这种感情，可以通过下面的话来表达你的意思："我明白您的意思了"、"很多人就是这么看的"、"这个问题您提得很好"、"是的，这一点很重要"、"我知道了你的具体要求"，等等。

一定要尊重顾客的意见，说几句表示理解的话，能使顾客意识到你是在为他分忧，他在你心目中占有一定的地位，并且表明你很重视他们提出的问题。对顾客作出的这些积极反应反过来也会促使顾客对你产生信任感。因此，一定要避免与顾客正面的争论，要表现出尊重与理解，这种尊重与理解一定能产生相应的反馈。

（2）回答问题之前应有短暂停顿。顾客说完自己观点后，推销员不要马上作答，可以放松一下，显示出你并没有被他的问题所难住。稍微停一下，可以给你一点时间来考虑回答问题的适当方式，尽管有时顾客提的问题很一般，也不要太匆忙地立即回答，最好先在脑中掂量一下再说。这个停顿很重要，这样顾客会更加认真地听取你的答复。

（3）复述顾客提出的问题。为了向顾客表明你明白了他的意思。可以用你的话把顾客提出的问题再复述一遍。这样做可以给你留下一点思考如何更好地回答顾客问题的余地。

在可能的情况下，把顾客表示异议的陈述句变为疑问句。例如，一位顾客想买一对新轮胎，以代替不好用的旧轮胎，你可以这样回答顾客："我已经知道了您对轮胎的要求，您是不是怀疑这种轮胎的质量呢？"稍微停一下，然后回答你自己提出的问题。这样就表明了你已经理解了顾客提出的问题，顾客就会比较容易地接受你的意见了。

（4）回答顾客提出的问题。对顾客提出的问题，推销员应当全部回答清楚，这样，才能继续销售的下一步。当然，你可以推迟答复，但是，那样顾客就越发把他的注意力集中在他提出的问题上，而不是放在购买上。他会认为这种商品确实有缺陷，不然，为什么推销员无法解释呢？所以，对顾客的问题采取不理睬或敷衍的态度的做法是不明智的。

回答了顾客的问题之后，可以继续进行商品介绍。这时，推销员常犯的一个毛病就是在后面的商品介绍中反复提起顾客前面的问题，这样做只能夸大问题的严重性，容易在顾客脑子里留下不必要的顾虑。

为了弄清顾客是否明白了你的意思，可以这样问："我是否已经解答了您的问题？"、"这样您清楚了吗？"然后接着进行销售的下一个步骤。注意时间不要停得太长，如果间隔时间太长，顾客会以为你已经结束了销售。

（三）巧妙答复的技巧

回答顾客的提问也要讲究技巧，这些技巧实际上就是以不同的方式回答不同问题的方法。顾客提出的每一个问题都有每一个问题的情况和背景，有的问题需要详细说明；有的三言两语就可以解决，不能采取千篇一律的方法来处理。需要强调的一点是：你必须明确，只要顾客在不断地提出问题和异议，他们就一直存在着购买商品的兴趣。下面介绍几种技巧：

（1）"是，但是"法。在回答顾客问题时，这是一个广泛应用的方法，它非常简单，也非常有效。具体来说就是：一方面推销员表示同意顾客的意见，另一方面又解释了顾客产生意见的原因及顾客看法的片面性。

由于大多数顾客在提出对商品的看法时，都是从自己的主观感受出发的，也就是说，都是带有一种情绪的，而这种方法可以稳定顾客的情绪，可以在不同顾客发生争执的情况下，委婉地提出顾客的看法是错误的。当顾客对商品产生了误解时，这种方法是有效的。

例如，一位顾客正在打量一株紫罗兰。

顾客："我一直想买一株紫罗兰，但是我又听说要使紫罗兰开花是非常困难的，我的朋友就从来没有看到他的紫罗兰开过花。"

推销员："是的，您说得对，很多人的紫罗兰是开不了花。但是，如果您按照规定的要求去做，它肯定会开花的。这个说明书将告诉您怎样照顾紫罗兰，请按照上面的要求精心管理，如果它开不了花，还可以退回商店。"

你看，这个推销员用一个"是"对顾客的话表示赞同；用"但是"解释了紫罗兰不开花的原因，这种方法稳住了顾客，使顾客以更浓厚的兴趣倾听推销员的介绍。

（2）"直接否定"法。当顾客的异议来自不真实的信息或误解时，可以使用直接否定法。然而，这是回答顾客问题时的最不高明的方法，等于告诉顾客他的看法是错误的，是对顾客所提意见的直接驳斥。

因此，这种方法只有在适当的时候才可以使用，请看下面的例子：

一位顾客正在观看一把塑料手柄的锯："为什么这把锯的手柄要用塑料的而不用金属的呢？看来是为了降低成本。"

推销员："我明白您说的意思，但是，改用塑料手柄决不是为了降低成本。您看，这种塑料是很坚硬的，而且它和金属的一样安全可靠。许多人都非常喜欢这种式样的。"

试想，假如推销员说："您是从哪里听说的？"顾客可能会感到生气和愤怒。但是，推销员用同情和柔和的语气予以解释，情况就大不相同了。顾客对"直接否定"法的反应很大程度上取决于你怎样使用这种方法。

（3）"高视角、全方位"法。顾客可能提出商品某个方面的缺点，推销员则可以强调商品的突出优点，以弱化顾客提出的缺点。当顾客提出的问题基于事实根据时，可以采取此法。请看下面的例子：

推销员："这种沙发是用漂亮的纤维织物制成的，坐在上面感觉很柔软。"

顾客："是很柔软，但是这种材料很容易脏。"

推销员："我知道你为什么这样想，其实这是几年前的情况了，现在的纤维织物都经过了防污处理，而且还具有防潮性能。假如沙发弄脏了，污垢是很容易除去的。"

（4）"自食其果"法。当顾客提出商品本身存在的问题时，可以用这种方法把销售的阻力变成购买的动力。采用这种方法，实际上是把顾客提出的缺点转化成优点，并且作为他购买的理由。请看下面的例子。

一位顾客正在看一台洗衣机：

顾客："这种洗衣机质量很好，就是价格太贵了。"

推销员："这种洗衣机的设计是从耐用、寿命长考虑的，可以使用多年不用修理。别的品牌虽然便宜一点，但维修的费用很高，比较起来还是买这种洗衣机合算。"

顾客对商品提出的缺点成为他购买商品的理由——这就是自食其果。请记住这样一个信条：一家商店、一家公司都要有信心，要相信自己能够战胜对手，这一点非常重要，无论怎样强调都不过分。

（5）"介绍第三者体会"法。这种方法是利用使用过商品的顾客给本店来的感谢信来说服顾客的一种方法。一般说来，人们都愿意听取旁观者的意见。所以，那些感谢信、褒扬商品的来信等，是推销商品的活教材。请看例子：

顾客："这个车库的门我怎么也安不好。"

推销员："我理解您的心情，几个星期前哈得森博士也买了一个类似的门，开始也担心安不上，可是前几天我收到她的一封信，她说只要按说明书的要求做，安装非常容易。请您先看看说明书，我去拿哈得森的信来。"

（6）"结束销售"法。在整个销售过程中，要抓住每一个可能结束销售的机会。假如顾客的异议是一个购买信号，就正面回答顾客，然后结束销售。当顾客对商品提出的问题或表示的意见是同他占有商品相联系的时候，这就是顾客准备购买的一个信号，在回答顾客的问题之后，就可以结束销售。比如一个顾客正打量一套衣服。

顾客："我很喜欢这套衣服，但就是裤子太肥了，上衣的袖子也长了点。"

推销员："不要紧，我们有经验丰富的裁剪师，稍微修一下，就会很合身的。让我叫裁剪师来。"

顾客："太好了，谢谢！"

可见，只要熟练掌握以上技巧，巧妙地答复顾客，使推销圆满成功并不是一件很困难的事情。

五、耐心说服

在洽谈过程中，有时会出现这样的情况：不管推销员怎样推销解释，顾客要么沉默，一言不发；要么述说商品不好，一口回绝。怎样对待顾客拒绝购买的态度？这是对推销员能否取得成功的严峻考验。一位老资格的推销员曾这样说："只有在推销员遇到障碍后，他的推销工作才算真正开始。如果顾客没有拒绝，推销员这一职位就不伟大了。"因此，推销员一定要正确对待顾客拒绝购买的态度，并要细致地做好耐心说服的工作，为顺利推销铺平道路。

（一）分析拒绝态度产生的原因

顾客的拒绝态度，有强有弱，归纳起来，可分成三类，即一般性拒绝、彻底性拒绝、隐蔽性拒绝。

所谓一般性拒绝，主要是顾客在作出决定时，未经深思熟虑，带有很大的盲目性。他们的态度是在已具有一定的购买欲望的基础上产生的。其原因是由于注意力未能集中指向商品，从而对商品缺乏稳定的见解，造成购买信心不足。

彻底性拒绝，主要是指顾客经过理性思考后作出的拒绝购买决定，这种态度十分干脆，产生的原因主要有三点：一是顾客根本没有需求欲望；二是推销员的服务或商品的某些方面与顾客的心理要求相差太远；三是顾客带着偏见来认识商品，对商品的品质、性能极不信任等。

所谓隐蔽性拒绝，主要是指顾客出自某种心理需要，不愿说出拒绝购买的真正理由，而用别的理由加以掩饰。产生这种拒绝态度大多是受自尊心理的需要所致，如有人对商品价格昂贵，想买但经济上承受不了，却不愿意说明，而用"颜色不合适啦""不是我这个年龄的人用的啦"等非真实理由加以拒绝；有的是对产品缺乏了解，又不愿意让人看出自己对商品不了解；有的是出于购买欲望不强烈，而又不愿意表露出来，只好用其他原因加以掩饰，等等。

（二）耐心细致地做好说服工作

推销员工作的艰巨性，就表现在做顾客态度的说服工作上。从常理讲，一个人一旦形成一种观点、一种态度，就会持续一段时间，很难一下子改过来。俗话说："铁杵磨成针，功到自然成。"做好顾客的说服工作，只要推销员树立信心，有决心，采取多种恰当的方法，就能取得满意的效果。例如，可以通过帮助顾客了解或确定自己的真正动机来改变态度，也可以利用行为规范化，宣传售后服务措施等加以说服，总之，具体问题具体分析。

（1）针对一般性拒绝的顾客，推销人员应以热情而负责的态度，着重向他们输送更多的商品知识，特别是对商品的某些疑虑，重点进行解释说明，以增加对商品的认识能力，改变其对商品的印象。

（2）针对抱有彻底性拒绝态度的顾客，推销员要以极大的耐心，着重弱化其拒绝的强度，转移注意目标，引导新的需求。彻底性拒绝往往是经过深思熟虑后作出的最终决定，要转化这种态度十分困难。因此，对这类顾客，如果认为还有可能改变态度的话，则应尽力而为；如果已经没有希望，则应引导顾客转移注意目标，探索其需要和兴趣，据此向他们介绍其他类似商品，诱发新的需求，同时，还可热情地说："请您再到别家商场看看，或许能碰上满意的商品等。"使其对企业与服务有良好的印象，为以后的购买奠定基础。

（3）针对抱有隐蔽性拒绝态度的顾客来说，推销员应尊重其心理需要，不要揭露其隐蔽的原因，同时要设法增强其购买信心。隐蔽性拒绝的原因因人而异，比较复杂，且多具隐蔽性，难于直接了解和观察，但抱这种态度的顾客具有一定的购买要求，只要正确引导，则有希望改变其拒绝态度。对隐蔽性拒绝，不应去争执顾客拒绝购买的理由，但也不要盲目附和，而应耐心细致地解释，同时要信心十足地提示商品的物理性能和心理功能，增强顾客的购买信心。

推销员无论是改变哪一种顾客，在其说服过程中，态度要诚恳，语言要中听，表情要自然，使顾客体会到一切都合乎情理，毫无矫揉造作之感，自觉地改变原有的消极态度。反之，如果顾客感到推销员是在有意说服他，就会产生戒备心理，不易达到改变顾客拒绝购买态度的目的。因此，推销员注意说服的方式方法是非常必要的。

附　　录

中外优秀演讲赏析

为学与做人

梁启超

　　诸君！我在南京讲学将近三个月了。这边苏州学界里头，有好几回写信邀我，可惜我在南京是天天有功课的，不能分身前来。今天到这里，能够和全城各校诸君聚在一堂，令我感激得很。但有一件，还要请诸君原谅：因为我一个月以来，都带着些病，勉强支持。今天不能作很长的讲演，恐怕有负诸君期望哩。

　　问诸君"为什么进学校？"我想人人都会众口一词地答道："为的是求学问。"再问："你为什么要求学问？""你想学些什么？"恐怕各人的答案就很不相同，或者竟自答不出来了。诸君啊！我请替你们总答一句罢："为的是学做人。"你在学校里头学的什么数学、几何、物理、化学、生理、心理、历史、地理、国文、英语，乃至什么哲学、文学、科学、政治、法律、经济、教育、农业、工业、商业等，不过是做人所需要的一种手段，不能说专靠这些便达到做人的目的。任凭你把这些件件学得精通，你能够成个人不能成个人还是个问题。

　　人类心理有知、情、意三部分。这三部分圆满发达的状态，我们先哲名之为三达德智、仁、勇。为什么叫做"达德"呢？因为这三件事是人类普通道德的标准，总要三件具备，才能成一个人。三件的完成状态怎么样呢？孔子说："知者不惑，仁者不忧，勇者不惧。"所以教育应分为知育、情育、意育三方面——现在讲的智育、德育、体育不对，德育范围太笼统，体育范围太狭隘——知育要教到人不惑，情育要教到人不忧，意育要教到人不惧。教育家教学生，应该以这三件为究竟，我们自动地自己教育自己，也应该以这三件为究竟。

　　怎么样才能不惑呢？最要紧是养成我们的判断力。想要养成判断力，第一步，最少须有相当的常识，进一步，对于自己要做的事须有专门智识，再进一步，还要有遇事能断的智慧。假如一个人连常识都没有，听见打雷，说是雷公发威，看见月蚀，说是蛤蟆贪嘴，那么，一定闹到什么事都没有主意，碰着一点疑难问题，就靠求神问卜看相算命去解决，真所谓"大惑不解"，成了最可怜的人了。学校里小学中学所教，就是要人有了许多基本的知识，免得凡事都暗中摸索。但仅仅有点常识还不够，我们做人，总要各有一件专门职业。这门职业，也并不是我一人破天荒去做，从前已经许多人做过，他们积累了无数经验，发现出好些原理原则，这就是专门学识。我打算做这项职业，就应该有这项专门的学识。例如我想做农吗，怎样的改良土壤，怎样的改良种子，怎样的防御水旱病虫，等等，都是前人经验有得成为学识的；我们有了这种学识，应用他来处置这些事，自然会不惑，反是则惑了。做工、做商等都各有它的专门学识，也是如此。我想做财政家吗，何种租税可以生出何样结果，何种公债可以生出何样结果等等，都是前人经验有得成为学识的；我们有了这种学识，应用它来处置这些事自然会不惑，反是则惑了。教育家、军事家等，都各有他的专门学说，也是如此。我们在高等以上学校所求的智识，就是这一类。但专靠这种常识和学识就够吗？还不能。宇宙和人生是活的，不是呆的，我们每日所碰见的事理是复杂的、变化的、不是单纯的、刻板的，倘若我们只是学过这一件，才懂这一件，那么，碰着一件没有学过的事来到跟前，便手忙脚乱了。所以还要养成总体的智慧，才能有根本的判断力。这种总体的智慧如何才能养成呢？第一件，要把我们向来粗浮的脑筋着实磨炼它，叫它变成细密而且踏实。那么，无论遇着如何繁难的事，我都可以彻头彻尾想清楚它的条理，自然不至于惑了。第二件，要把我们向来昏浊的脑筋，着实将养它，叫它变成清明。那么，一件事理到跟前，我才能很从容很莹澈地去判断它，自然不至于惑了。以上所说常识学识和总体的智慧，都是智育的要件，目的是教人做到"知者不惑"。

怎么样才能不忧呢？为什么仁者便会不忧呢？想明白这个道理，先要知道中国先哲的人生观是怎么样。"仁"之一字，儒家人生观的全体大用都包在里头。"仁"到底是什么？很难用言语说明，勉强下个解释，可以说是："普通人格之实现。"孔子说："仁者人也。"意思是说人格完成就叫做"仁"。但我们要知道，人格不是单独一个人可以表现的，要从人和人的关系上来看。所以仁字从二人，郑康成解他做"相人偶"。总而言之，要彼我交感互发，成为一体，然后我的人格才能实现。所以我们若不讲人格主义，那便无话可说；讲到这个主义，当然归宿到普遍人格。换句话说，宇宙即是人生，人生即是宇宙，我们的人格，和宇宙无二无别。体验得这个道理，就叫做"仁者"。然则这种仁者为什么就会不忧呢？大凡忧之所从来，不外两端，一曰忧成败，二曰忧得失。我们得着"仁"的人生观，就不会忧成败。为什么呢？因为我们知道宇宙和人生是永远不会圆满的，所以《易经》六十四卦，始"乾"而终"未济"。正为在这永远不圆满的宇宙中，才永远容得我们创造进化。我们所做的事，不过在宇宙进化几万万里的长途中，往前挪一寸两寸，哪里配说成功呢？然则不做怎么样呢？不做便连这一寸两寸都不往前挪，那可真是失败了。"仁者"看透这种道理，信得过只有不做事才算失败，肯做事便不会失败。所以《易经》说："君子以自强不息。"换一方面来看，他们又信得过凡事不会成功的几万万里路挪了一两寸，算成功吗？所以《论语》说："知其不可而为之。"你想，有这种人生观的人，还有什么成败可忧呢？再者，我们得着"仁"的人生观，便不会忧得失？为什么呢？因为认定这件东西是我的，才有得失之可言。连人格都不是单独存在，不能明确的画出这一部分是我的，那一部分是人家的，然则哪里有东西可以为我们所得？既已没有东西为我所得，当然也没有东西为我所失。我只是为学问而学问，为劳动而劳动，并不是拿学问劳动等做手段来达某种目的——可以为我们"所得"的。所以老子说："生而不有，为而不恃。""既以为人己愈有，既以与人己愈多。"你想，有这种人生观的人，还有什么得失可忧呢？总而言之，有了这种人生观，自然会觉得"天地与我并生，而万物与我为一"，自然会"无入而不自得"。他的生活，纯然是趣味化艺术化。这是最高的情感教育，目的教人做到"仁者不忧"。

怎么样才能不惧呢？有了不惑不忧工夫，惧当然会减少许多了。但这是属于意志方面的事。一个人若是意志力薄弱，便有丰富的智识，临时也会用不着，便有优美的情操，临时也会变了卦。然则意志怎么才会坚强呢？头一件须要心地光明。孟子说："浩然之气，至大至刚。行有不慊于心，则馁矣。"又说："自反而不缩，虽褐宽博，吾不惴焉；自反而缩，虽千万人，吾往矣。"俗语说得好："生平不做亏心事，夜半敲门也不惊。"一个人要保持勇气，须要从一切行为可以公开做起，这是第一着。第二件要不为劣等欲望之所牵制。《论语》记：子曰："吾未见刚者。"或对曰申枨。子曰："枨也欲，焉得刚。"一被物质上无聊的嗜欲东拉西扯，那么，百炼钢也会变为绕指柔了。总之，一个人的意志，由刚强变为薄弱极易，由薄弱返到刚强极难。一个人有了意志薄弱的毛病，这个人可就完了。自己做不起自己的主，还有什么事可做？受别人压制，做别人奴隶，自己只要肯奋斗，终须能恢复自由。自己的意志做了自己情欲的奴隶，那么，真是万劫沉沦，永无恢复自由的余地，终身畏首畏尾，成了个可怜人了。孔子说："和而不流，强哉矫；中立而不倚，强哉矫；国有道，不变塞焉，强哉矫；国无道，至死不变，强哉矫。"我老实告诉诸君说罢，做人不做到如此，决不会成一个人。但做到如此真是不容易，非时时刻刻做磨炼意志的工夫不可。意志磨炼得到家，自然是看着自己应做的事，一点不迟疑，扛起来便做，"虽千万人吾往矣。"这样才算顶天立地做一世人，绝不会有藏头躲尾左支右绌的丑态。这便是意育的目的，要教人做到"勇者不惧"。

我们拿这三件事作做人的标准，请诸君想想，我自己现时做到哪一件——哪一件稍微有一点把握。倘若连一件都不能做到，连一点把握都没有，哎哟！那可真危险了，你将来做人恐怕就做不成。讲到学校里的教育吗，第二层的情育，第三层的意育，可以说完全没有，剩下的只有第一层的知育。就算知育罢，又只有所谓常识和学识，至于我所讲的总体智慧靠来养成根本判断力的，却是一点儿也没有。这种"贩卖智识杂货店"的育，把他前途想下去，真令人不寒而栗！现在这种教育，一时又改革不来，我们可爱的青年，除了他更没有可以受教育的地方。诸君啊！你到底还要做人不要？你要知道危险呀，非你自己抖擞精神想方法自救，没有人能救你呀！

诸君啊！你千万别要以为得些断片的智识，就算是有学问呀。我老实不客气告诉你罢：你如果做成一个人，知识自然是越多越好；你如果做不成一个人，知识却是越多越坏。你不信吗？试想想全国人所唾骂的卖国贼某人某人，是有知识的呀，还是没有知识的呢？试想想全国人所痛恨的官僚政客——专门助军阀作恶鱼肉良民的人，是有知识的呀，还是没有知识的呢？诸君须知道啊，这些人当十几年前在学校的时代，意气横历，天真烂漫，何尝不和诸君一样？为什么就会堕落到这样的田地呀？屈原说的："何昔日之芳草兮，今直为此萧艾也！岂其有他故兮，莫好修之害也。"天下最伤心的事，莫过于看着一群好好的青年，一步一步的往坏路上走。诸君猛醒啊！现在你所厌所恨的人，就是你前车之鉴了。

诸君啊！你现在怀疑吗？沉闷吗？悲哀痛苦吗？觉得外边的压迫你不能抵抗吗？我告诉你：你怀疑和沉闷，便是你因不知才会惑；你悲哀痛苦，便是你因不仁才会忧；你觉得你不能抵抗外界的压迫，便是你因不勇才有惧。这都是你的知、情、意未经过修养磨炼，所以还未成个人。我盼望你有痛切的自觉啊！有了自觉，自然会成功。那么，学校之外，当然有许多学问，读一卷经，翻一部史，到处都可以发现诸君的良师呀！

诸君啊，醒醒罢！养足你的根本智慧，体验出你的人格人生观，保护好你的自由意志。你成人不成人，就看这几年哩！

简　析

梁启超（1873—1929），字卓如，号任公，别署饮冰室主人。广东新会人，光绪举人。他是中国近代史上一位杰出的资产阶级启蒙思想家，也是一位著名的学者。早年师从维新派领袖康有为变法，二人主张一致，并称"康梁"。戊戌变法失败以后，他逃亡日本，宣传立宪保皇。晚年在清华大学任教，专心致力于学术研究。著有《饮冰室合集》。

　　梁启超学识渊博，才思敏捷，长于应对，善于演讲，尤其擅长政治鼓动演讲和学术演讲。1922年、1923年曾在北京、南京、上海等地巡回讲学。"这次讲学次数之多，题材之博，地域之广，听众之伙，在梁启超的历史上留下了空前绝后记录。"（孟祥才《梁启超传》）其演讲颇具艺术魅力，深受民众和学术界的欢迎。

　　《为学与做人》充分体现了梁启超演讲的特点。

　　其一，思想深刻，见解独到。梁启超从儒家传统观念出发，结合时代现状引申发挥，认为教育应分为知育、情育、意育三个方面。"知育要教到人不惑，情育要教到人不忧，意育要教到人不惧。"要做到不惑，最要紧的是养成判断力，要有相当的常识、专门知识和总体智慧；要做到不忧，就得有"仁"的人生观和普遍人格；要做到不惧，则必须具备坚强的意志。"为学"的目的在于"做人"，以上三个方面就是做人的标准。梁启超告诫为学者不要只图个"知识杂货店"，而应该注重自我修养，学会做人。"如果做成一个人，知识自然是越多越好"；"如果做不成一个人，知识却是越多越坏"。他憎恨卖国贼和官僚政客，直言指出："天下最伤心的事，莫过于看着一群好好的青年，一步一步地往坏路上走。诸君猛醒啊！现在你们所厌所恨的人，就是你的前车之鉴了"。演讲者有着崇高的使命感和社会责任感，具有相当犀利独到的眼光和非凡的洞察力，他的鞭辟入里的分析对听众来说，无异于是一剂清醒的良药，具有振聋发聩的社会意义；对当今的青年，也是极具教育意义的。

　　其二，内容丰富，语言生动。梁启超学贯中西，有着深厚的文学修养和艺术底蕴。他4岁就在祖父和父亲的教授下熟读四书五经，6岁开始学习《中国史略》等课程，9岁便可以"描猫画虎"地写出洋洋千言的八股文章，并可在身中当众咏出"太公垂钓后，胶鬲举盐初"的诗句。他不仅受到过严格的传统教育，而且也接受过西学的陶冶，对西方历史和文化有较为深刻的分析和认识。正因为这样，所以他在演讲中常常能够旁征博引，从古到今，由中及外，任意而谈。在《为学与做人》中，大量引用了古人的言论，如孔子的"知者不惑，仁者不忧，勇者不惧"；《易经》中的"君子以自强不息"；老子的"生而不有，为而不恃"；孟子的"浩然之气，至大至刚行有不慊于心，则馁矣"；屈原的"何昔日之芳草兮，今直为此萧艾也！岂其有他故兮，莫好修之害也"；俗语"生平不做亏心事，夜半敲门也不惊"；等等，既为听众提供了丰富的知识，也有力地证明了自己的观点。这也正是梁启超的演讲具有强大吸引力的原因之一。

　　这篇演讲的语言自然亲切，如叙家常，娓娓道来，活泼流畅。如"听见打雷，说是雷公发威，看见月蚀，说是蛤蟆贪嘴"；"碰着一道疑难问题，就靠求神问卜看相算命去解决"；"倘若连一件都不能做到，连一点把握都没有，哎哟！那可真危险了，你将来做人恐怕就做不成"等。这些语言通俗平易，又显得十分生动。

其三，结构严谨，脉络清晰。这篇演讲在结构上非常严谨，整个脉络清晰可辨。演讲一开始便连连发问，很快就把听众一步一步地引入深思之中。中间分别又以"怎么样能不惑呢""怎么样能不忧呢""怎么样能不惧呢"三个设问句起头，引发议论。最后谈到为学与做人的辩证关系，并呼吁、鼓励后学者要养足根本智慧，体验出人格人生观，保护好自由意志，做一个真正的"人"。

读书与革命

鲁 迅

现在我因为职务上的关系，不能不说几句话，可是有许多好的话，以前几位先生已经讲完了，我再没有什么话可讲了。

我想中山大学，并不是今天开学的日子才起始的，30年前已经有了。中山先生一生致力革命，宣传，运动，失败了又起来，这就是他的讲义。他用这样的讲义教给学生，后来大家发表的成绩，即是现在的中华民国。中山先生给后人的遗嘱上说："革命尚未成功，同志仍须努力。"这中山大学就是"努力"的一部分。为要贯彻他的精神，在大学里，就得如那标语所说："读书不忘革命，革命不忘读书。"因为大学是叫青年来读书的。

本来，青年原应该都是革命的。因为在科学上已经证明：人类是进步的。以前有猿人，或者在50万年以前吧——这是地质学上的事，我不大清楚，好在我们有地质学专家在这里，问一问便知道——后来才有了原人。虽然慢得很，但可见人本来是进化的前进的。前进即革命，故青年人原来就应该是革命的。但后来变做不革命了，这是反乎本性的堕落，倘用了宗教家的话来说，就是：受了魔鬼的诱惑！因此，要回复他的本性，便又另要教育，训练，学习的工作去了。

中山大学不但要把不革命反革命的脾气去掉，还要想法子，引导人回复本性，向前进行到革命的地方。

说革命是要有经验的，所以要读书。但这可很难说了。念书固可以念得革命，使他有清晰的，20世纪的新见解。但，也可以念成不革命，念成反革命。因为所念的多属于这一类的东西，尤其是在中国念古书的特别多。

中山大学在广东革命政府之下，广东是革命青年最好的修养的地方，这不用多说了。至于中山大学同人应共同负的使命，我想，是在中山大学的名目之下，本着同一的目标，引导许多青年往前进，格外努力。

　　然而有一层又很困难。这实在是中国青年最吃力的地方了，就是一方要学习，一方又要革命。

　　有许多早应该做的，古人没有动手做便放下了，于是都压在后人的肩膀上，后人要负担几千年积下来的责任。这重大的事，一时做不成，或者要分几代来做。

　　因此，青年们要读书不忘革命，的确是很吃苦、很吃力的了。但，在现在社会状况之下，又不能不这样。

　　青年应该放责任在自己身上，向前走，把革命的伟大扩大！

　　要改革的地方很多：现在地方上的一切还是旧的，这些都尚没有动手改革，我们看，对军阀，已有黄埔军官学校同学去攻击他，打倒他了。但对一切旧制度、宗法社会的旧习惯，封建社会的旧思想，还没有人向他们开火！

　　中山大学的青年，应该以从读书得来的东西为武器，向他们进攻——这是中大青年的责任。

简　析

　　鲁迅（1882—1936），原名周樟寿，字豫才，后名树人，浙江绍兴人。伟大的文学家、思想家和革命家，中国现代文学的奠基人。1902年东渡日本留学，初学医，后为改造国民性，遂弃医从文。1909年回国，曾先后在国内10多所高校任教。1926年，因支持北京女师大学生运动，受到北洋军阀通缉，南下到厦门大学。次年，应中山大学之聘，任文科主任兼教务主任。1927年"四·一二"反革命政变后，愤而辞去该校一切职务，其思想终于由进化论发展到阶级论，由革命民主主义者转变为共产主义战士。鲁迅著译近1000万字，主要作品有小说集《呐喊》、《彷徨》、《故事新编》，散文诗集《野草》，杂文集《坟》、《热风》等。

　　鲁迅也是一位颇具感染力的演讲家。据考证，其一生共发表有67次公开演讲，在中国现代政治斗争、文化斗争特别是在思想启蒙方面发挥了极其重要的作用。郭沫若称鲁迅的演讲"或则犀角烛怪，或则肝胆照人"。许广平在《鲁迅回忆录》中描述说："（其演讲）以朴素的、质直的、不加文饰的讲话，款款而又低沉的声音，投向群众。""雄辩地驳斥了异端邪说，摒弃了弥漫世间的乌烟瘴气，给听众如饮醇醪，如服清凉散。"

　　《读书与革命》是鲁迅1927年3月1日在中山大学开学典礼上所作的演讲，这篇演讲具有以下几大特点：

一、借题发挥，富于针对性

鲁迅从"中山大学"校名出发，联想到"一生致力革命"的孙中山先生，联想到他的"革命尚未成功，同志仍须努力"的遗嘱，又联想到中山大学校园内的一副"读书不忘革命，革命不忘读书"的标语，于是借题发挥，推演成篇。

广州本是国民革命的策源地，然而当北伐军占领武汉、南昌并直逼南京、上海之后，广州反而显得太平静。鲁迅针对这一现状，申明他的革命主张，号召青年们"一方要学习，一方又要革命""应该以从读书得来的东西为武器"，向一切旧制度、旧习惯、旧思想"进攻"、"开火"。

二、论证有力，富于战斗性

鲁迅早期曾受到进化论思想的影响，认为人类是不断进步的，人本来是进化的、前进的。"前进即革命，故青年人原来就应该是革命的。"不革命、反革命，这是"反乎本性的堕落"，是"受了魔鬼的诱惑"。读书可以念成不革命、反革命，因为"在中国念古书的特别多"。中山大学的使命就是要"引导人回复本性"，青年学生要负担起"几千年积下来的责任"，"把革命的伟力扩大"。整篇演讲分析透彻，逻辑严密，具有很强的说服力。

鲁迅是一位清醒的现实主义者，他怀抱着中国知识分子的忧患情怀，不迎合，不妥协，不默然，充满了反思的批判精神。他主张要进行彻底的革命，不仅要打倒军阀，而且要推翻一切"旧"的，"一切旧制度，宗法社会的旧习惯，封建社会的旧思想。"这篇演讲犹如一篇战斗檄文，能激发青年的革命热忱，引导、指导他们向前迈进。

三、质朴易懂，富于可听性

鲁迅有着博大精深的思想，他对事物的认识、对现象的理解、对问题的剖析都十分深刻。但是他从不故作高深、故弄玄虚，而是用质朴的语言将深奥的道理传达出来。正如他的好友许寿裳所评价的那样，鲁迅的演讲具有"深入浅出，要言不烦，恰到好处"的特点。这篇演讲语言简练，通俗易懂，亲切自然，可听性强，便于听众接受。

最后一次讲演

闻一多

这几天，大家晓得，在昆明出现了历史上最卑劣最无耻的事情！李先生究竟犯了什么罪，竟遭此毒手？他只不过用笔写写文章，用嘴说说话，而他所写的，所说的，都无非是一个没有失掉良心的中国人的话！大家都有一支笔，有一张嘴，有什么理由拿出来讲啊！有事实拿出来说啊！（闻先生声音激动了）为什么要打要杀，而且又不敢光明正大地来打来杀，而偷偷摸摸地来暗杀！（鼓掌）这成什么话？（鼓掌）

今天，这里有没有特务？你站出来！是好汉的站出来！你出来讲！凭什么要杀死李先生？（厉声，热烈地鼓掌）杀死了人，又不敢承认，还要诬蔑人，说什么"桃色事件"，说什么共产党杀共产党，无耻啊！无耻啊！（热烈地鼓掌）这是某集团的无耻，恰是李先生的光荣！李先生在昆明被暗杀，是李先生留给昆明的光荣！也是昆明人的光荣！（鼓掌）

去年"一二·一"昆明青年学生为了反对内战，遭受屠杀，那算是青年的一代献出了他们最宝贵的生命！现在李先生为了争取民主和平而遭受了反动派的暗杀，我们骄傲一点说，这算是像我这样大年纪的一代，我们的老战友，献出了最宝贵的生命！这两桩事发生在昆明，这算是昆明无限的光荣！（热烈地鼓掌）

反动派暗杀李先生的消息传出以后，大家听了都悲愤痛恨。我心里想，这些无耻的东西，不知他们是怎么想法，他们的心里是什么状态，他们的心怎样长的！（捶击桌子）其实很简单，他们这样疯狂地来制造恐怖，正是他们自己在慌啊！在害怕啊！所以他们制造恐怖，其实是他们自己在恐怖啊！特务们，你们想想，你们还有几天？你们完了，快完了！你们以为打伤几个，杀死几个，就可以了事，就可以把人民吓倒了吗？其实广大的人民是打不尽的，杀不完的！要是这样可以的话，世界上早没有人了。

你们杀死一个李公朴，会有千百万个李公朴站起来！你们将失去千百万的人民！你们看着我们人少，没有力量？告诉你们，我们的力量大得很，强得很！看今天来的这些人，都是我们的人，都是我们的力量！此外还有广大的市民！我们有这个信心：人民的力量是要胜利的！真理是永远存在的。历史上没有一个反人民的势力不被人民毁灭的！希特勒、墨索里尼，不都在人民之前倒下去了吗？翻开历史看看，你们还站得住几天！你们完了，快完了！我们的光明就要出现了。你们看，光明就在我们眼前，而现在正是黎明之前那个最黑暗的时候。我们有力量打破这个黑暗，争到光明！我们的光明，就是反动派的末日！（热烈地鼓掌）

李先生的血不会白流的！李先生赔上了这条性命，我们要换来一个代价。"一二·一"四烈士倒下了，年青的战士们的血换来了政治协商会议的召开，现在李先生倒下了，他的血要换取政协会议的重开！（热烈的鼓掌）我们有这个信心！（鼓掌）

"一二·一"是昆明的光荣，是云南人民的光荣。云南有光荣的历史，远的如护国，这不用说了，近的如"一二·一"，都是属于云南人民的。我们要发扬云南光荣

的历史！（听众表示接受）

反动派挑拨离间，卑鄙无耻，你们看见联大走了，学生放暑假了，便以为我们没有力量了吗？特务们！你们错了！你们看见今天到会的一千多青年，又握起手来了，我们昆明的青年决不会让你们这样蛮横下去的！

反动派，你看见一个倒下去，可也看得见千百个继起的！

正义是杀不完的，因为真理永远存在！（鼓掌）

历史赋予昆明的任务是争取民主和平，我们昆明的青年必须完成这任务！

我们不怕死，我们有牺牲的精神！我们随时像李先生一样，前脚跨出大门，后脚就不准备再跨进大门！（长时间热烈地鼓掌）

简　析

闻一多（1899—1946），原名家骅，又名一多。湖北浠水人。现代著名的诗人、学者、民主战士和杰出的演讲家。1912 年考入清华学校。1922 年赴美留学。1925 年因不堪美帝国主义的民族歧视，毅然提前一年回国。抗战期间，在昆明西南联合大学任教。1944 年加入中国民主同盟，次年任民盟中央执行委员，积极参加反独裁、争民主、反内战斗争。1946 年 7 月 15 日，被国民党特务杀害。《闻一多全集》中收有其演讲 12 篇。

1946 年 7 月 11 日晚，著名民主人士李公朴先生被国民党当局暗杀。作为黑名单上的二号人物，闻一多的生命安全也时刻受到威胁。但他不顾亲友的劝阻，仍执意参加了 7 月 15 日在云南大学至公堂举行的李公朴夫人报告李先生死难经过的大会。在会场上，李夫人由于悲愤过度而泣不成声，而混入会场中的特务却在说笑、打闹，破坏会场秩序。面对此情此景，原答应不讲话的闻一多怒不可遏，拍案而起，即席发表了这篇气吞山河的最后一次讲演。

演讲一开始，闻一多用低沉的语调，叙述了李公朴先生的遭遇，直截了当地将统治者当局卑劣的行径公布出来。随即连连发问：李先生遭此毒手究竟是犯了什么罪？那些刽子手为什么不敢光明正大而只敢偷偷摸摸地搞暗杀？他感叹道：李先生所写的和所说的，都无非是有良心的中国人的话。这第一个回合，就赢得了听众的连续"鼓掌"。接着，闻一多查问听众中有没有特务，并揭露这些孬种的卑鄙嘴脸，指斥他们杀了人非但不敢承认，反而造谣惑众，诬蔑人。闻一多在悲愤交集、长叹"无耻"之余，又指出这些恰恰是李先生的光荣，也是昆明人的光荣。然后，闻一多从正义与反动两个方面回顾了昆明近年来的民主运动，对青年一代和老年一代为争取和平共同战斗、流血牺牲的革命精神发出浩叹，认为这算得上是昆明的无限光荣了。而反动派到了仅靠杀人挨日子的地步，已充分表明其内心惶恐，外强中干，末日将临。这些精辟的分析和鼓舞人心的预言，激励在场的每一位有正义感的听众，他们报以一阵又一阵热烈的掌声。最后，闻一多高屋建瓴地指出：历史赋予昆明的任务是争取民主和平！因此，昆明的青年必须完成这个任务！闻一多义无反顾地宣称："我们随时像李先生一样，前脚跨出大门，后脚就不准备再跨进大门！"事实上，闻一多用自己的鲜血和生命实践了这一誓言。

情感浓烈是这篇演讲的一大特色。闻一多是在极度悲愤的情绪中走上讲台的，他所讲的，乃是其内心世界的真实流露。作为一个坚持正义的中国知识分子，他在这白色恐怖重压下的内在情感的喷发也格外感染人、激励人。在五六分钟1200多字的演讲中，闻一多先生竟使用了几十个感叹号、十几个问号以及近10处大反差的对比。演讲中既有对国民党反动派的愤怒声讨，又有对革命志士的深切缅怀；既有对蒋介石政府发动内战政策的猛烈抨击，又有对共产党领导的民主运动的热情赞颂。整个演讲，犹如轰鸣的雷霆，好似呼啸的排炮，也如同火山喷发、烈焰迸飞，令人民热血沸腾，使国民党特务胆战心惊。

这篇演讲语言质朴流畅，锋利明快，字字千钧，短促有力，体现了一种凌厉之美，具有很强的战斗性和鼓动性。

论气节

朱自清

气节是我国固有的道德标准，现代还用着这个标准来衡量人们的行为，主要的是所谓读书人或士人的立身处世之道。但这似乎只在中年一代如此，青年一代倒像不大理会这种传统的标准，他们在用着正在建立的新的标准，也可以叫做新的尺度。中年一代一般的接受这传统，青年一代却不理会它，这种脱节的现象是这种变的时代或动乱时代常有的。因此就引不起什么讨论。直到近年，冯雪峰先生才将这标准这传统作为问题提出，加以分析和批判；这是在他的《乡风与市风》那本杂文集里。

冯先生指出"士节"的两种典型：一是忠臣，一是清高之士。他说后者往往因为脱离了现实，成为"为节而节"的虚无主义者，结果往往会变了节。他却又说"士节"是对人生的一种坚定的态度，是个人意志独立的表现。因此也可以成就接近人民的叛逆者或革命家，但是这种人物的造就或完成，只有在后来的时代，例如我们的时代。冯先生的分析，笔者大体同意；对这个问题笔者近来也常常加以思索，现在写出自己的一些意见，也许可以补充冯先生所没有说到的。

气和节似乎原是两个各自独立的意念。《左传》上有"一鼓作气"的话，是说战斗的。后来所谓"士气"就是这个气，也就是"斗志"；这个"士"指的是武士。孟子提倡的"浩然之气"，似乎就是这个气的转变与扩充。他说"至大至刚"，说"养勇"，都是带有战斗性的。"浩然之气"是"集义所生"，"义"就是"有理"或"公道"。后来所谓"义气"，意思要狭隘些，可也算是"浩然之气"的分支。现在我们常说的"正义感"，虽然特别强调现实，似乎也还可以算是跟"浩然之气"联系着的。至于文天祥所歌咏的"正气"，更显然跟"浩然之气"一脉相承。不过在笔者看来两者却并不完全相同，文氏似乎在强调那消极的节。

节的意念也在先秦时代就有了，《左传》里有"圣达节，次守节，下失节"的话。古代注重礼乐，乐的精神是"和"，礼的精神是"节"。礼乐是贵族生活的手段，也可以说是目的。他们要定等级，明分际，要有稳固的社会秩序，所以要"节"，但是他们要统治，要上统下，所以也要"和"。礼以"节"为主，可也得跟"和"配合着；乐以"和"为主，可也得跟"节"配合着。节跟和是相反相成的。明白了这个道理，我们可以说所谓"圣达节"等等的"节"，是从礼乐里引申出来成了行为的标准或做人的标准；而这个节其实也就是传统的"中道"。按说"和"也是中道，不同的是"和"重在合，"节"重在分；重在分所以重在不犯不乱，这就带上消极性了。

向来论气节的，大概总从东汉末年的党祸起头。那是所谓处士横议的时代。在野的士人纷纷的批评和攻击宦官们的贪污政治，中心似乎在太学。这些在野的士人虽然没有严密的组织，却已经在联合起来，并且博得了人民的同情。宦官们害怕了，于是乎逮捕拘禁那些领导人。这就是所谓"党锢"或"钩党"，"钩"是"钩连"的意思。从这两个名称上可以见出这是一种群众的力量。那时逃亡的党人，家家愿意收容着，所谓"望门投止"，也可以见出人民的态度，这种党人，大家尊为气节之士。气是敢作敢为，节是有所不为——有所不为也就是不合作。这敢作敢为是以集体的力量为基础的，跟孟子的"浩然之气"与世俗所谓"义气"只注重领导者的个人不一样。后来宋朝几千大学生请愿罢免奸臣，以及明朝东林党的攻击宦官，都是集体运动，也都是气节的表现。但是这种表现里似乎积极的"气"更重于消极的"节"。

在专制时代的种种社会条件之下，集体的行动是不容易表现的，于是士人的立身处世就偏向了"节"这个标准。在朝的要做忠臣。这种忠节或是表现在冒犯君主尊严的直谏上，有时因此牺牲性命；或是表现在不做新朝的官甚至以身殉国上。忠而至于死，那是忠而又烈了。在野的要做清高之士，这种人表示不愿和在朝的人合作，因而游离于现实之外；或者更逃避到山林之中，那就是隐逸之士了。这两种节，忠节与高节，都是个人的消极的表现。忠节至多造就一些失败的英雄，高节更只能造就一些明哲保身的自了汉，甚至于一些虚无主义者。原来气是动的，可以变化。我们常说志气，志是心之所向，可以在四方，可以在千里，志和气是配合着的。节却是静的，不变的；所以要"守节"，要不"失节"。有时候节甚至于是死的，死的节跟活的现实脱了榫，于是乎自命清高的人结果变了节，冯雪峰先生论到周作人，就是眼前的例子。从统治阶级的立场看，"忠言逆耳利于行"，忠臣到底是卫护着这个阶级的，而清高之士消纳了叛逆者，也是有利于这个阶级的。所以宋朝人说"饿死事小，失节事大"，原先说的是女人，后来也用来说士人，这正是统治阶级代言人的口气，但是也表示着到了那时代士的个人地位的增高和责任的加重。

"士"或称为"读书人"，是统治阶级最下层的单位，并非"帮闲"。他们的利害跟君相是共同的，在朝固然如此，在野也未尝不如此。固然在野的处士可以不受君臣名分的束缚，可以"不事王侯，高尚其事"，但是他们得吃饭，这饭恐怕还得靠农民耕给他们吃，而这些农民大概是属于他们做官的祖宗的遗产的。"躬耕"往往是一句门面话，就是偶然有个把真正躬耕的如陶渊明，精神上或意识形态上也还是在负着天下兴亡之责的士，陶的《述酒》等诗就是证据。可见处士虽然有时横议，那只是自家人吵嘴闹架，他们生活的基础一般的主要的还是在农民的劳动上，跟君主与在朝的大夫并无两样，而一般的主要的意识形态，彼此也是一致的。

然而士终于变质了，这可以说是到了民国时代才显著。从清朝末年开设学校，教员和学生渐渐加多，他们渐渐各自形成一个集团；其中有不少的人参加革新运动或革命运动，而大多数也倾向着这两种运动。这已是气重于节了。等到民国成立，理论上人民是主人，事实上是军阀争权。这时代的教员和学生意识着自己的主人身份，游离了统治的军阀；他们是在野，可是由于军阀政治的腐败，却渐渐获得了一种领导的地位。他们虽然还不能和民众打成一片，但是已经在渐渐的接近民众。五四运动划出了一个新时代。自由主义建筑在自由职业和社会分工的基础上。教员是自由职业者，不是官，也不是候补的官。学生也可以选择多元的职业，不是只有做官一路。他们于是从统治阶级独立，不再是"士"或所谓"读书人"，而变成了"知识分子"，集体的就是"知识阶级"。残余的"士"或"读书人"自然也还有，不过只是些残余罢了。这种变质是中国现代化的过程的一段，而中国的知识阶级在这过程中也曾尽了并且还在想尽他们的任务，跟这时代世界上别处的知识阶级一样，也分享着他们一般的运命。若用气节的标准来衡量，这些知识分子或这个知识阶级开头是气重于节，到了现在却又似乎是节重于气了。

知识阶级开头凭着集团的力量勇猛直前，打倒种种传统，那时候是敢作敢为一股气。可是这个集团并不大，在中国尤其如此，力量到底有限，而与民众打成一片又不容易，于是碰到集中的武力，甚至加上外来的压力，就抵挡不住。而一方面广大的民众抬头要饭吃，他们也没法满足这些饥饿的民众。他们于是失去了领导的地位，逗留在这夹缝中间，渐渐感觉着不自由，闹了个"四大金刚悬空八只脚"。他们于是只能保守着自己，这也算是节罢；也想缓缓的落下地去，可是气不足，得等着瞧。可是这里的是偏于中年一代。青年一代的知识分子却不如此，他们无视传统的"气节"，特别是那种消极的"节"，替代的是"正义感"，接着"正义感"的是"行动"，其实"正义感"是合并了"气"和"节"，"行动"还是"气"。这是他们的新的做人的尺度。等到这个尺度成为标准，知识阶级大概是还要变质的罢。

简 析

朱自清（1898—1948），原名自华，字佩弦，江苏扬州人。现代著名作家、学者。他是"文学研究会"的早期成员，曾在清华大学、西南联合大学任教。晚年积极参加反帝民主运动，表现出崇高的民族气节和爱国精神。

《论气节》是朱自清1947年4月11日晚应通俗学会之邀而发表的演讲。这篇演讲首先指出中年和青年两代知识分子对待"气节"这一传统道德标准的不同态度，并举冯雪峰的观点为引子。其次，论述了"气"与"节"这两个各自独立的概念的历史演变，以及古代的"士"和今日知识分子"气重于节"与"节重于气"的两种表现及彼此消长的原因，提出气是敢作敢为、积极战斗的和节是有所不为、消极静止的论点。最后，指出青年一代知识分子的"正义感"和"行动"正是以气为主的新的气节观，表达了对知识青年的殷切期望。

列举事实，归纳结论，这是本篇演讲的主要论证方法。演讲中，朱自清列举"一鼓作气"、"士气"、"浩然之气"、"义气"、"正气"等相关语词，具体分析了其中"气"的概念内涵及其历史演变，然后归纳出"气"是积极战斗的观点。而"节"是消极静止的这一观点，则是通过分析"圣达节，次守节，下失节"的典型例子归纳得出的。朱自清以东汉末年的党祸、宋朝大学生请愿罢免奸臣、明朝东林党攻击宦官等大量历史事实为论据，从而归纳出"气是敢作敢为，节是有所不为"的观点。同时，又列举历史上的"士"与现实中的知识分子在气节问题上的种种表现，从大量的事例中归纳出气是敢作敢为、动的、变化的与节是有所不为、静的、不变的结论。

逻辑方法与历史方法的统一，也是这篇演讲的一大特点。朱自清十分注重概念、判断、分析等逻辑手段的运用。在讲述"气"、"节"、"礼"、"乐"、"义"、"士"等概念时，多用以"是"为连接词的判断句式，简洁明了。分析中多着眼于"气"与"节"、"礼"与"乐"、"气重于节"与"节重于气"、"忠节"与"高节"、"积极"与"消极"

等对应关系，具有较强的逻辑力量。在论述时，他还偏重历史时态的考察，如从东汉讲到宋朝、明朝，从古代的"士"谈到民国的知识分子、现在的中年知识分子、青年代的知识分子，视野相当宽阔。朱自清将逻辑方法与历史方法有机地结合在一起，充分有力地论证了其观点。

这篇演讲没有华丽的辞藻，没有雕凿的语句，语言明白晓畅，朴素平易，有效地缩短了演讲者与听众之间的心理距离。但正是这些看似平淡的语言，却道出了极其深刻的哲理，引人深思，耐人寻味。

中国人民站起来了

毛泽东

诸位代表先生们，全国人民所渴望的政治协商会议现在开幕了。

我们的会议包括六百多位代表，代表着全中国所有的民主党派，人民团体，人民解放军，各地区，各民族和国外华侨。这就指明，我们的会议是一个全国人民大团结的会议。

这种全国人民大团结之所以能够成功，是因为我们战胜了美国帝国主义所援助的国民党反动政府。在三年多的时间内，英勇的世界上少有的中国人民解放军，战胜了美国援助的国民党反动政府所有的数百万军队的进攻，并使自己转入反攻和进攻。现在，数百万人民解放军的野战军已经打到接近台湾、广东、广西、贵州、四川和新疆的地区去了，中国人民的大多数已经获得了解放。在三年多的时间内，全国人民团结起来，援助人民解放军，反对了自己的敌人，取得了基本的胜利。在这个基础上，召开了今天的人民政治协商会议。

我们的会议之所以称为政治协商会议，是因为三年以前我们曾和蒋介石国民党一道开过一次政治协商会议。那次会议的结果是被蒋介石国民党及其帮凶们破坏了，但是已在人民中留下了不可磨灭的印象。那次会议证明，和帝国主义的走狗蒋介石国民党及其帮凶们一道，是不能解决任何有利于人民的任务的。即使勉强地做了决议也是无益的，一待时机成熟他们就要撕毁一切决议，并以残酷的战争反对人民。那次会议的唯一收获是给了人民以深刻的教育，使人民懂得：和帝国主义的走狗蒋介石国民党及其帮凶们决无妥协的余地，或者是推翻这些敌人，或者是被这些敌人所屠杀和压迫，二者必居其一，其他的道路是没有的。中国人民在中国共产党的领导之下，在三年多的时间内，很快地觉悟起来，并且把自己组织起来，形成了全国规模的反对帝国主义、封建主义、官僚资本主义及其集中的代表者国民党反对政府的统一战线，援助人民解放战争，基本上打倒了国民党反动政府，推翻了帝国主义在中国的统治，恢复了政治协商会议。

现在的中国人民政治协商会议是在完全新的基础之上召开的，它具有代表全国人民的性质，它获得全国人民的信任和拥护。因此，中国人民政治协商会议宣布自己执行全国人民代表大会的职权。中国人民政治协商会议在自己的议程中将要制定中国人民政治协商会议的组织法，制定中华人民共和国中央人民政府的组织法，制定中国人民政治协商会议的共同纲领，选举中国中央人民政治协商会议的全国委员会，选举中华人民共和国中央人民政府委员会，制定中华人民共和国的国旗和国徽，决定中华人民共和国国都的所在地以及采取和世界大多数国家一样的年号。

诸位代表先生们，我们有一个共同的感觉，这就是我们的工作将写在人类的历史上，它将表明：占人类总数四分之一的中国人从此站立起来了。中国人从来就是一个伟大的勇敢的勤劳的民族，只是在近代是落伍了。这种落伍，完全是被外国帝国主义和本国反动政府所压迫和剥削的结果。一百多年以来，我们的先人以不屈不挠的斗争反对内外压迫者，从来没有停止过，其中包括伟大的中国革命先行者孙中山先生所领导的辛亥革命在内。我们的先人指示我们，叫我们完成他们的遗志。我们现在是这样做了。我们团结起来，以人民解放战争和人民大革命打倒了内外压迫者，宣布中华人民共和国的成立了。我们的民族将从此列入爱好和平自由的世界各民族的大家庭，以勇敢而勤劳的姿态工作着，创造自己的文明和幸福，同时也促进世界的和平和自由。我们的民族将再也不是一个被人侮辱的民族了，我们已经站起来了。我们的革命已经获得全世界广大人民的同情和欢呼，我们的朋友遍于全世界。

我们的革命工作还没有完结，人民解放战争和人民革命运动还在向前发展，我们还要继续努力。帝国主义者和国内反动派决不甘心于他们的失败，他们还要作最后的挣扎。在全国平定以后，他们也还会以各种方式从事破坏和捣乱，他们将每日每时企图在中国复辟。这是必然的，毫无疑义的，我们务必不要松懈自己的警惕性。

我们的人民民主专政的国家制度是保障人民革命的胜利成果和反对内外敌人的复辟阴谋的有力的武器，我们必须牢牢地掌握这个武器。在国际上，我们必须和一切爱好和平自由的国家和人民团结在一起，首先是和苏联及各新民主国家团结在一起，使我们的保障人民革命胜利成果和反对内外敌人复辟阴谋的斗争不致处于孤立地位。只要我们坚持人民民主专政和团结国际友人，我们就会是永远胜利的。

人民民主专政和团结国际友人，将使我们的建设工作获得迅速的成功。全国规模的经济建设工作业已摆在我们面前。我们的极好条件是有四万万七千五百万的人口和九百六十万平方公里的国土。我们面前的困难是有的，而且是很多的，但是我们确信：一切困难都将被全国人民的英勇奋斗所战胜。中国人民已经具有战胜困难的极其丰富的经验。如果我们的先人和我们自己能够渡过长期的极端艰难的岁月，战胜了强大的内外反动派，为什么不能在胜利以后建设一个繁荣昌盛的国家呢？只要我们仍然保持艰苦奋斗的作风，只要我们团结一致，只要我们坚持人民民主专政和团结国际友人，我们就能在经济战线上迅速地获得胜利。

随着经济建设的高潮的到来，不可避免地将要出现一个文化建设的高潮。中国人被人认为不文明的时代已经过去了，我们将以一个具有高度文化的民族出现于世界。

我们的国防将获得巩固，不允许任何帝国主义者再来侵略我们的国土。在英勇的经过了考验的人民解放军的基础上，我们的人民武装力量必须保存和发展起来。我们将不但有一个强大的陆军，而且有一个强大的空军和一个强大的海军。

让那些内外反动派在我们面前发抖罢，让他们去说我们这也不行那也不行罢，中国人民的不屈不挠的努力必将稳步地达到自己的目的。

在人民解放战争和人民革命中牺牲的人民英雄们永垂不朽！

庆贺人民解放战争和人民革命的胜利！

庆贺中华人民共和国的成立！

庆贺中国人民政治协商会议的成功！

简　析

毛泽东（1893—1976），字润之，湖南湘潭韶山冲人。伟大的无产阶级革命家、政治家、军事家、理论家、著名的诗人和杰出的演讲家。在他长期的革命斗争和政治生涯中，做过无数次大大小小的演讲。其演讲思想深刻，论断精辟，生动形象，简明通俗，为大众所喜闻乐见，在中国革命和社会主义建设中产生了巨大的影响。演讲是毛泽东从事政治斗争的有力武器，也是他宣传革命真理、阐述国家大政方针、对人民群众进行思想政治教育的重要工具。其著名的演讲有《论持久战》、《改造我们的学习》《整顿党的作风》、《反对党八股》、《在延安文艺座谈会上的讲话》、《为人民服务》、《愚公移山》等。

1949 年 9 月 21 日，在中华人民共和国即将成立之际，中国共产党在北京召开了全国政治协商会议第一届全体会议，毛泽东莅临大会并致开幕词，即题为《中国人民站起来了》的演讲。毛泽东庄严宣告"占人类总数四分之一的中国人从此站起来了"，中华民族"将再也不是一个被人侮辱的民族了，我们已经站起来了"。这声音如春雷惊天动地，振聋发聩，正式宣告中华民族的历史从此掀开了崭新的一页。同时，毛泽东还以高屋建瓴之势回顾总结了中国人民同国民党斗争的历程和经验，阐述了建立中华人民共和国的大政方针，提出了今后的工作原则，并且对未来中国的发展作出了科学预言。全篇内容丰富，气势宏伟，令人欢欣鼓舞，催人奋发进取。

这篇演讲思想内容博大精深，但是各个部分之间的关系处理得相当紧凑，有条不紊。演讲围绕主旨，以时间为线索，按照过去、现在和未来的顺序谋篇布局，条理清晰，结构严谨。毛泽东首先回顾过去，对与美帝国主义所援助的国民党反动政府作斗争的历史（尤其是近三年）进行了归纳总结。回顾历史是为了总结经验，阐明"中国人民站起来了"的原因就在于中国人民能够团结一致，同国民党进行英勇卓绝、不屈不挠的斗争，即武装夺取政权。现在中国人民终于站起来了，其当务之急就是确定今后的工作任务和工作原则。接下来便从现实情况出发，阐述了此次政协会议的性质、任务及其意义；并指明了今后工作的原则方针，即中国人民要想站住不倒就得一如既往地"坚持人民民主专政和团结国际友人"，这是中国人民保持永远前进的重要保证。立足现实，展望未来，毛泽东又为我们描绘出新中国经济建设、文化建设和国防建设的美好前景。

这是一篇政治演讲，也是一篇会议开幕词，但是读起来却不感到枯燥乏味，而是让人兴趣盎然，激情澎湃。究其原因，就在于毛泽东在讲话中融入了自己强烈而深沉的感情，所以其演讲能以情感人，以情动人。这一点在第六自然段和最后几自然段表现得尤为突出。如作者在讲述中华民族的落后挨打和一百多年来中国人民进行的艰苦卓绝的斗争时，感情深沉凝重；在宣告中华人民共和国的成立，中国人民站起来了时，感情激越，充满着自信；而在纪念为革命牺牲的人民英雄时，又深情款款；在描述新中国的美好蓝图时，感情豪迈奔放，充满了革命乐观主义精神。总之，演讲中处处洋溢着一种激情，具有一种摄人心魄的艺术魅力，使人身不由己地被演讲者所感化而备受鼓舞，使人情不自禁地产生一种庄严崇高、豪迈乐观的情感，使人心甘情愿地将演讲者的意志化为自身的切实行动。

在米兰的演说

拿破仑

士兵们，你们像山洪一样从亚平宁高原上迅速地猛冲下来。你们战胜并消灭了一切阻挡你们前进的敌人。

从奥地利暴政下解放出来的皮埃蒙特，表现了法国和平友好相处的感情。

米兰是你们的，在全伦巴迪亚上空，到处都飘扬着共和国的旗帜。

帕尔马公爵和莫德纳公爵能够保留政治生命，完全归功于你们的宽宏大量。

号称能够威胁你们的敌军，再也找不到更多的障碍物，可以凭借它们来抵挡你们的勇气了。波河、提契诺河和阿达河不再阻挡你们前进了。意大利这些所谓了不起的堡垒看来都是不经一击的，你们像征服亚平宁山脉一样迅速地征服了它们。

你们取得这样多的胜利使祖国充满喜悦。你们的代表们规定了节日，以示庆祝你们的胜利，共和国所有的公社都在庆祝这个节日。你们的父亲、母亲、妻子、兄弟姐妹以及你们所有心爱的人都在为你们的胜利而欢欣鼓舞，他们都以自己是你们的亲人而感到自豪。

是的，士兵们！你们做了许多事情……可是，这是不是说你们再没有什么事可做了呢？人们在谈到我们时会不会说，你们善于取得胜利，却不善于利用胜利呢？后代会不会责备我们，说我们在伦巴迪亚碰上了卡普亚呢？不过我已经看见你们在拿起武器，懦夫般的休养生活已经使你们烦恼啦！你们为荣誉而花去的时光，也就是为自己的幸福而花去的时光。总而言之，让我们前进吧！目前我们还需要急行军，我们必须战胜残敌，我们要给自己戴上桂冠，对敌人给我们的侮辱必须给以报复。

让那些准备在法国挑起内战的人等着吧！让那些卑鄙地杀死我们的驻外使节和烧毁我们土伦的军舰的人等着吧！复仇的时刻到了！

但是，要叫老百姓放心。我们是一切老百姓的朋友，特别是布鲁图家族，西庇阿家族和一切我们奉为典范的大人物的后裔的忠实朋友。恢复卡皮托利小山上的古迹，在那儿恭敬地竖立起一些能使古迹驰名的英雄雕像；唤醒罗马人，使他们摆脱几百年的奴役造成的昏沉欲睡的状态。这些将是你们的胜利果实，这些果实将在历史上创造一个新的时代。不朽的荣誉将归于你们，因为你们改变了欧洲这一最美丽部分的面貌。

自由的、受全世界人民尊敬的法国人民正在给欧洲带来光荣和和平，这种和平将补偿它在 6 年中所忍受的一切牺牲。那时你们将回到自己的家乡。你们的同胞就会指着你们说：他是在意大利方面军服过役的。

简　析

拿破仑·波拿巴（1769—1821），18 世纪末法国资产阶级大革命时期杰出的政治家和军事指挥家。出生于律师家庭，年仅 16 岁便开始其军旅生涯。在与欧洲封建专制势力结成的反法联盟军作战中，战功卓著，为保卫大革命中建立的法国资产阶级政权作出了重要贡献。后建立资产阶级军事专政的法兰西第一共和国，自封皇帝，史称拿破仑一世。他对欧洲各国发动了大规模的侵略战争，使法国一度成为欧洲大陆的霸主。

　　1789 年，法国爆发了轰轰烈烈的资产阶级大革命，封建君主专制制度迅速瓦解。1792 年，法兰西第一共和国成立，并很快处死了国王路易十六，彻底结束了法国近千年的封建专制制度。法国大革命的胜利，给整个欧洲的封建专制制度带来了极大的威胁，欧洲各君主专制国家先后结成反法联盟，妄图把法兰西第一共和国扼杀于摇篮之中。在粉碎国内保王党残余势力的武装暴动和与欧洲反法联盟军队的作战中，年轻的拿破仑显现了卓越的指挥才能，屡建战功。1795 年，年仅 26 岁的拿破仑被任命为前敌总指挥和巴黎卫戍司令，从此担当起为新兴的法兰西共和国抵御外敌、平息内乱的重任。不久，他便成功地粉碎了国内的"葡月暴动"，在与反法联盟军的作战中连续取得胜利。本次演讲即为拿破仑由防御转入进攻，带领军队进入伦巴第都城米兰后，向士兵们进行的一次战前动员。

　　这篇演讲最大的成功之处，就在于演讲者准确地把握了听众的心理。作为一个军人，拿破仑深知取得战斗的胜利、在战场上立下功勋，不仅是每一个士兵最大的荣誉和自豪，也会给他们的亲人和家庭带去欣慰和骄傲。拿破仑紧紧抓住在场士兵们的这一心理特点，用煽情的语言使听众产生共鸣。"米兰是你们的""你们所有心爱的人都为你们的胜利而欢欣鼓舞""感到自豪""带着胜利战功回到自己的家乡"，这些充满诱惑力的言辞无疑会激发士兵们旺盛的斗志和杀敌立功的强烈欲望！

　　演讲者遵循听众的感知规律，并没有在一开始就提出问题，而是先用了许多形象的比喻，高度嘉许了军队取得的辉煌战果和战士的勇猛。"像山洪一样""波河，提契诺河和阿达河不再阻挡你们前进""你们像征服亚平宁山脉一样迅速征服了他们"，这些富于感染力的语句增强了听众的直观感知，将听觉形象转变为了视觉形象，达到了演讲者希望的通感效应，不仅顺应了这些特定对象的心理要求，也牢牢地抓住了他们的注意力。接着话锋一转，用了三个巧妙的问句，利用情感性启发的方式，既提醒了陶醉在胜利喜悦中的队伍，又不会招致听众的反感。然后用一个激将法："懦夫般的休养生活已经使你们烦恼啦！"随即发出战斗的号召："让我们前进吧""复仇的时刻到了！"拿破仑把握着听众感知的节奏，一步步、一点点地"入心"，然后再起高潮，最大限度地调动了士兵们的战斗激情。

　　整篇演讲充分体现了拿破仑卓越的演讲才能，激情浓烈的语言，步步诱发的动员，极具感染力和鼓动性，极大地鼓舞了即将投入一场新的战斗的士兵。

在葛底斯堡的演说

林 肯

87 年以前，我们的先辈们在这个大陆上创立了一个新国家，它孕育于自由之中，奉行一切人生来平等的原则。

现在我们正从事一场伟大的内战，以考验这个国家，或者说以考验任何一个孕育于自由而奉行上述原则的国家是否能够长久存在下去。

我们在这场战争中的一个伟大战场上集会。烈士们为使这个国家能够生存下去而献出了自己的生命，我们在此集会是为了把这个战场的一部分奉献给他们作为最后安息之所。我们这样做是完全应该而且非常恰当的。

但是，从更广泛的意义上来说，这块土地我们不能够奉献，我们不能够圣化，我们不能够神化。曾在这里战斗过的勇士们，活着的和去世的，已经把这块土地神圣化了，这远不是我们微薄的力量所能增减的。全世界将很少注意到，也不会长期地记起我们今天在这里所说的话，但全世界永远不会忘记勇士们在这里所做过的事。毋宁说，倒是我们这些还活着的人，应该在这里把自己奉献于勇士们已经如此崇高地向前推进但未完成的事业。倒是我们应该在这里把自己奉献于仍然留在我们面前的伟大任务，以便使我们从这些光荣的死者身上汲取更多的献身精神，来完成他们已经完全彻底为之献身的事业；以便使我们在这里下定最大的决心，不让这些死者白白牺牲；以便使国家在上帝福佑下得到自由的新生，并且使这个民有、民治、民享的政府永世长存。

简 析

亚伯拉罕·林肯（1809—1865）出生于美国肯塔基州，未曾受过任何正规教育，但很小就显露出演说和辩论才华，后成为律师。1834 年当选伊利诺伊州州众议员，1846 年当选国会议员。1854 年，由于持反对奴隶制的立场，加入北方的共和党。1860 年获共和党总统提名，并顺利当选美国第 16 任总统。南北战争爆发后，林肯作为战时总统领导国家，正确决策，最终打败南方军队，制止了南方的分裂。1862 年发表了《解放黑奴宣言》，1865 年国会批准了《第十三号修正案》，导致美国奴隶制最终消亡。1864 年再次当选总统，1865 年 4 月 14 日被刺身亡。

《在葛底斯堡的演说》作于南北战争期间。1863 年 7 月 1 日，罗伯特·李率领的南方军队与乔治·米德率领的北方军队在宾夕法尼亚州南部边境小镇葛底斯堡遭遇，爆发了一场持续三天的大战，双方死伤将士各 25000 人左右，南军败退。这是美国内战史上规模空前也最为惨烈的战役，同时也是南北战争中北方军队走向胜利的战略转折点。为纪念这一具有历史意义的战役，宾夕法尼亚州与其他几个州合资在葛底斯堡修建了国家烈士公墓，林肯在公墓落成典礼上作了这个演说。演说全文由十句话二百六十几个英语单词构成，却是世界演说文学宝库中的经典。

当时南北战争还在进行之中，这个演说的直接目的是纪念为国捐躯的烈士，进而为取得战争的最后胜利鼓舞人民的斗志。因此林肯总统的演讲虽然简短，却是感情真挚，语言生动，人们很容易就被其慷慨激昂的情绪深深打动。但笔者感到，这篇演讲更应引起注意的是蕴涵其中的美国的立国理念——民主精神。林肯总统正是以这一精神来贯穿演讲的进程，评价烈士的贡献，提出奋斗的方向。

演讲的第一句，林肯就开宗明义地提出"一切人生而平等"这一立国原则。这句话不是林肯的发明，而是出自托马斯·杰斐逊（美国第三、四届总统）主笔的美国《独立宣言》，原文是"All men are created equal."翻译成"生而平等"只能传达其字面意思，而不能完全传达其文化内涵。这句话没有用 birth 或 live 这些词表示"生"，而用了 created（被创造）这个词，在欧美基督教文化中，这个词立即会使人想到同样由上帝创造的人应该享有平等的天赋人权，因而现实中一切的不平——君主贵族和人民之间的不平等，宗主国和殖民地人民之间的不平等，都是不合理的，从而唤起人们为获得自身民主权利而抗争的信念。在美国独立战争中，这句口号曾鼓舞美国人民赢得国家的独立。林肯在演讲开头就引用开国先驱的名言，也是大有深意的。南北战争爆发的导火索，北方政府解放奴隶的主张，不正是"一切人生而平等"这一立国思想在具体国策上的体现吗！恰当地"引经据典"能使听众，进而使全体人民进一步认识到，眼前还在进行的这场战争虽然是残酷的，却是必要的，因为它符合立国之本，是对立国先驱们遗志的继承，是一场正义的战争。

我们注意到，在不长的一段演讲词中，多次出现"奉献、圣化、神化、献身、崇高"这些感情色彩接近的字眼儿，林肯反复使用这一组色彩鲜明的词，可以说是有意而为，用来营造、渲染并一步步加强气氛，一种神圣化的气氛，这种气氛并不仅仅是用于表达对先烈的敬仰与缅怀之情，还有更进一步的目的，这就是号召人们"把自己奉献于勇士们已经如此崇高地向前推进但未完成的事业"。这一事业究竟是什么呢？人们会自然而然地联想到赢得战争的胜利，但林肯的目光却更加深远，他用一段精警的结束语把演讲气氛推向最高潮："使国家在上帝的保佑下得到自由的新生，使这个民有、民治、民享的政府永世长存。"这段结束语呼应开头，又一次点出了演讲的主旨，美国立国之本，也是林肯终身奋斗的目标——民主精神。

这段话尽管有多种中文的译文，但由于语言的差异，却很难传达出其中的神韵，故将讲话原文摘录如下：

…That this nation, under God, shall have a new birth of freedom, and that government of the people, by the people, for the people, shall not perish from the earth.

整段话为适应演讲的需要，采用的都是短语短句，但不仅文辞优美，节奏和谐，读来朗朗上口，而且意义隽永，耐人寻味。如其中 government of the people, by the people, for the people…一段，直译成中文就是"人民的、代表人民、为了人民的政府"，而在原文中由于采用反复的修辞手法，言辞铿锵，掷地有声，历来脍炙人口，也成为这篇演讲的点睛之笔。

在马克思墓前的讲话

恩格斯

3月14日下午两点三刻，当代最伟大的思想家停止思想了。让他一个人留在房间里不过两分钟，等我们再进去的时候，便发现他在安乐椅上安静地睡着了——但已经是永远地睡着了。

这个人的逝世，对欧美战斗着的无产阶级，对历史科学，都是不可估量的损失。这位巨人逝世以后所形成的空白，在不久的将来就会使人感觉到。

正像达尔文发现有机界的发展规律一样，马克思发现了人类历史的发展规律，即历来为繁茂芜杂的意识形态所掩盖着的一个简单事实：人们首先必须吃、喝、住、穿，然后才能从事政治、科学、艺术、宗教等。所以，直接的物质的生活资料的生产，因而一个民族或一个时代的一定的经济发展阶段，便构成为基础；人们的国家制度，法的观点，艺术以至宗教观念，就是从这个基础上发展起来的。因而，也必须由这个基础来解释，而不是像过去那样做得相反。

不仅如此，马克思还发现了现代资本主义生产方式和它所产生的资产阶级社会的特殊的运动规律。由于剩余价值的发现，而先前无论资产阶级经济学家或社会主义批评家所做的一切都只是在黑暗中摸索。

一生中能有这样两个发现，该是很够了，甚至只要能作出一个这样的发现，也已经是幸福的了。但马克思在他所研究的每一个领域（甚至在数学领域）都有独到的发现，这样的领域是很多的，而且其中任何一个领域他都不是肤浅地研究的。这位科学巨匠就是这样，但这在他身上远不是主要的。在马克思看来，科学是一种在历史上起推动作用的、革命的力量。任何一门理论科学中的每一个新发现，即使它的实际应用甚至还无法预见，都使马克思感到衷心喜悦。但是当有了立即会对工业、对一般历史发展产生革命影响的发现的时候，他的喜悦就完全不同了。例如，他曾经密切地注意电学方面各种发现的发展情况，不久以前，他还注意了马赛尔·德普勒的发现。

因为马克思首先是一个革命家。以某种方式参加推翻资本主义社会及其所建立的国家制度的事业，参加赖有他才第一次意识到本身地位和要求、意识到本身解放条件的现代无产阶级的解放事业——这实际上就是他毕生的使命。斗争是他得心应手的事业，而他进行斗争的热烈、顽强和卓有成效，是很少见的。最早的《莱茵报》（1842年），巴黎的《前进报》（1844年），《德意志－布鲁塞尔报》（1847年），《新莱茵报》（1848－1849年），《纽约每日论坛报》（1852－1861年），以及许多富有战斗性的小册子，在巴黎、布鲁塞尔和伦敦各组织中的工作，最后是创立伟大的国际工人协会，作为这一切工作的完成——老实说，协会的这位创始人即使别的什么也没有做，也可以拿这一结果引以自豪。

正因为这样，所以马克思是当代最遭忌恨和最受诬蔑的人。各国政府——无论专制或共和政府——都驱逐他；资产者——无论保守派或极端民主派——都纷纷争先恐后地诽谤他、诅咒他。他对这一切毫不在意，把它们当做蛛丝一样轻轻抹去，只是在万分必要时才给予答复。现在他逝世了，在整个欧洲和美洲，从西伯利亚矿井到加利福尼亚，千百万革命战友无不对他表示尊敬、爱戴和悼念。而我敢大胆地说，他可能有过许多敌人，但未必有一个私敌。

他的英名和事业将永垂不朽！

简　析

恩格斯（1820—1895），世界无产阶级的伟大导师和领袖，马克思的亲密战友，和马克思共同创立了马克思主义。马克思逝世以后，恩格斯担负起继续领导国际工人运动的重任，亲自参加第二国际的建立和领导工作，同时整理和发表了马克思的《资本论》第二、三卷，并写有《家庭、私有制和国家的起源》等许多重要著作。

1883年3月17日，马克思的葬礼在伦敦郊区的海格特公墓举行。当马克思生前好友哥雷姆克代表《社会民主党人报》和"伦敦共产主义工人教育协会"向马克思的遗体敬献花圈之后，恩格斯用英语发表了这篇著名的演讲。

　　这是一篇典范的悼念性演讲，由开场白、主体、结束语三个部分构成。首先，恩格斯以沉痛的心情，不忍再说而又不能不说，追叙了马克思逝世的时间、地点和情景。接着，深刻地指出马克思的逝世"对欧美战斗着的无产阶级，对历史科学，都是不可估量的损失"。然后，分别从理论与实践两个方面高度概括了马克思的卓越成就。马克思作为"科学巨匠"在理论上的贡献，一是"发现了人类历史的发展规律"，二是"发现了现代资本主义生产方式和它所产生的资产阶级社会的特殊的运动规律"，即剩余价值。这两大发现是马克思主义整个理论大厦的基石和核心。三是"在他所研究的每个领域（甚至在数学领域）都有独到的发现"。马克思作为一个"革命家"在实践方面的贡献主要表现在：参加打碎旧的国家机器的斗争；参加无产阶级解放事业的斗争；编辑报刊；撰写书籍；参加组织；创立国际工人协会。突出马克思实践方面的巨大贡献是恩格斯评价马克思一生成就的着眼点，因为"马克思首先是一个革命家"，"斗争是他的生命要素"。马克思之所以在实践方面取得如此大的成就，则又与他在理论上非凡的建树是分不开的。最后，以鲜明的对比，论述了全世界无产阶级及其敌人对待马克思的截然不同的态度。不同性质的政府、不同派别的资产阶级结成反革命同盟来"驱逐"、"诽谤"、"诅咒"马克思，但是"千百万革命战友无不对他表示尊敬、爱戴和悼念"。恩格斯断然指出：马克思可能有过许多敌人，但他"未必有一个私敌"，充分显现了马克思为无产阶级事业、为追求真理而斗争的宽广胸怀和高尚人格。结束语"他的英名和事业将永垂不朽"，仅一句话，有总结全篇、照应开头的作用。整篇演讲结构清晰，逻辑严密，既对马克思的伟大贡献进行了独到而中肯的评价，又表达了对马克思的无限崇敬和哀悼之情。

　　感情深沉、含蓄是这篇演讲的显著特色之一。这在第 1 自然段表现得尤为突出。开头这一段表达了恩格斯对马克思的深切悼念，但是叙述的口吻又显得十分平静。自 1844 年 8 月，恩格斯在巴黎与马克思会见之后，这两位历史巨人就结为挚友，共同为全世界无产阶级的解放事业一起奋斗了近 40 年。可以说，对马克思的逝世，最哀痛的莫过于恩格斯。然而，恩格斯并没有把自己异常悲痛的情绪完全带进悼词，并没有从个人之间的特殊关系来抒发自己的感情。他是代表整个无产阶级讲话的，其主要目的在于准确地评述马克思的思想和事业，以便教育和鼓舞战斗的无产阶级和广大革命群众。正因如此，所以这篇演讲含蓄简练，内涵丰富，庄严凝重，深沉感人。

科学的颂歌

爱因斯坦

我亲爱的朋友们：

我十分高兴看到在我面前的你们——选择了科学作为职业，精力充沛的青年人队伍。

我将反复唱一首赞美歌，赞美在应用科学上我们已经取得的伟大成果，赞美你们即将带来的更大的进步。事实上，我们是在应用科学的时代，也是在这样一个应用科学的国度。

如果说我现在是在不合时节地说话，那是错误的！恰像有人认为不开化的印第安人经济不丰富、生活不愉快一样，但我不这么想。事实上，开明国家的孩子是那样喜欢"印第安人"游戏，这具有深刻的意味。

伟大的应用科学又使我们减少劳动，使生活变得安乐舒适。但为什么现在它带给我们的幸福这么少呢？简单的答案是：因为我们仍然没有把科学置于合理的应用之中。

战争年代，科学为我们可能中毒和相互伤害服务，和平时期，它使我们的生活变得匆忙和不稳定。代替大规模从脑力消耗的劳动中解脱我们，它使人们成为机器的奴隶——人们的大部分时间都用在了漫长单调的令人厌恶的工作上，且还要继续担心自己可怜的口粮。

你们可能觉得我这个老头儿唱的歌不中听，可是，我这么说具有一个良好的目的——指出科学的重要和前途。

为使你们的工作能够赐福于人类，仅仅懂得应用科学本身是不够的！对人类本身及其命运的关心必然总是培养出努力学习各种技术的兴趣；对尚未解决的巨大劳动起源和商品分配的问题的关心——为了我们思想意识的建立，将会给整个人类带来点幸福而不是灾难。在你们的图表和方程式中千万不要忘记这一点。

简 析

爱因斯坦（1879—1955）出生于德国乌尔姆镇。1900 年毕业于苏黎世理工学院。毕业后靠临时教书维持生活。1902 年 6 月开始任职于伯尔尼瑞士专利局。1909 年任苏黎世大学理论物理学副教授，1911 年任布拉格德国大学理论物理教授。1914 年任德国威廉皇家物理研究所所长兼柏林大学教授。在以后的 20 年中，爱因斯坦除在柏林从事研究工作外，大部分时间在世界各地讲学和访问。1921 年获得诺贝尔物理学奖。1933 年因遭德国法西斯迫害前往美国，应聘为普林斯顿高级研究院教授，后入美国籍。1955 年 4 月 18 日在普林斯顿逝世。

爱因斯坦在物理学的多个不同领域取得了开创性的成果，建立了狭义相对论和广义相对论，提出了宇宙有限无边的假说，并为核能的利用奠定了理论基础。他不仅是一位杰出的科学家，而且是一位富于哲学探索精神的思想家，他对所经历的每一个重大政治事件都公开表明自己的态度，对维护世界和平也作出了贡献。

《科学的颂歌》是爱因斯坦 1931 年 2 月 16 日在美国加利福尼亚对理工学院学生作的一次演讲。整个讲话不足一千字，却以明快的语言、睿智的思想表现出一个伟大的自然科学家深切的人文关怀，给人以深刻的启迪。

这篇演讲稿之所以给人留下久久难忘的印象，主要在于演讲人的思想深度。科学改革了生产方式，改善了人民生活，甚至推动了社会前进，因此在一般人心目中科学应该是美好的、高尚的。但爱因斯坦，作为一个举世闻名的科学家，在他赞美科学的"颂歌"中，却并不是一味赞颂，同时也明确地指出了容易为人们所忽视的另一个方面："战争年代，科学为我们可能的中毒和相互伤害服务"。的确，科学是一把双刃剑，科学发现和发明既可以造福于人类，也可以给人类带来不幸和灾难——如果不能正确地利用科学，它可能造成的灾难更是难以想象。历史为爱因斯坦的真知灼见作出了诠释：原子能的发现使人类得以开发利用具有空前潜力的能源，但人类把它用于战争和毁灭：原子弹一次就造成了广岛几十万人民的伤亡，其杀伤力也是空前的。各种先进的制导武器、生物武器、化学武器，一次次给人们带来灭顶之灾。这种现象难道还不应引起人们的关注？

爱因斯坦的思想并不仅限于此，他又指出了科学的另外一些"弊端"：和平时期，"它使人们成为机器的奴隶——人们的大部分时间都用在了漫长单调的工作上，而且还要继续担心自己可怜的口粮"。从这简短的话语里，听众可以联想到那些为新技术服务而在流水线上从事着繁重枯燥工作的人们，联想到因科学技术提高了生产力、改变了生产方式而丢掉工作的人们。这简短的话语里，我们体会到了丰富的内涵：如果因科学发展所带来的利益不能为全人类所拥有、所利用，而只是为少数人所获得和享受，那么科学也就失去了它真正的价值。由此我们可以认为，爱因斯坦的目光直指科学研究的终极目的——更好地造福于全人类。

演讲必须有针对性，这就要注意对象。爱因斯坦这次演讲的听众是理工学院的大学生，"选择了科学作为职业"的年轻人，未来的科学家。他们理所当然地应当关心怎样进行研究，怎样获得举世瞩目的研究成果，或许这也是他们，至少是其中的一部分人，来听爱因斯坦演讲的动机。但爱因斯坦并没有跟他们谈这些，他谈的是一个从某种意义上说比这更迫切的问题：科学家的人文关怀。科学家的良知，有时比他们的科研水平、科研能力显得更为重要。就在爱因斯坦出生和曾经长期从事科研的德国，就有这样发人深省的例子：德国化学家弗里茨·哈伯，曾经发明了新的氨合成法，实现了氨的工业化生产，使粮食产量得以大幅度增加，并因此获得 1918 年度诺贝尔化学奖。但他同时又是一个战争狂人。第一次世界大战期间，他不遗余力地为德军研制化学武器，研制的光气、芥子气使成千上万的人死亡或终身残废。他甚至还亲自到前线指挥施放了 150 吨液氯，一次就造成 15000 千人伤亡，成为大规模化学战的始作俑者。这样的教训在科学飞速发展的 20 世纪中可以说是不胜枚举，难道不是每一个"选择了科学作为职业"的人应当深思的问题？联想到这些惨痛的教训，我们再来体会爱因斯坦在演讲的最后对未来的科学家们的谆谆教诲："为使你们的工作能够赐福于人类，仅仅懂得应用科学本身是不够的！"更感到语重心长，耐人寻味。

这篇演讲稿具有一种独特的风格：它没有滔滔不绝的雄辩，没有机警犀利的语言，甚至也没有运用多少演说技巧，因此从总体上看，它不属于演说家所作的富于文采的那一类演讲。那么它是靠什么取得成功，又靠什么来吸引听众呢？靠深刻睿智的思想。它给我们的启迪是，演讲的成功不仅在于演讲者掌握了多少演说技巧，更重要的还在于演说的内容，在于演说者对演说涉及问题深刻的见解，在于演说者本人的思想水平和见地。有了深刻的思想，技巧才能相得益彰。

出任首相后的首次演说

丘吉尔

上星期五晚上，我接受了英王陛下的委托，组织新政府。这次组阁，应包括所有的政党，既有支持上届政府的政党，也有上届政府的反对党，显而易见，这是议会和国家的希望与意愿。我已完成了此项任务中最重要的部分。战时内阁业已成立，由五位阁员组成，其中包括反对党的自由主义者，代表了举国一致的团结。三党领袖已经同意加入战时内阁，或者担任国家高级行政职务。三军指挥机构已加以充实。由于事态发展的极端紧迫感和严重性，仅仅用一天时间完成此项任务，是完全必要的。其他许多重要职位已在昨天任命。我将在今天晚上向英王陛下呈递补充名单，并希望于明日一天完成对政府主要大臣的任命。其他一些大臣的任命，虽然通常需要更多一点的时间，但是，我相信议会再次开会时，我的这项任务将告完成，而且本届政府在各方面都将是完整无缺的。

我认为，向下院建议在今天开会是符合公众利益的。议长先生同意这个建议，并根据下院决议所授予他的权力，采取了必要的步骤。今天议程结束时，建议下院休会到 5 月 21 日星期二。当然，还要附加规定，如果需要的话，可以提前复会。下周会议所要考虑的议题，将尽早通知全体议员。现在，我请求下院，根据以我的名义提出决议案，批准已采取的各项步骤，将它记录在案，并宣布对新政府的信任。

组成一届具有这种规模和复杂性的政府，本身就是一项严肃的任务，但是大家一定要记住，我们正处在历史上一次最伟大的战争的初期阶段，我们正在挪威和荷兰的许多地方进行战斗，我们必须在地中海地区做好准备，空战仍在继续，众多的战备工作必须在国内完成。在这危急存亡之际，如果我今天没有向下院做长篇演说，我希望能够得到你们的宽恕。我还希望，因为这次政府改组而受到影响的任何朋友和同事，或者以前的同事，会对礼节上的不周之处予以充分谅解，这种礼节上的欠缺，到目前为止是在所难免的。正如我曾对参加现届政府的成员所说的那样，我要向下院说："我没什么可以奉献，有的只是热血、辛劳、眼泪和汗水。"

摆在我们面前的，是一场极为痛苦的严峻的考验，在我们面前，有许多许多漫长的斗争和苦难的岁月。你们问：我们的政策是什么？我要说，我们的政策就是用我们全部能力，用上帝所给予我们的全部力量，在海上、陆地和空中进行战争，同一个在人类黑暗悲惨的罪恶史上所从未有过的穷凶极恶的暴政进行战争。这就是我们的政策。你们问：我们的目标是什么？我可以用一个词来回答：胜利——不惜一切代价、去赢得胜利；无论多么可怕，也要赢得胜利。无论道路多么遥远和艰难，也要赢得胜利。因为没有胜利，就不能生存。大家必须认识到这一点：没有胜利，就没有英帝国的存在，就没有英帝国所代表的一切，就没有促使人类朝着自己目标奋勇前进这一世代相因的强烈欲望和动力。但是当我挑起这个担子的时候，我是心情愉快、满怀希望的。我深信，人们不会听任我们的事业遭受失败。此时此刻，我觉得我有权利要求大家的支持，我要说："来吧，让我们同心协力，一道前进。"

简　析

温斯顿·丘吉尔（1874—1965），英国资产阶级政治家。生于牛津郡，毕业于圣赫斯特皇家军事学院。年轻时就投身政治，几经沉浮，凭借着其过人的智慧，于 1939 年 9 月二战全面爆发后进入战时内阁，出任海军大臣。由于当时的首相张伯伦采取了绥靖政策，对希特勒抱有不切实际的期望，在"祸水东移"指导思想下，未能及时与苏联合作抵抗德国，致使德军由波兰开始，连连攻占丹麦、挪威、荷兰、卢森堡等国，直至法国投降，战火直逼英伦三岛。在危机时刻，二战爆发前就极力主张限制德国扩军的丘吉尔终于被女王亲授首相，并迅速组成新的内阁。1940 年 5 月 13 日，丘吉尔在下院召开的特别会议上发表了这篇就职演说。

丘吉尔是一位十分老练的演讲家，他清醒地意识到，前任首相张伯伦虽因其不力的对德政策而被迫下台，但他在保守党中拥有较高的地位，听众中有许多是其忠实的拥戴者。为了争取得到国会的充分的信任，为了得到英国民众的充分信任，丘吉尔在演讲开头简明扼要地汇报了内阁成员的情况。这个由保守党、工党和自由党组成的新内阁充分显示了政府工作的高效，"代表了举国一致的团结"。丘吉尔一开始就给听众吃了一颗"定心丸"，为下面的演讲和今后的执政铺平了道路。同时，他又巧妙地提出"由于事态发展的极端紧迫感和严重性"，还会向女王呈递"补充名单"，进一步稳定了人心，获得了听众的基本认同。接着，他将听众注意力转入另一个话题，指出政府所面临的严峻形势："我们正处在一次最伟大的战争的初级阶段"，"空战仍在继续"。他希望大家"在这危机存亡之际"，要站在新的形势下看问题，不要在细节上纠缠，并表明了自己的坚强信心："我没有什么可以奉献，有的只是热血、辛劳、眼泪和汗水。"这是他的肺腑之言，真情流露，毫无浮华雕琢的痕迹，字字句句叩击着听众的心灵。最后一部分的两个设问句更是明确清晰地向听众展示了新政府的政策和目标。面对全国人民焦急的盼望，盟军将士的翘首期待，还有海峡对岸敌人的虎视眈眈，作为三军统帅的丘吉尔铿锵有力地说："胜利——不惜一切代价去赢得胜利！"话语简短，字字千钧，掷地有声，使整个会场都凝聚着战斗的力量。在其中加入两个"你们问"的句式，充分调动了听众的参与意识，更有利于听众接受演讲者的观点。在演讲结束时，丘吉尔号召大家："来吧，让我们同心协力，一道前进。"这样的结尾，具有很强的鼓动性。丘吉尔的演讲一结束，整个下院沸腾了，整个英国沸腾了，人们为其杰出的演讲所折服，也被他唤起了满腔的爱国热忱。丘吉尔用"舌头"赢得了国会和人民的信任，演讲结束后，下院一致通过了对新内阁和新首相的信任投票。

这是一篇就职演讲，含蓄而巧妙地向世人展示了一位有才华、可信赖的新首相形象；也是一篇战争动员令，极大地鼓舞了英国人民乃至世界人民与德意法西斯血战到底的斗志和决心。

丘吉尔以善于演讲闻名于政坛，他还是大臣时，美国人在领教了他的演讲才能后就称："他能把树上的鸟儿讲得飞起来。"这篇演说也是他的得意之作，他在后来的回忆录中不无自豪地评价说："在我们全部悠久的历史中，没有一位首相能够向议会和人民提出这样一个简明而又深得人心的纲领。"

一个遗臭万年的日子

罗斯福

副总统先生、议长先生、参众两院各位议员：

昨天，1941 年 12 月 7 日——一个遗臭万年的日子——美利坚合众国遭到了日本帝国海空军部队突然和蓄谋的进攻。

合众国当时同该国处于和平状态，而且，根据日本的请求，当时仍在同该国政府和该国天皇进行着对话，对维持太平洋的和平有所期待。实际上，就在日本空军中队已经开始轰炸美国瓦胡岛之后一小时，日本驻合众国大使及其同事还向我们国务卿提交了对美国最近致日方的信函的正式答复。虽然复函声言继续现行外交谈判似已无用，但它并未包含有关战争或武装进攻的威胁或暗示。

应该记录在案的是：由于夏威夷同日本的距离，这次进攻显然是许多天乃至若干星期以前就已蓄意进行了策划的。在策划过程之中，日本政府通过虚伪的声明和表示希望维系和平而蓄意对合众国进行了欺骗。

昨天对夏威夷群岛的进攻，给美国海陆军部队造成了严重的损害，我遗憾地告诉各位，很多美国人丧失了生命。此处，据报，美国船只在旧金山和火奴鲁鲁之间的公海上也遭到了鱼雷袭击。

昨天，日本政府已发动了对马来西亚的进攻。

昨夜，日本军队进攻了香港。

昨夜，日本军队进攻了关岛。

昨夜，日本军队进攻了菲律宾群岛。

昨夜，日本人进攻了威克岛。

今晨，日本人进攻了中途岛。

因此，日本在整个太平洋区域采取了突然的攻势。昨天和今天的事实不言自明。合众国的人民已经形成了自己的见解，并且十分清楚这关系到我们国家的安全和生存的本身。

作为海陆军总司令，我已指示，为了我们防务采取一切措施。

但是，我们整个国家都将永远记住这次对我们进攻的性质。

不论要用多长的时间才能战胜这次预谋的入侵，美国人民以自己的正义力量一定要赢得绝对的胜利。

我现在断言，我们不仅要做出最大的努力来保卫我们自己，我们还将确保这种形式的背信弃义永远不会再危及我们。我这样说，相信是表达了国会和人民的意志。

敌对的行动已经存在。毋庸讳言，我国人民、我国领土和我国利益都处于严重危险之中。

信赖我们的武装部队——依靠我国人民的坚定信心——我们将取得必然的胜利——上帝助我。

我要求国会宣布：自 1941 年 12 月 7 日——星期日日本进行无缘无故和卑鄙怯懦的进攻时起，合众国和日本之间已处于战争状态。

简 析

富兰克林·德拉诺·罗斯福（1882—1945），著名政治家，美国第 32 任总统。生于纽约，毕业于哈佛大学。曾当过律师。1913—1920 年，任海军部次长。1928—1932 年，任纽约州州长。1933 年以民主党候选人竞选总统获胜后，推行"新政"，以加强国家资本主义，克服经济危机，挽救资本主义制度。在第二次世界大战爆发后，1941 年 8 月与丘吉尔提出了代表资本主义世界政治纲领《大西洋宪章》。太平洋战争期间，美国参加了反法西斯同盟，罗斯福出席了一系列战时重要的国际会议，并竭力加强美国在各大洲的地位。1945 年打破美国总统不能连任四届的传统，再次竞选成功，成为美国历史上任期最长的总统，但于任期内病逝。

1941 年 12 月 7 日，日本偷袭珍珠港，宣告太平洋战争爆发。罗斯福即日便赶赴国会，以无比的义愤在参众两院联席会议上发表了这篇著名的演讲。

一、结构严谨，环环相扣。演讲首先开门见山，以确凿的事实揭露日军"突然和蓄谋"发动战争的罪行。接着通报了日军在整个太平洋区域所采取的一系列突然的攻势，说明美国的安全和生存本身正面临严重危险。最后，鲜明地表示坚决抗击的态度和不可动摇的决心，郑重地要求国会宣布"合众国和日本之间已处于战争状态"。整个演讲结构紧凑，直贯而下，一气呵成。

二、语言准确，简练有力。"昨天""1941 年 12 月 7 日""一个遗臭万年的日子"，连用三个同位语，突出了事件的要害，表明对日军的强烈愤慨和极度鄙视，也强化了听众的感知效果。四个"昨夜"和一个"今晨"的排比句式，显得语气急促，简短有力，能造成一种紧张感、急迫感，煽起听众的复仇火焰。"遗臭万年的日子""突然和蓄谋的进攻""虚伪的声明""无缘无故和卑鄙怯懦的进攻""绝对的胜利"等，这些语言极富感情色彩，准确地揭露了问题的性质，鲜明地表达了演讲者的思想倾向。

这是一篇义正词严、慷慨激昂的战斗动员令，具有很强的鼓动性、号召力、感染力和说服力。整篇演讲历时不到 7 分钟，不断地被听众的掌声所打断。最后，国会仅用 32 分钟，就通过了罗斯福的对日宣战的要求。

我有一个梦想

马丁·路德·金

我很高兴，今天能和大家一起参加这次示威游行。它必将作为美国有史以来为争取自由所举行的最伟大的示威游行而名垂青史。

100 年前，一位伟大的美国人——我们现在正站在他的灵魂的安息处——签署了《解放宣言》。这条重要法令的颁发，在一直忍受着不义与暴虐的火焰烧灼的千百万黑人奴隶的心中，竖起一座光明与希望的灯塔。《宣言》似令人欢愉的黎明，即将结束种族奴役的漫漫长夜。

但从那时至今，已经有 100 年历史了，可黑人仍无自由可言。100 年后的今天，黑人的生活仍旧悲惨地为隔离的桎梏和歧视的链锁所捆缚。100 年后的今天，在浩瀚的物质财富海洋之中，黑人仍旧在贫困的孤岛上生活。100 年后的今天，黑人仍旧在美国社会的一隅受苦受难，并且发现自己竟然是自己所在国土上的流放者。因此，我们今天来到这里，把这种不体面的身份戏剧性地表演一下。

就某种意义而言，我们是来首都兑现期票的。当我们共和国的"建筑师"们撰写《宪法》和《独立宣言》中的富丽堂皇的篇章时，他们是在签写一张"期票"，每个美国人都是这张期票的合法继承人。这张期票是一项允诺，即所有的美国人——非但白人，还有黑人都保证拥有不容剥夺的生活的权利、享受自由的权利和追求幸福的权利。

但是现在，很显然，就有色公民而论，美国却一直拒付这张期票。美国没有承担如期兑现这张期票的神圣义务。黑人满怀期望地得到的竟是一张空头期票，这张期票被签上"资金不足"的字样。然而我们绝不相信，在美国，储存机遇的巨大金库竟会"资金不足"！

所以，我们来兑现这张期票来了，来兑现一张将给予我们堪称最高财富——自由和正义的保障的——期票。

我们来到这个尊为神圣的地点，其又一目的是提醒美国政府，现在是最为紧迫的时刻。现在既不是享用缓和激动情绪的奢侈品的时刻，也不是服用渐进主义麻醉剂的时刻。现在是从黑暗荒凉的深渊中崛起，向阳光普照的种族平等的道路奋进的时刻。

现在是把以种族歧视的流沙为基础的美国重建在兄弟情谊般的坚石之上的时刻。现在是为上帝的子孙实现平等的时刻！

如果再继续无视时机的紧迫，就将导致我们国家的不幸。不实现自由与平等，黑人的完全合法的不满情绪就不会消逝。1963年不是尾声，仅是序曲。

如果美国政府继续一意孤行，就会使那些幻想黑人只要发泄一下不满情绪就会满足的人猛醒。在未授予黑人以公民权之前，美国既不会安宁，也不会平静。反叛的飓风将会不断地撼动这个国家的根基，直到迎来光辉灿烂的正义的光明。

可是我必须对站在通往正义之宫的温暖入口处的人们进一言，我们在争取合法地位的进程中，决不能轻举妄动。我们决不能为了满足对自由的渴望，就畅饮敌意和仇恨。我们必须永远在自尊和教规的最高水平上继续我们的抗争。我们必须不断地升华到用精神的力量来迎接暴力的高尚顶峰。

已经吞没了黑人共同体的新的敌对状态令人不解，但它决不应该导致我们对所有白人的不信任——因为有许多白人兄弟参加了今天这个集会。这就告诉我们，他们已经逐渐认识到他们自己的命运与我们的自由是休戚相关的。

我们不能独自前进。而当我们前进的时候，我们必须宣誓永远向前，义无反顾。有些人向我们这些热衷于获得公民权的人发问："你们何时才会满足？"答案是明确的：只要黑人还是警察的骇人听闻的恐怖手段和野蛮行为的牺牲品，我们是不会满足的。只要我们因旅途劳顿而疲惫不堪，想在路旁的游客旅馆里歇息，或在市内的旅馆投宿却不被允许，我们就不会满足的。只要黑人的基本活动范围还是局限于从一个较小的黑人区到一个稍大的黑人区，我们就不会满足的。只要我们的孩子还是被标写着"只限白人"牌匾剥夺人格和自尊，我们就不会满足的。只要密西西比的黑人不能参加选举，而纽约黑人的选票还无实际意义，我们就不会满足的，不会的，不会的！除非平等泻如飞瀑，除非正义涌如湍流，我们是不会满足的。

我并非没有留意到，你们之中有些人是从巨大的痛苦与磨难中来到这里的。有些人来自狭小的牢房，还有些人来自那对自由的要求竟会招致迫害的风暴接二连三的打击，竟会招致警察兽行般地反复摧残的地区。而你们却一直富于创造性地、坚韧地忍耐着。那么，就怀着一定能获得拯救的信念坚持下去吧！

回到密西西比去吧！回到阿拉巴马去吧！回到南卡罗来纳去吧！回到佐治亚去吧！回到路易斯安那去吧！既然这种境况能够而且必定改变，那么就回到我们北方城市中的陋巷和贫民窟去吧！我们决不可以在绝望的深渊中纵乐。

今天，我对大家说，我的朋友们，纵使我们面临着今天与明天的种种艰难困苦，我仍然有一个梦想，这是一个深深植根于美国之梦的梦想。我梦想着，有那么一天，我们这个民族将会奋起反抗,并且一直坚持实现它的信条的真谛——"我们认为所有的人生来平等是不言自明的真理"。

我梦想着,有那么一天,甚至现在仍为不平等的灼热和压迫的高温所炙烤着的密西西比,也能变为自由与平等的绿洲。

我梦想着,有那么一天,我的四个孩子,能够生活在一个不是以他们的肤色,而是以他们的品性来判断他们的价值的国度里。

我梦想着,有那么一天,就在邪恶的种族主义者仍然对黑人活动横加干涉的阿拉巴马州,就在其统治者拒不取消种族歧视政策的阿拉巴马州,黑人儿童将能够与白人儿童如兄弟姐妹一般携起手来。

我梦想着,有那么一天,沟壑填满,山岭削平,崎岖地带铲为平川,坎坷地段夷为平地,上帝的灵光大放光彩,芸芸众生共睹光华!

这就是我们的希望!这是我返回南方时所怀的信念!怀着这个信念,我们就能从绝望的群山中辟出颗希望的宝石。怀着这个信念,我们就能变祖国的嘈杂喧嚣为一曲优美和谐的兄弟交响乐。怀着这个信念,我们就能共同工作,共同祈祷,共同斗争,甚至哪怕共同入狱。既然知道有朝一日我们终将获得自由,我们就能为争取自由共同坚持下去!……

简 析

马丁·路德·金(1929—1968),美国黑人民权运动的著名领袖,被称为"黑人之音"。1957年当选为美国南方基督教领袖会议副主席。1964年荣获诺贝尔和平奖。1968年4月4日遇刺身亡。为了纪念他,美国政府将每年1月的第3个星期一定为"马丁·路德·金日"。马丁·路德·金是"近百年来世界八大有说服力的演讲家"之一。

美国的南北战争(1861—1865),虽然解放了黑奴,但其种族隔离仍在持续。黑人不能入读白人学校,不能在招待白人的餐厅进食,不能和白人乘坐同一辆公共汽车或必须让座给白人,完全失去了自由、平等的权利。从20世纪50年代末至60年代初,废除种族隔离制度和确立社会公正的呼声日益高涨,美国黑人开展了一场旷日持久、惊天动地的民权运动。马丁·路德·金一生积极从事反对种族歧视、要求种族平等的斗争。主张非暴力主义,反对渐进主义和"坐等自由"的思想。1958年,他曾在南方21个城市组织集会,发动黑人争取公民权利。1963年,他在伯明翰组织的大规模示威游行,把黑人民权运动进一步由南方推向北方。同年8月28日,在他的直接领导下,25万人聚集在首都华盛顿。他站在林肯纪念堂前,发表了这篇题为《我有一个梦想》(*I have a Dream*)的著名演讲。

马丁·路德·金首先肯定了100年前美国政府颁布的《解放宣言》的伟大历史意义。1863年林肯签署的《解放宣言》(《解放黑奴宣言》),是一个划时代的宣言,从此美国的黑人在法律上获得了人身自由。但是,在美国,黑人被压迫实在太深了,这个宣言还不能使他们得到真正的、完全的自由。100年后,"黑人的生活仍旧悲惨地为隔离的桎梏和歧视的链锁所捆缚""仍旧在贫困的孤岛上生活""仍旧在美国社会的一隅受苦受难",成为"自己所在国土上的流放者"。马丁·路德·金用一连串触目惊心、无可置辩的事实,深刻地揭示了美国黑人的悲惨生活状况,有力地讽刺了美国政府对黑人民权的空头允诺。接着,他明确指出这次集会的目的,一是要"兑现诺言","兑现一张将给予我们堪称最高财富——自由和正义的保障的——期票"。二是"提醒美国政府,现在是最为紧迫的时刻",是"为上帝的子孙实现平等的时刻"。他正告美国政府,"在未授予黑人以公民权之前,美国既不会安宁,也不会平静",反映了广大黑人要求迅速得到自由、民权、正义的迫切愿望。但是,马丁·路德·金反对暴力行动,讲究斗争策略,主张"我们在争取合法地位的进程中,决不能轻举妄动","不应该导致我们对所有白人的不信任",必须"永远在自尊和教规的最高水平上继续我们的抗争"。同时,他认为,"我们必须宣誓永远向前,义无反顾","除非平等泻如飞瀑,除非正义涌如湍流,我们是不会满足的",表明黑人不达目的誓不罢休的坚强决心。最后,马丁·路德·金号召听众回去坚持斗争,并满怀信心地描述了"深深植根于美国之梦的梦想",表达了自己由衷的希望和坚定不移的信念。这篇激情飞扬的演讲,征服了在场所有的听众。他们有的高声呐喊,有的欢呼喝彩,有的痛哭流涕。美国各大报刊纷纷刊载或引用了他的演讲词,称他的演讲"充满林肯、甘地精神的象征和《圣经》的韵律"。

这篇演讲语言优美,想象丰富,极富感召力。比喻、排比、象征等修辞手法的大量运用,使整篇演讲形象生动,文采熠熠,富有气势。例如,他把美国政府比作"期票"的签字者,把每个美国公民比作是"期票"的合法继承人,把争取自由和正义说成是"兑现期票"。这些比喻既新颖生动,又通俗恰当。再如,"我梦想着,有那么一天……"5个排比段落,充满感情色彩,淋漓尽致地表达了广大黑人对自由平等、消除种族歧视的无限向往,增强了斗争的力量和必胜的信心。